Positive Psychologie – Erfolgsgarant oder Schönmalerei?

Michael Tomoff

Positive Psychologie – Erfolgsgarant oder Schönmalerei?

2. Auflage

Michael Tomoff
Bonn, Nordrhein-Westfalen, Deutschland

ISBN 978-3-662-68396-5 ISBN 978-3-662-68397-2 (eBook)
https://doi.org/10.1007/978-3-662-68397-2

Die Deutsche Nationalbibliothek verzeichnet diese Publikation in der Deutschen Nationalbibliografie; detaillierte bibliografische Daten sind im Internet über https://portal.dnb.de abrufbar.

Drawings by Darja Süßbier

Planung/Lektorat: Marion Kraemer
Springer ist ein Imprint der eingetragenen Gesellschaft Springer-Verlag GmbH, DE und ist ein Teil von Springer Nature.
Die Anschrift der Gesellschaft ist: Heidelberger Platz 3, 14197 Berlin, Germany

Das Papier dieses Produkts ist recycelbar.

Vorwort: (K)ein weiterer Glücksratgeber

© Julia Haack (Köln)

Die Welt verändert sich radikal – das hat sowohl Auswirkungen auf die Arbeitswelt als auch auf unser gesamtes Leben.

Bahnbrechende Modelle der Unternehmensführung gehen einher mit der Ausbeutung von Mitarbeitern, Steuerhinterziehung und Burnoutraten, die durch die Decke schießen. Forderungen nach nachhaltigerem Umgang mit uns und der Umwelt sind in Unternehmensleitbildern ebenso Stammgast wie der Aufruf zu Kreativität und Verantwortungsübernahme oder die Ansage, die Potenziale der Mitarbeiter fördern und nutzen zu wollen.

„Führung" ist zu einem Tagesordnungspunkt geworden. Gleichzeitig bleibt in vielen Bereichen der Arbeitswelt immer weniger Zeit für Führung, weil Kosten- und Konkurrenzdruck, Wachstumsraten und Gewinnzielsetzungen immer mehr Aufmerksamkeit erfordern.

Mittlerweile hat die Position des „Feelgood-Managers“ ihren Weg in die Organigramme der Unternehmen gefunden, was die Frage aufwirft, wohin wir gekommen sind, wenn wir eine Person ausdrücklich dafür einsetzen, sich um das Wohlbefinden der Belegschaft zu kümmern. Sollte das nicht zu den Aufgaben einer Führungskraft gehören? Andererseits könnten wir fragen, warum dies *erst jetzt* und in vielen Fällen *nur von einer* Person umgesetzt werden soll.

Für mich steht – nach zahlreichen Gesprächen mit Kunden, Kollegen und Freunden – fest, dass viele Menschen durchaus wissen, wie Veränderungen in eine positive Richtung durchgeführt werden können. Ebenso bestehen zahlreiche positive Praxisbeispiele, die den theoretischen Ansätzen das Qualitätssiegel „realistisch und möglich“ bescheren. Allein der Wille oder der Mut, dieses Wissen in die Praxis umzusetzen, fehlt. In Unternehmen gibt es oft Menschen, die für diese Veränderungen bereit wären – die Führungskraft ist dies meist aber nicht. Im Privaten sind neue Ideen schneller durchführbar, allein die Disziplin und Kontinuität sind ernst zu nehmende Hürden.

An dieser Stelle betritt eine relativ frische Mitspielerin den Raum. Sie ist noch ein wenig grün hinter den Ohren, hat aber in ihren jungen Jahren bereits zahlreiche Ehrungen erhalten und ist ambitioniert, in vielen Gebieten umtriebig zu forschen und sich für Veränderungen einzusetzen, die für ein besseres Leben sorgen sollen: Willkommen Positive Psychologie!

Ich hoffe, dass die Vertreter der Positiven Psychologie in den kommenden Jahren ihre Visionen und Ziele breiter aufstellen und sich nicht – wie das leider in der Vergangenheit häufig der Fall war – in ihrem Elfenbeinturm einschließen und auf ihr Fachgebiet beschränken, ohne ihr Wissen zugänglich zu machen und zu teilen.

Positive Psychologie ist zuerst einmal eine theoretische Annahme. Sie ist jedoch darüber hinaus nicht nur eine Wissenschaft, sondern auch eine Bewegung. Und diese Bewegung sollte fähig sein, in den nächsten Jahren andere wichtige Felder noch stärker zu berühren und zu beeinflussen: die Politik, die Ökonomie, die Literatur, die Philosophie, die Rechtsprechung, die Gesellschaft im Allgemeinen.

Die Positive Psychologie könnte eine der wenigen übergreifenden psychologischen Richtungen werden, die – vielleicht mit der humanistischen Philosophie vergleichbar – anderen Disziplinen eine theoretische Anleitung und Führung sein kann. Ich hoffe inständig, dass sie dies vermag.

Ich möchte mit dem Ihnen vorliegenden Buch meinen Teil dazu beitragen. Ich krempele die Ärmel hoch und möchte eine Brücke schlagen zwischen Elfenbeinturm und Anwendung, zwischen genialen Theoretikern und wissbegierigen Praktikern. Ich möchte Ihnen Informationen an die Hand geben, damit Sie selbst entscheiden können, ob auch Sie ein Teil der Veränderung werden möchten.

Aufgrund meiner fundierten psychologischen Ausbildung habe ich ein Grundinteresse am Menschen, seinem Verhalten, seinen Motiven und seinen Wünschen. Darüber hinaus schätze ich mich glücklich, auch ein intrinsisches Interesse an dem zu haben, was *mich* glücklich macht, und darüber hinaus auch die Menschen um mich herum. Ich liebe es, neue Entdeckungen zu machen und die Dinge zu teilen, die ich auf diesem Weg – egal ob als Berater, Trainer, Coach oder Autor – als nützlich, hilfreich und bewegend erkannt habe. Dieses Buch erhebt keinen Anspruch auf Vollständigkeit, sondern ist ein Versuch, Ihnen einige der Bereiche nahezubringen, die mir persönlich sehr spannend erscheinen – in der Hoffnung, Sie fangen auch ein wenig Feuer für diese Themen.

Dieses Buch ist keine Schritt-für-Schritt-Anleitung zum Glück, kann jedoch als Wegweiser zu mehr Wohlbefinden dienen.

Bonn
2024

Michael Tomoff

Danksagung

Ich möchte an dieser Stelle meine tiefe Dankbarkeit gegenüber einigen Menschen zum Ausdruck bringen, die einen direkten Einfluss auf die Entstehung dieses Buches hatten. Sie verdienen es, hier erwähnt zu werden.

Zuerst möchte ich meine Ex-Frau hervorheben. Ich gestehe, dass ich in der Vergangenheit bei ähnlichen Danksagungen in anderen Büchern die Augen verdreht habe. Doch bei einem umfangreichen Projekt wie diesem Buch ist die mentale und zeitliche Unterstützung einer Ehepartnerin nicht zu unterschätzen. Ich habe es oft gedacht, aber selten gesagt: Danke für deinen Support, für kritische und unterstützende Anmerkungen, Zeit, Zuspruch und dein großes Verständnis für solch ein Projekt!

Ann-Christin Heim: Du bist nicht nur weise Beraterin und kritische Expertin meiner Zeilen gewesen, sondern hast auch eine mich zum Durchhalten und Gas geben animierende Begleiterin dargestellt. Großartig, was du zu diesem Buch beigetragen hast und ich freue mich auf das, was du sonst im Bereich der Positiven Psychologie der Welt noch geben wirst!

Oliver Haas: Danke für zahlreiche praktische Stunden auf den Brettern der Positiven Psychologie, für viele faszinierende Diskussionen und meine Lerneffekte daraus, für tränenreiches Lachen und deine Möglichkeiten für mich, vor allem im Praktischen das auszuprobieren, was ich aus der Theorie schon kannte!

Tobias Illig: Unser Austausch und Pingpong über WhatsApp war so oft befruchtend, kreativ und provokant, dass er das eine oder andere Kapitel des Buches grundlegend beeinflusst hat. Lass uns weitermachen – ob mit oder ohne deinen Gott! ;-)

Kai Ludwigs: Ich kenne niemanden, der so viel Wissen über die Positive Psychologie hat und so engagiert für das wissenschaftliche Vorankommen in diesem Feld arbeitet wie du, lieber Kai. Danke für zahlreiche extrem schnell und immer geduldig beantwortete Fachfragen, Literatur- und Personenhinweise und deinen immerwährend so herrlich kooperativen und freundschaftlichen Austausch!

Ruben Loos: Immer wenn wir uns trafen, hast du mir anhand deiner Erfahrungen und Erlebnisse einen mir noch unbekannten Weg erklärt, wie Positive Psychologie in der Führung noch funktionieren kann, und mir jedes Mal etwas mit auf den Weg gegeben, woran ich nachdenklich zu knabbern hatte. Und ich bin jedes Mal daran gewachsen. Danke, mein Bester!

Ilona Bürgel: Danke für kreative Tipps, für deinen Beistand als erfahrene Autorin und deinen mir so entgegenkommenden Wunsch, die Forscher und Praktiker Deutschlands zusammenzubringen, um an einem Strang anstatt am anderen Tauende zu ziehen. Wir netzwerken weiter, gell? ;-)

Thomas Webers: Danke für den regelmäßigen kollegialen Austausch, dein ungeheuer großes Netzwerk und dein Ohr für meine Themen – wir bleiben dran und machen die Welt immer wieder ein kleines Stückchen besser.

André Kokoska: Danke für dein immer gleich groß gebliebenes Interesse an der Positiven Psychologie und deine Faszination an praktischen Interventionen, die ich schon fast vergessen hatte, bevor du sie wieder aus mir herausgeholt hast! Danke auch für deine herrlich selbstkritische und humorvolle Art, die mich immer wieder zu neuen Ideen für das Buch gebracht hat!

Silke Göddertz: Du bist der energiereichste Wirbelwind und die cleverste Strategin aus dem Bereich der Positiven Psychologie, die ich bisher kennenlernen durfte. Ich komme aus dem Staunen nicht mehr heraus, wenn ich sehe, wie du die Prinzipien der Positiven Psychologie im Konzernleben anwendest und Tausenden von anderen Kollegen nicht nur schmackhaft machst, sondern sie auch verbreitest und zu messbaren Erfolgen führst! Das ist einfach großartig!

Die POStboten: Ann-Christin, Diogo, Fatih, Kristen und Sebastian – ihr seid verrückt und genau so kreativ, wie ich das brauche, wenn wir uns über „unsere Leidenschaft" austauschen. Danke für eure Impulse!

Inhaltsverzeichnis

1 Positive Psychologie: Grundlagen

» **Mythos**
Die Positive Psychologie ist eine Forschungsrichtung, die aus einem cleveren Marketing entstanden ist und den Menschen verspricht, etwas zu erreichen, was sie ohnehin nie erreichen werden: ihr persönliches Glück.

1.1 Wo liegen die Wurzeln der Positiven Psychologie? – Ein Blick in die Vergangenheit

Bevor ich Sie in die aktuelle Wissenschaft des Glücks, des subjektiven Wohlbefindens und der Zufriedenheit entführe – alles Themen, die unter dem Sammelbegriff der Positiven Psychologie zusammengefasst sind –, möchte ich gerne einen kurzen Blick in die Vergangenheit werfen. Dabei stellt sich die Frage:

Ist die Positive Psychologie nicht einfach alter Wein in neuen Schläuchen?

M. Tomoff, *Positive Psychologie – Erfolgsgarant oder Schönmalerei?*,
https://doi.org/10.1007/978-3-662-68397-2_1

Wie führt man ein sinnvolles Leben? Was ist Glück, wie wird man glücklich und sollten wir tatsächlich ständig nach mehr Glück streben? Diese Fragen gehören zweifellos zu den ältesten unserer Geschichte und viele große Denker haben sich bereits den Kopf darüber zerbrochen.

Erst relativ spät haben Wissenschaftler begonnen, Antworten auf diese Fragen zu suchen.

Ohne Anspruch auf Vollständigkeit werde ich nun einige Einflüsse und Wegbereiter für die Wissenschaft des Glücks herausgreifen und andere, wie z. B. den Hinduismus oder weitverbreitete Praktiken wie Yoga, auslassen, um den Rahmen dieser Einführung nicht zu sprengen.

1.1.1 Glücksverständnis von Konfuzius bis zum Christentum

Zu den frühesten Denkern gehört der große chinesische Philosoph *Konfuzius,* dessen Arbeiten bereits vor ungefähr 2500 Jahren Teil einer regelrechten Welle von schriftlich festgehaltenen Theorien und Denkanstößen waren. Konfuzius sprach über ein Konzept namens *ren,* das unserem heutigen Verständnis von Güte und Menschlichkeit gleichkommt und den Fokus auf ein humanes Miteinander richtete.

> Eine Person von *ren* oder Menschlichkeit, die Glück findet und es zu anderen bringt, bringt das Gute der anderen zur Vollendung und nicht das Schlechte der anderen zur Beendigung.

So sah bereits Konfuzius die Erweiterung des Glücks anderer als wichtige Voraussetzung für das eigene Wohlbefinden. Ebenfalls vor etwa 2500 Jahren lassen sich auch im Buddhismus Wurzeln der Positiven Psychologie finden. Der damalige *Dalai Lama* schrieb zum Beispiel:

> Willst du andere glücklich machen, so zeige Mitgefühl. Dann wirst du auch selbst glücklich sein.

Auch in diesem Zitat werden Aufmerksamkeit für andere Menschen sowie wiederkehrende Konzepte im Buddhismus wie „Frieden“, „Zufriedenheit“ und „Glück“ thematisiert.

Nach buddhistischer Tradition beginnt der Weg zum Glück mit der Erkenntnis, dass es viele Schwierigkeiten und großes Leid in der Welt gibt. Diese entstehen hauptsächlich durch die Illusion, dass bestimmte Dinge uns glücklich machen und wir sie daher besitzen wollen, oder dass sie uns unglücklich machen und wir sie daher vermeiden wollen. Doch erst durch das Loslassen solcher Gedanken kann man wirklich glücklich werden bzw. durch Ausgeglichenheit, Gleichmut, Stille, liebenswürdige und einfühlsame Kommunikation, Mitgefühl und Hilfsbereitschaft.

Auch der Chinese *Lao Tzu* tauchte vor 2500 Jahren in den Geschichtsbüchern auf. Er hinterließ sein einflussreiches Buch *Tao Te Ching* und ist noch heute einer der bekanntesten Vertreter des Taoismus. Dessen Tradition lehrt uns, dass Glück oft paradox ist und nicht durch rationales Denken erfasst werden kann, sondern erlebt werden muss und sich entfalten sollte.

> When man is born he is tender and weak. At death he is stiff and hard. All things, as well as the grass and the trees, tender and subtle while alive, when dead, withered and dried. Therefore, the tender and the weak are the companions of life and the stiff and the hard are companions of death.
>
> (Wenn der Mensch geboren wird, ist er zart und schwach. Im Tod ist er steif und hart. Alles, ebenso wie das Gras und die Bäume, ist zart und subtil im Leben, im Tod welk und getrocknet. Daher sind die Zarten und Schwachen Begleiter des Lebens und die Steifen und Harten Begleiter des Todes.)

Es erscheint paradox, dass Schwäche und Zärtlichkeit der Weg des Lebens und eine große Stärke sein sollen.

Lassen Sie uns den Kontinent wechseln und den ebenfalls 2500 Jahre zuvor philosophierenden griechischen Größen wie *Plato* oder *Aristoteles* Gehör schenken, die ihrerseits über das Glück und das sinnerfüllte Leben diskutierten.

Aristoteles schrieb in seinem Werk „*Nikomachische Ethik*" (1983) beispielsweise, dass am Ende des Lebens derjenige Glück finden würde, der mehr tugendhafte und gute Taten vorweisen könne als schlechte. Quasi derjenige, der der Welt zu Lebzeiten mehr gegeben habe als genommen.

Er argumentiert, dass der Mensch die verschiedenen durchlebten Leidenschaften und Emotionen akzeptieren muss, man ihnen aber ihren Platz und ihre Funktion im Leben zuweisen sollte.

> Jeder kann wütend werden, das ist einfach. Aber wütend auf den Richtigen zu sein, im richtigen Maß, zur richtigen Zeit, zum richtigen Zweck und auf die richtige Art, das ist schwer.

Aristoteles vertrat bereits zu dieser Zeit eine *eudaimonische* Ethik, die nicht direkt auf Glück oder Wohlbefinden ausgerichtet war, sondern eher auf ein menschliches Aufblühen, einen ausgeglichenen Gemütszustand. Eudaimonie war das Ziel aller klassischen Philosophie. Schon die Griechen hatten die auch heute von vielen geteilte Auffassung, dass jeder sein Glück verdienen könne.

Doch die Vorstellungen der frühen Philosophen unterscheiden sich in einem entscheidenden Punkt von den heutigen: Für die meisten dieser klassischen Philosophen war Glück nie einfach nur eine Folge von guten Gefühlen, die einem ein Lächeln ins Gesicht zaubern. Es war das Resultat eines „guten Lebens", eines Lebens, das auch eine gute Portion Schmerz für den Lebenden bereithielt und damit nichts für die breite Masse war.

Nach Traditionen der Griechen und Römer entstanden christlich geprägte Auffassungen über das Glück (McMahon, 2006). Sie besagten, dass das Glück unter einem von drei möglichen Umständen auftreten könne:

1. in der Vergangenheit, im verlorenen Garten Eden,
2. in der Zukunft, wenn Christus auf die Erde wiederkehrt und Gottes Königreich wieder vorhanden ist, oder
3. im Himmel nach der Vereinigung mit Gott, wenn alle Heiligen die große Glückseligkeit verkünden.

In der Sicht des Christentums, die auch heute noch in der westlichen Welt vorherrscht, ist Glück also etwas, das in diesem Leben nicht erreicht werden kann.

1.1.2 Glücksrevolution des 17., 18. und 19. Jahrhunderts

Im Gegensatz zur griechischen Auffassung, war die Sichtweise der französischen Denker eine *hedonistische,* d. h. sie glaubten, dass ein gutes Leben in der Maximierung des sinnlichen Vergnügens bestehen würde. Glück und Wohlbefinden konnten demnach *dann* erreicht werden, wenn die Summe aller positiven sensorischen Eindrücke größer war als die der negativen. Und jeder hatte nach Auffassung der französischen Philosophen das Recht, glücklich zu sein!

Ein Franzose mit hedonistischer Sichtweise musste also nur prüfen, ob er genug schmackhafte Mahlzeiten verdrückt, Streifzüge durch duftende Blumenparks unternommen, die prickelnde Sonne auf seiner Haut getanzt oder aufregende amouröse Eskapaden erlebt hatte, um festzustellen, ob er glücklich ist. Mit einem Ja auf diese Fragen war auch das Glück des Tages sichergestellt.

So erstrebenswert ein Leben ohne Schmerz auch sein mag, hat diese Vision von Glück nicht auch eine dunkle Facette? Möglicherweise eine, die erklärt, warum viele von uns heute eine Reihe von Glücksratgebern im Regal stehen haben, auf Glückskonferenzen pilgern und ständig auf der Suche nach etwas sind, was uns zu fehlen scheint?

Glück oder Wohlbefinden scheinen heutzutage oft nicht mehr über den Zeitraum unseres gut gelebten Lebens hinweg gewonnen werden zu können. Das Glück soll verfolgt, gefangen und konsumiert werden – es entsteht somit durch flüchtige Vergnügen. Der moralische Aspekt ist abhandengekommen: „Gut fühlen" anstelle von „Gut sein". Weniger das gut gelebte Leben als vielmehr die Erfahrung des sich gut anfühlenden Moments ist also ausschlaggebend.

Vielleicht haben wir bei unserem Marsch in die Moderne etwas vergessen: Allein mit positiven Gefühlen wird man nicht unbedingt glücklicher – dafür braucht es mehr.

Was die Forschung angeht, scheint das Wissen aus vergangenen Kulturen erfreulicherweise nicht nur validiert, sondern auch wiederbelebt zu werden. Wissenschaftler pinseln ab, was durch die Vergangenheit Staub angesetzt hatte und zeitweise in Vergessenheit geraten war.

Um der Vorstellung entgegenzuwirken, dass es unnatürlich, schlecht oder defizitär ist, wenn man gerade *nicht glücklich ist,* könnte es zielführend sein, den Fokus auf das Glück anderer zu legen.

Auf dieser Idee aufbauend entstand im 18. und 19. Jahrhundert der Utilitarismus. *John Stuart Mill* und *Jeremy Bentham* beispielsweise vertraten die Meinung, dass Glück über jene Handlungen erreichbar sei, die das meiste Wohlbefinden für die größtmögliche Anzahl von Menschen aufwiesen. Wir erkennen wiederholt den Fokus nach außen, auf das Wohlergehen der anderen.

Wenn man dem Individuum das Recht einräumt, nach Glück zu streben, wie das beispielsweise Thomas Jefferson in der amerikanischen Unabhängigkeitserklärung tat („Pursuit of Happiness"), erhöht dies auch den Wohlstand der anderen, und der Grundstein für eine florierende Gesellschaft ist gelegt. So glaubten zumindest Mill und Bentham. Belege dafür, dass dieser Ansatz tatsächlich zu einer glücklicheren Gesellschaft führt, sind mir allerdings nicht bekannt.

1.1.3 Glücksforschung nach dem Zweiten Weltkrieg

Nach dem Zweiten Weltkrieg konzentrierte sich die Psychologie intensiv auf die Heilung psychischer Erkrankungen und machte dabei erhebliche wissenschaftliche Fortschritte.

Diese extrem fokussierte Psychologie, die fast ausschließlich auf Pathologie ausgerichtet war, übersah jedoch die Frage, wie das Individuum ein erfülltes Leben erreichen oder die Gemeinschaft zum Erblühen gebracht werden könnte. Dabei wurde der Einsatz einer der mächtigsten „Waffen" im Arsenal der Therapie vernachlässigt: die der Stärken eines Menschen.

Erst 1998, als *Martin Seligman* in San Francisco zum Präsidenten der American Psychological Association gewählt wurde, erhielt die Psychologie wieder eine vielschichtige und optimistischere Ausrichtung.

So wird seit der Jahrtausendwende anders als zuvor nicht mehr fast ausschließlich Geld für die Erforschung von Krankheiten wie Depression oder Posttraumatischen Belastungsstörungen zur Verfügung gestellt, sondern auch für Studien zu Stärken, Tugenden und Charaktereigenschaften wie Hoffnung, Optimismus oder Neugier.

1.2 Was ist Positive Psychologie? – Eine Definition

Was also macht die Positive Psychologie heute aus? Wie wird sie definiert?

Sollten Sie versuchen, eine Definition von Glück zu finden, werden Sie sowohl bei Google als auch bei Wikipedia und vielen weiteren Quellen fündig. Allerdings ist es ein Ding der Unmöglichkeit, eine allgemein akzeptierte Definition zu finden. Das liegt daran, dass es nicht nur *die eine* Definition gibt.

Glück (oder Englisch *happiness*) ist eine subjektive Einschätzung der Person, die es erlebt. Deshalb sprechen Wissenschaftler (wie z. B. in Diener & Biswas-Diener, 2008) häufig auch von subjektivem Wohlbefinden (*subjective well-being,* SWB), denn es geht primär darum, wie jeder Einzelne von uns über sein eigenes Leben denkt und es bewertet. Viele Menschen streben danach, mehr positive als negative Emotionen zu erleben, sodass die allgemeine Bewertung des eigenen Lebens, wenn möglich, positiv ausfällt.

Das Wort „Glück" hat im Deutschen verschiedene Bedeutungen. In diesem Buch benutze ich es im Sinne von (Glücks-)Gefühl, es handelt sich also um eine Emotion. Barbara Fredrickson, eine Forscherin an der University of North Carolina, zählt zu den zehn häufigsten positiven Emotionen, die wir erleben: Freude, Dankbarkeit, Heiterkeit, Interesse, Hoffnung, Stolz, Vergnügen, Inspiration, Ehrfurcht und – last but not least – die Liebe (Fredrickson, 2009).

Obwohl hier noch weit mehr als nur zehn Emotionsbegriffe Platz fänden, zeigt die kurze Aufzählung schon, dass es dabei um weit mehr geht als nur ein gelbes Smileygesicht. Trotzdem werde ich im Laufe des Buches Begriffe wie Glück, positive Emotionen, Positivität, oder auch Wohlbefinden synonym verwenden. Doch wie auch immer Sie das Gefühl nennen möchten, unsere Suche danach ist Teil unseres Menschseins. Und das auch schon seit geraumer Zeit, wie Aufzeichnungen von Autoren und Philosophen zeigen.

Die Positive Psychologie – definiert als wissenschaftliche Erforschung von Glück und Wohlbefinden – gewinnt in einigen Ländern bereits stark an Beliebtheit. Sie begeistert Laien und Wissenschaftler, unterstützt Trainer und Coaches durch neue Konzepte und verschafft Individuen sowie Unternehmen eine Grundlage, um glücklich und erfolgreich zu werden – was auch immer für den Einzelnen als Glück oder Erfolg gelten mag.

Wer sagt eigentlich, was positiv ist?

Oftmals wird diese kritische Frage gestellt. Natürlich gibt es Grauzonen, ein Zuviel des Guten oder gut Gemeintes im falschen Kontext. Aber es gibt tatsächlich Dinge, die die meisten Teilnehmer einer repräsentativen Studie als positiv, gut, wertvoll oder hilfreich ansehen.

So ist Wohlbefinden angenehmer als Depression, Optimismus in vielen (aber nicht in allen!) Situationen hilfreicher als Pessimismus, ein langes Leben begehrenswerter als ein kurzes und ein gesundes, schmerzfreies Leben angenehmer als ein krankes, qualvolles. Liebe ist besser als Hass, sinnvoll besser als sinnfrei und viele gute Sozialkontakte zu haben ist besser als Einsamkeit.

Es gibt mehr Menschen, die dieser Auffassung zustimmen, als manche Kritiker annehmen mögen.

Insbesondere in Deutschland scheint eine zurückhaltende, häufig kritische Haltung gegenüber der Positiven Psychologie zu herrschen, denn obwohl Glücksbücher in allen gut sortierten Buchhandlungen zu finden sind, gibt es in deutschen Unternehmen selten „Happiness-Beauftragte“ oder gar ganze Abteilungen, die sich um das Wohlbefinden der Mitarbeiter sorgen.

Der Begriff „Positive Psychologie" erinnert an ein dröges Dauerlachen, an eine Gegenbewegung der „seriösen" oder „negativen" Psychologie, jene, die heilt und die viele wohl noch mit einer Couch verbinden und mit Psychotherapie verwechseln.

Es gibt zahlreiche Vorbehalte gegen die Anwendung einer derart optimistischen, positiven Art der Psychologie – sowohl im Privatleben als auch ganz besonders im beruflichen Umfeld, wo schließlich wichtige Faktoren wie Umsatz, Cashflow, Gewinnmaximierung, Aktienkurse und Kostenreduktion eine Rolle spielen.

Im Hinblick auf diese oft als problematisch wahrgenommenen Themen wird die Positive Psychologie nicht als Hilfe verstanden. Oder sie wird, wie Chris Peterson schreibt, sogar als Ablenkung von dem wahrgenommen, mit dem sich die Gesellschaft eigentlich beschäftigen sollte: mit dem Lösen dringender Probleme. Doch nach dem aktuellen Stand der Wissenschaft ist die Nutzung von Stärken zur Lösung eines Problems eine der effektivsten Methoden:

> Man muss irgendwo stehen, um einen Boden zu streichen. Also warum nicht an einer Stelle des Bodens, die nicht gestrichen werden muss? (Peterson, 2013).

Seit der Jahrtausendwende liefern Forscher jährlich eine Vielzahl an konkreten Belegen, die nahelegen, dass der Einsatz der Positiven Psychologie auch im Hinblick auf materielle Ziele von großem Nutzen ist.

> Positive Psychologie ist vereinfacht gesagt die *wissenschaftliche* Erforschung *der* Dinge, die im Leben funktionieren und gut sind – das, was das Leben am lebenswertesten macht (Peterson, 2006).

Ich betone den wissenschaftlichen Aspekt hier, weil er den feinen, aber wesentlichen Unterschied zu der Fülle von Selbsthilfebüchern und Glücksratgebern ausmacht, die oft hilfreiche Tipps geben können, aber größtenteils nicht auf Evidenz basieren.

> Mit Glückstipps ist es so ähnlich wie mit Diätratgebern. Wenn etwas wirklich funktionieren würde, wäre der Markt nicht voll davon! (von Hirschhausen, 2011, S. 13).

Insbesondere die aus Forschungsarbeiten abgeleiteten Ansätze, die sich durch zahlreiche Labor- und Feldexperimente deutlich von anderen Methoden abheben, machen die Positive Psychologie zu mehr als nur einer cleveren Verallgemeinerung von Lebensweisheiten. Sie führt darüber hinaus zu richtungsweisenden Erkenntnissen, ist Impulsgeberin, erlaubt Perspektivenwechsel und liefert Ideen, welche Fähigkeiten, Eigenschaften und Wünsche das Leben noch lebenswerter machen könnten.

Somit hat die Positive Psychologie seit Martin Seligmans Kurswechsel kurz vor der Jahrtausendwende nicht nur die Aufmerksamkeit der akademischen Welt gewonnen, sondern zunehmend auch die der Öffentlichkeit. Und das ist gut so. Diese positive Aufmerksamkeit und Neugier haben in den letzten Jahren durch diese breite Masse die Möglichkeit eröffnet, weiterzuforschen und die dafür notwendigen Finanzmittel zu beschaffen.

Der Wert der Positiven Psychologie liegt in ihrer ausgezeichneten Ergänzung (nicht dem Ersatz!) zur problemfokussierten Psychologie, die die vergangenen Jahrzehnte dominiert hat. Sie basiert auf den folgenden Überlegungen (Seligman & Csikszentmihalyi, 2000):

1. Das Gute im Leben ist genauso wichtig wie das Schlechte. Es ist kein Abkömmling des Schlechten, zweitrangig, illusorisch oder auf irgendeine andere Art suspekt.
2. Dass etwas gut ist, heißt nicht, dass einfach das Schlechte fehlt. Wenn Sie sich morgens gerne noch einmal umdrehen, anstatt euphorisch aus dem Bett zu springen und den Tag mit dem Sonnengruß zu bejubeln, heißt das noch lange nicht, dass sie depressiv sind (*könnte* es aber).
3. Das gute Leben benötigt eine eigene Erklärung und sollte nicht einfach die negierte Variante des Krankheitskatalogs der Psychologen darstellen.

Die Positive Psychologie ist also weder eine recycelte Version des positiven Denkens, noch verspricht sie *den einen Weg* zum Glück, das Zehn-Schritte-Programm zum unendlichen Wohlbefinden oder die Abkürzung zum Nirwana.

Worauf sie jedoch abzielt und was sie seit fast zwei Dekaden verlässlich liefert, sind hochinteressante neue Erkenntnisse, wie z. B., dass

- das „gute Leben" mit allen Höhen und Tiefen gelehrt und erlernt werden kann,
- Glücklichsein also aktiv herbeigeführt werden kann und nicht einfach zufällig zustande kommt,

- Glücklichsein einen nachhaltigen Puffer gegenüber Enttäuschungen oder Rückschlägen darstellt, über den die meisten Menschen verfügen (und die somit als „resilient" gelten),
- Zufriedenheit zu erstrebenswerten Ergebnissen führt (und nicht anders herum) – bei der Arbeit (Kap. 8), in der Schule (Kap. 5), in Form von erfüllenden sozialen Beziehungen (Kap. 4) und einem längeren und häufig auch gesünderen Leben (Kap. 6),
- andere Menschen und die Art unserer Beziehung zu ihnen extrem wichtig für das persönliche Wohlbefinden sind,
- die Arbeit viel zu unserem Wohlbefinden beiträgt, wenn sie den Arbeitenden in ihren Bann zieht und Sinn verschafft,
- Geld nur zu einem sehr geringen Teil glücklich macht, aber Glück käuflich ist, indem man das Geld für andere Menschen ausgibt (Kap. 7),
- gute Tage etwas gemeinsam haben: das Gefühl von Autonomie, Kompetenz und Verbundenheit mit anderen (Abschn. 8.2).

Beispiel

Durch diesen kurzen Rückblick wird deutlich, dass viele verschiedene Perspektiven und Ansichten hinsichtlich der Frage existiert haben (und immer noch existieren), was Glück und ein „gutes Leben" bedeuten und wie sie erreicht werden können.

So ist es kein alter Wein in neuen Schläuchen, der durch die Positive Psychologie fließt. Die Positive Psychologie ist eine Wissenschaft, die auf den Arbeiten verschiedener Pioniere aufbaut, gute Ansätze identifiziert, sie erweitert und unter verschiedensten Bedingungen mithilfe solider Methoden verifiziert und anwendet.

Jeder kann also etwas dafür tun, um sein Leben zu verbessern und glücklicher zu sein. Es ist dabei ähnlich wie bei einer guten Ehe: Es gibt keine Abkürzungen, sondern nur permanentes Arbeiten am nachhaltigen Glück.

Glück und Wohlbefinden sind subjektiv. So ist Sache A oder Intervention B möglicherweise für den einen glückbringend, für die andere jedoch nicht.

Glück hat zudem viele Gesichter – von sinnerfüllten Handlungen bis zu Aktionen, die die Lust befriedigen. Vieles, was schon die alten Philosophen erkannt haben, erfährt heute eine Renaissance und wird von Forschern und Forscherinnen weitergeführt.

Die Positive Psychologie ist zuletzt mehr an dem interessiert, was „gut" und lebenswert ist, als an dem, was „schlecht" oder defizitär ist. Dennoch berücksichtigt sie beide Seiten der Medaille und lässt den Einzelnen entscheiden, was für ihn „gut" oder „schlecht", hilfreich oder nicht hilfreich ist.

Und mit diesem kleinen Vorgeschmack soll der kurze Ausflug in die Geschichte beendet und eine leicht verständliche, gut handhabbare Definition der Wissenschaft der Positiven Psychologie zumindest in dieses Buch gemeißelt sein.

In den folgenden Kapiteln lade ich Sie zu einer Reise ein, die dazu dient, Missverständnisse über die Positive Psychologie aufzudecken und zu klären. Dabei liegt der Fokus auf der Positiven Psychologie in Bezug auf das individuelle Wohlbefinden, die Gruppe und insbesondere den Kontext von Unternehmen. In diesem Prozess werde ich viele Aspekte unseres Lebens betrachten, immer wieder kritische Aspekte der Positiven Psychologie hervorheben, aber auch mögliche Perspektiven und Lösungen aufzeigen.

Literatur

Aristóteles. (1983). *Aristóteles Werke in deutscher Übersetzung: Nikomachische Ethik.* (F. Dirlmeier, E. Grumach, & H. Flashar, Hrsg.). Akademie.

Diener, E., & Biswas-Diener, R. (2008). *Rethinking happiness: The science of psychological wealth.* Blackwell.

Fredrickson, B. (2009). *Positivity.* Crown.

McMahon, D. M. (2006). *Happiness: A history.* Grove Press.

Peterson, C. (2006). *A primer in positive psychology.* Oxford University Press.

Peterson, C. (2013). *Pursuing the good life: 100 reflections in positive psychology.* Oxford University Press.

Seligman, M., & Csikszentmihalyi, M. (2000). Positive psychology: An Introduction. *American Psychologist, 55*(1), 5–14.

von Hirschhausen, E. (2011). *Glück kommt selten allein.* Rowohlt.

2

Positive Psychologie kritisch gesehen – wo es noch hakt und knirscht

---

» **Mythos**
Die Positive Psychologie ist eine reife, ausgefeilte und konsistente Wissenschaft. Es geht also nur noch darum, weitere positive Aspekte des Lebens zu entdecken – die negativen sind ohnehin nicht Gegenstand der Positiven Psychologie.

Nur wenige Nicht-Wissenschaftler üben Kritik an Gebieten wie der Positiven Psychologie, die sich für die Verbesserung der Lebensbedingungen einsetzen, und tragen so zur Weiterentwicklung des Diskurses bei.

Auch ich selbst verabscheue Kontroversen und bin sehr erfolgreich darin, sie zu vermeiden. Das mag daran liegen, dass mein Selbstbild das eines Praktikers der Positiven Psychologie ist, ich schon viel Energie und Zeit in sie investiert habe und sie natürlich mit allen Kräften verteidigen mag. Warum sonst sollte ich Positive Psychologie anwenden und darüber sogar Bücher schreiben?

Andererseits macht das Bewusstsein für Schwächen die Stärken sogar noch wertvoller.

Es ist jedoch schwierig, einen objektiven Blick zu bewahren, wenn man *glauben möchte,* dass alles, was diese Wissenschaft hervorbringt, korrekt ist,

M. Tomoff, *Positive Psychologie – Erfolgsgarant oder Schönmalerei?*,
https://doi.org/10.1007/978-3-662-68397-2_2

auf soliden Grundlagen beruht und die Menschen nicht nur intelligenter, sondern auch glücklicher macht.

Dieser Glaube ist jedoch keineswegs unbegründet. Eine wachsende Anzahl wissenschaftlicher Studien zeigt, dass Glücklichsein nicht nur ein angenehmes Gefühl ist, sondern auch weitere positive Auswirkungen hat.

In einer Metaanalyse von 225 akademischen Studien über Glück fanden Sonja Lyubomirsky und ihre Kollegen heraus, dass Optimismus mit allerlei Vorteilen verknüpft ist (Lyubomirsky et al., 2005). Menschen, die regelmäßig positiv gestimmt sind,

- verhalten sich gesundheitsbewusster (indem sie z. B. einen Sicherheitsgurt anlegen),
- verdienen mehr Geld (Kap. 7),
- sind glücklicher verheiratet,
- erhalten bessere Kunden- und Vorgesetztenbeurteilungen bei der Arbeit,
- werden häufiger durch Vorgesetzte befördert und
- sind großzügiger.

Die beste Nachricht ist jedoch, dass eine positive Einstellung sogar gesundheitliche Vorteile hat: Glückliche Menschen sind gesünder. Studienteilnehmer ließen sich freiwillig mit Rhinoviren infizieren (den Erregern, die hauptsächlich für Schnupfen und Erkältungen verantwortlich sind), nachdem sie einen Fragebogen zu ihrem Wohlbefinden ausgefüllt hatten.

Über mehrere Tage hinweg wurden die Teilnehmer in einem Hotel isoliert untergebracht, um zu kontrollieren, wie sie sich ernährten und mit welchen Personen sie in Kontakt traten. Körpertemperatur und Blutdruck wurden gemessen, Speichelproben genommen. Zudem sollten sie abermals einen Fragebogen ausfüllen, der Fragen zu Symptomen wie Kopfschmerzen, Steifheit und Schmerzen im Allgemeinen beinhaltete.

Sowohl auf der Grundlage von objektiven Daten, wie den Körperfunktionen, als auch auf subjektiven Einschätzungen der Teilnehmer ergab sich: Glücklichere Menschen waren erstaunlicherweise in 50 % der Fälle weniger anfällig für Erkältungen, was auf ein robusteres Immunsystem hindeutet.

Daher ist es verständlich, dass die Ergebnisse der Positiven Psychologie vielen Menschen Hoffnung geben, in naher Zukunft ein Leben mit weniger Beschwerden führen zu können.

Trotzdem ist nicht alles Gold, was glänzt.

In der Vergangenheit wurden immer wieder Studien veröffentlicht, die ungenügende Versuchsbedingungen, missverständliche Ergebnisse oder sogar

Falschaussagen aufwiesen und damit dem Ruf der Wissenschaft und dem ihrer professionellen Vertreter alles andere als guttaten.

Ich erlebe die kritischen Stimmen vorwiegend als sicherheitsbedürftige Kunden, die gerne etwas einkaufen möchten, von dem sie aber noch nicht wissen, was es genau beinhaltet, wie seriös es ist und was es letztlich gemessen an den Ausgaben für einen Nutzen haben wird (Return on Invest, ROI). „Sie müssen es einfach einmal ausprobieren" hat selten jemanden zum Kauf einer Dienstleistung überreden können und viele studierte Menschen wissen, dass „man keiner Statistik trauen soll, die man nicht selbst gefälscht hat".

Daher scheint es sinnvoll zu fragen, welche Aspekte der Kritik tatsächlich zutreffen. Ist die Vorsicht jener berechtigt, die erst einmal warten möchten, bis der „richtige Zeitpunkt" gekommen ist, die Positive Psychologie auch in ihr Leben, in ihr Unternehmen zu lassen?

Im Folgenden werden daher einige kritische Aspekte der Positiven Psychologie beleuchtet und einige sich hartnäckig haltende Vorurteile kritisch untersucht bzw. teilweise widerlegt. Bitte bilden Sie sich Ihre eigene Meinung. Und vergessen Sie dabei nicht: Auch Interventionen, die nicht wissenschaftlich geprüft oder validiert wurden, können hervorragende Ergebnisse liefern.

2.1 Sind diese Erkenntnisse überhaupt neu? – Alter Wein in neuen Schläuchen

Was bereits in Abschn. 1.1 anklang, stellt tatsächlich einen der häufigsten Kritikpunkte an der Positiven Psychologie dar und verdient daher eine erneute, genauere Betrachtung.

Oft werfen andere Akademiker Wissenschaftlern, die über die Positive Psychologie sprechen, vor, sie würden sich nicht ausreichend auf ihre Vorgänger und deren Ergebnisse beziehen. Diese Kritik trifft immer dann zu, wenn Forscher oder Praktiker ihre Arbeit durchgängig als neu bezeichnen – und sie das eben nicht ist. Viele Vertreter der Positiven Psychologie erkennen jedoch sehr wohl an, auf wessen Schultern sie stehen (s. dazu z. B. Haidt, 2009).

Dennoch gibt es viele Gründe, dies nicht zu tun: Zeichenbegrenzungen in Fachartikeln, Zeitmangel in Interviews oder die Befürchtung, jeden zweiten Satz mit einem schicken Zitat von Aristoteles oder Konfuzius zu starten …

Trotz alledem ist keines der Themen, die die Positive Psychologie behandelt, ein wirklich neues. Das wird sich in den nächsten Jahren sicherlich ändern, wenn die naheliegenden und auch schon unter „negativen Aspekten“ begutachteten Themen ausgereizt und möglicherweise sogar medial ausgelutscht sind.

Der Oberbegriff „Positive Psychologie“ ist jedoch neu und demonstriert eine beeindruckende Anziehungskraft, verschiedene Themen zu vereinen und gleichzeitig zu überprüfen, was meiner Ansicht nach zur Popularität dieses Gebiets beigetragen hat.

Ob wir den Begriff „Positive Psychologie“, der häufig als nicht besonders treffend bezeichnet wurde, letztlich Marty Seligman oder Abraham Maslow zu verdanken haben, darüber lässt sich vortrefflich streiten (Biswas-Diener, 2011). Sie beide nutzen den Begriff mit unterschiedlicher Bedeutung, Maslow viel früher als Seligman. Dafür verwendete Maslow ihn dann nach kurzer Zeit auch schon nicht mehr.

2.2 Handelt es sich nicht nur um Pseudowissenschaft? – Selbsthilfebücher und Positive Psychologie

> Der Grund, warum die Wissenschaft einbezogen und die Forschung unabhängig von Feld oder Name durchgeführt werden sollte, ist jener, dass die Forschung ein wesentlicher und wichtiger Bestandteil der Praxis war, der wertvolle Einblicke und wichtige Implikationen für die Praxis bieten konnte (Tilly, 2008)

Oftmals wird die Positive Psychologie mit Selbsthilfebüchern und dem Positiven Denken in einen Topf geworfen. Meiner Meinung nach unterscheiden sich die beiden dadurch, dass Selbsthilfebücher häufig nur die Ansichten und Erlebnisse von Autoren wie Norman Vincent Peale, Stephen Covey und illustren Persönlichkeiten wie Donald Trump wiederkäuen. Die Positive Psychologie ist hingegen eine Disziplin der psychologischen Wissenschaften und steht somit auf einem wissenschaftlich geprüften Fundament.

Das Wort „positiv“ bezeichnet nicht nur eine Lebenseinstellung („Es ist schick, positiv zu sein.“), sondern auch ein Forschungsgebiet.

Forschung beinhaltet auch in der Positiven Psychologie wissenschaftliche Methoden, wie Hypothesenbildungen, gesicherte Experimente mit randomisierten Kontrollgruppen, Studien über Ursache-Wirkungs-Zusammenhänge etc. Die Psychologen*innen dieser Disziplin sind fähige Wissenschaftler*innen, die ihre Theorien (meistens) gegenseitig infrage stellen und ihre Experimente mit Kollegen und Kolleginnen diskutieren.

Selbsthilfebücher werden oft mit Positiver Psychologie verwechselt, da prominente Vertreter dieses Fachs manchmal gezwungen sind, ihr Wissen in knackige Büchlein zu pressen. Die breite Masse ist daran sehr interessiert, mitunter, weil viele dieser Bücher durchaus gute Hilfestellungen bieten. Häufig fehlt aber die wissenschaftliche Datengrundlage (Wood et al., 2009).

Seligman und Csikszentmihalyi (2000) unterstreichen, dass die Positive Psychologie nicht auf Luftschlösser, Glaubenssätze oder flüchtige Trends setzt.

Durch Statistik und Experimente hilft uns die Positive Psychologie bei der Erforschung der Frage, welches Verhalten in bestimmten Situationen effektiv ist und für einen Großteil der Menschen hilfreich sein könnte. Dass dies in der Praxis dann nicht immer funktioniert, ist ein anderes Thema …

2.3 Positive Psychologie fokussiert doch allein auf Positives, oder? – Akzeptanz von negativen Emotionen

Ein weiterer, vielfach genannter Kritikpunkt ist, dass die Positive Psychologie ausschließlich dem Positiven nachjagt, wie ein Hund einem Tennisball, und dabei negative Aspekte des menschlichen Verhaltens und Fühlens vernachlässigt. Einige Kritiker behaupten sogar, dass die Positive Psychologie vorschlage, vermeintlich Schädliches, wie negative Emotionen, zu verdrängen.

Weit gefehlt. Es liegen eine Vielzahl von Erkenntnissen aus der Traumaforschung vor, die besagen, dass Wachstum nach problematischen Ereignissen ein sehr intensiver und nachhaltiger Schritt sein kann (im Fachjargon auch *posttraumatisches Wachstum* genannt).

Da wir aber bereits wissen, dass positive Emotionen in vielerlei Hinsicht zu größerem Wohlbefinden (und damit auch zu besseren Leistungen) beitragen, konzentriert sich die Positive Psychologie vornehmlich auf diese. Sie möchte herausfinden, wie diese Emotionen entstehen, wie sie gefördert und kultiviert werden können.

Dies geschieht aber immer auch unter der Voraussetzung, negative Emotionen als das zu akzeptieren, was sie sind: ein wichtiger Teil von uns, der nicht verdrängt werden sollte.

Todd Kashdan und Robert Biswas-Diener, die Autoren von *The Upside of Your Dark Side* (2014), gehen sogar noch einen Schritt weiter. Obwohl sie Achtsamkeit, Freundlichkeit und Positivität positive Effekte nachsagen, mahnen sie an, dass diese Eigenschaften oder Verhaltensweisen nicht alles seien. Manchmal könnten sie uns sogar zurückhalten und andere wichtige Verhaltensweisen oder Gefühle blockieren.

Emotionen wie Ärger, Angst, Schuld und Traurigkeit mögen zwar unangenehm sein (eher wie ein kalter Kaffee statt des Morgentees), besitzen aber – wie Kashdan und Biswas-Diener zeigen – auch einen hohen Wert. So kann Wut zum Beispiel einen Anstoß zu mehr Kreativität geben, Schuldgefühle können ein Antreiber für Verbesserungen sein und Selbstzweifel zu Leistungssteigerungen führen.

Außerdem können wir klüger und effektiver werden, wenn wir die „dunklen Seiten" unserer Persönlichkeit in bestimmten Situationen nutzen: Selbstsucht erhöht Mut und mit Unbekümmertheit können wir wesentlich bessere Entscheidungen treffen.

Der Schlüssel liegt nach Kashdan und Biswas-Diener in unserer „emotionalen, sozialen und geistigen Beweglichkeit", also in der Fähigkeit, unsere breite Palette an Emotionen und Verhalten einzusetzen, um in Abhängigkeit der jeweiligen Situation am effektivsten zu agieren.

Wie so oft ist es voraussichtlich eine Sache der Perspektive. Während sturer, wirklichkeitsferner Optimismus durchaus zu fatalen Fehleinschätzungen und Ärger führen kann, mag eine realistischere Einstellung in einer unsicheren Welt Aktivitäten hervorbringen, die positive Veränderungen ermöglichen. Veränderungen, die nicht zustande gekommen wären, hätten wir uns mit pessimistischer Haltung in eine Ecke gehockt und darüber gejammert, dass es ohnehin nie besser werden wird.

Vertreter der Positiven Psychologie versuchen also nicht, das Negative zu umgehen (s. dazu auch Abschn. 10.1), vielmehr haben sie beide Seiten im Blick: das Leiden *und* das Glück, deren Zusammenspiel sowie jene wissenschaftlich bestätigten Interventionen, die sowohl das Leiden lindern als auch das Glück steigern (Seligman et al., 2005).

2.4 Ist es nicht vollkommen sinnlos, dem Glück hinterherzurennen? – Die hedonistische Tretmühle

Brickman und Campbell haben bereits 1971 die hedonistische Tretmühle beschrieben. Ähnlich wie die Anpassung unserer olfaktorischen Sensoren an Düfte, sind auch Emotionen als Reaktionen auf bestimmte Lebensereignisse nicht permanent, sondern etwas, an das wir uns schnell gewöhnen und bald nicht mehr wahrnehmen.

Solche Gewöhnungsprozesse sind laut Brickman und Campbell stets von den vorangegangenen Erfahrungen abhängig. David Myers (1992) sieht darin einen überaus wichtigen Punkt und unterstreicht:

> Jedes wünschenswerte Erlebnis – leidenschaftliche Liebe, ein spirituelles Hoch, die Freude über einen neuen Besitz, das Hochgefühl des Erfolgs – ist vergänglich (S. 53).

Fühlt man sich angesichts erfreulicher Ereignisse oder Erfahrungen glücklich, so ist das lediglich ein flüchtiger Zustand – bis man dann wieder auf sein gewöhnliches Maß (den sog. *Set-Point*) an Freude oder Glücksgefühl zurückkehrt (s. auch Asselmann & Specht, 2023).

Menschen, deren *Set-Point* zur positiven Seite tendiert, zeigen häufiger Freude, wohingegen jene, deren *Set-Point* eher zu negativen Seite neigt, öfter pessimistisch oder ängstlich sind.

Nach dieser Auffassung wären Glück und Unglück nur flüchtige Reaktionen auf Veränderungen der äußeren Umstände einer Person. Eine bittere Pille für die gesamte Trainingsbranche! Stellen Sie sich vor, die Wirkungen von Trainings oder Coachings, die Ihrem Glück dienlich wären, würden nur kurzzeitig anhalten, bevor Sie wieder auf Ihren Ausgangspunkt zurückfallen.

1978 fanden Brickman et al. empirische Belege für die Tretmühlentheorie. In mittlerweile als Klassiker geltenden Studien demonstrierten sie, dass Lotteriegewinner maximal ein Jahr nach dem Gewinn nicht mehr glücklicher waren als Nichtgewinner, und dass Menschen mit Querschnittslähmung (nach einem ähnlich kurzen Zeitraum) nicht wesentlich unglücklicher waren als jene, die noch laufen konnten.

Warum waren die Beweise für die Tretmühlentheorie für die Glücksforschung so bedeutsam?

Obwohl die empirischen Befunde zur *hedonistischen Anpassung* tatsächlich gemischt waren, zogen die Studien unter Psychologen viel Aufmerksamkeit auf sich. Das könnte daran liegen, dass sie eine Erklärung dafür lieferten, warum Menschen mit vielen materiellen Ressourcen oft nicht glücklicher waren als jene mit wenigen, und warum Menschen mit großen Problemen manchmal trotzdem sehr glücklich waren.

Silver (1982) fand beispielsweise heraus, dass Personen, die aufgrund von Rückenmarksverletzungen gelähmt waren, eine Woche nach ihrem Unfall von intensiven negativen Emotionen berichteten. Zwei Monate später jedoch war Freude ihre vorherrschende Emotion. Ebenso erkannten Suh et al. (1996), dass gute und schlechte Lebensereignisse das Glücksempfinden nur beeinflussten, wenn sie in den vergangenen zwei Monaten geschehen waren.

Wäre es tatsächlich so, dass man nach nicht einmal zwei Monaten wieder „bei null" angekommen ist, könnten Trainer und Coaches ihre Koffer packen, sich auf die voreingestellten *Set-Points* der trainierten oder gecoachten Menschen berufen und bräuchten sich nicht mehr abzustrampeln – sie könnten also ihren Job an den Nagel hängen.

Lykken und Tellegen (1996) erkannten jedoch, dass wir unser übliches Wohlgefühl steigern können, indem wir unsere Umgebung so gestalten, dass sie förderlicher für positive Emotionen und Glücksgefühle ist, und indem wir mit unserem genetischen Material geschickt hantieren (s. Abschn. 2.5).

Diener et al. (2006) untersuchten das Prinzip der hedonistischen Tretmühle und stellten fest, dass Maßnahmen zur Steigerung des Wohlbefindens und Glücksgefühls auch langfristig sehr wirkungsvoll sein können. Dieses Ergebnis wurde immer wieder wissenschaftlich untermauert (z. B. Sheldon & Lyubomirsky, 2004) – und zwar sowohl für Einzelpersonen, Organisationen als auch auf gesellschaftlicher Ebene.

2.5 Ist unser Glücksempfinden nicht sowieso genetisch vorbestimmt? – Die Wände des Möglichkeitsraums

Wie groß ist der Einfluss der Gene auf unser Glück? Unser persönliches Wohlbefinden ist doch zu einem Großteil von unseren Genen abhängig – ändern kann man daran nichts, oder?

Das genetische Material ist – entgegen der Befürchtung vieler – nicht in jeglicher Hinsicht festgelegt. Erkenntnisse aus Zwillingsstudien beispielsweise unterstützen die Annahme, dass der individuelle *Set-Point* eines Menschen nicht alleine aufgrund der Gene vorbestimmt ist, als wären wir genetische Marionetten in einem Schicksalsspiel.

Ob eine Person es vermag, ihr übliches Maß an Glück in ihrem Bereich des genetisch Möglichen anzuheben, hängt von mehreren Faktoren ab,

u. a. von ihren Handlungen und Gewohnheiten. Einige glücksfördernde Gewohnheiten sind z. B. Dankbarkeit, Wertschätzung und altruistisches Verhalten.

Auf meine Frage in einem Training, was die Teilnehmer denn glaubten, wie viel Raum es für die Entwicklung des eigenen Wohlbefindens gäbe, wie viel also genetisch vorbestimmt sei und wie viel von Umständen oder der Einstellung abhängig, sagte ein Biologe: „Die genetische Prädisposition liegt meistens bei 50 %."

In der Tat war damals „50 %" die richtige Antwort, wenn man das von Sonja Lyubomirsky (2008) erstellte und häufig zitierte Kuchendiagramm zu den Einflussfaktoren des Glücks zurate zieht. Während die Hälfte der Unterschiede im Wohlbefinden den Genen zuzuschreiben wäre, seien 40 % in den eigenen Entscheidungen und 10 % in den äußeren Umständen begründet.

Eine durchaus schöne und positive Annahme, an 40 % des Glücks selbst etwas drehen zu können. Und diese Annahme ist auch richtig. Alleine die Zahl ist falsch gedeutet!

Lyubomirsky erklärt die *Unterschiede zwischen Individuen* hinsichtlich ihres Glücklichkeitslevels. Es ergibt also keinen Sinn, davon zu sprechen, dass das Glück einer Person zu 50 % von Genen abhängt. Es ist vielmehr so, dass der Unterschied im Wohlbefinden einer Person im Verhältnis zu einer anderen zu 50 % aufgrund von genetischen Unterschieden zu erklären ist.

Auf dem Europäischen Kongress der Positiven Psychologie 2016 in Angers (Frankreich) gaben einige Forscher den genetischen Einfluss noch weitaus niedriger an – nämlich zwischen 20 und 50 % (z. B. Pluess & Meaney, 2015).

Unglücklicherweise wird Lyubomirskys Grafik (Abb. 2.1) von vielen Menschen trotz oder gerade aufgrund ihrer Einfachheit fehlgedeutet und zur Erklärung der Einflüsse auf das *individuelle* Glück genutzt. Dazu kommt außerdem, dass Gene, äußere Umstände sowie persönliche Entscheidungen und Aktionen nicht voneinander getrennt betrachtet werden können, da sie alle drei interagieren und sich gegenseitig beeinflussen.

Man kann die genetischen und biologischen Einschränkungen auf unser Wohlbefinden ebenso leicht überschätzen. Die gute Nachricht ist, dass selbst die Einschränkungen durch die Gene aktiv verändert werden können.

Insbesondere Verhaltensgenetiker stellen sich gegen die vereinfachte Auffassung, dass der Beweis genetischer Vererbung notwendigerweise impliziere, dass Veränderung unmöglich sei (Lopez & Snyder, 2002). Weinberg (1989) bezeichnet die Auffassung, dass Verhalten oder Charakteristika genetisch

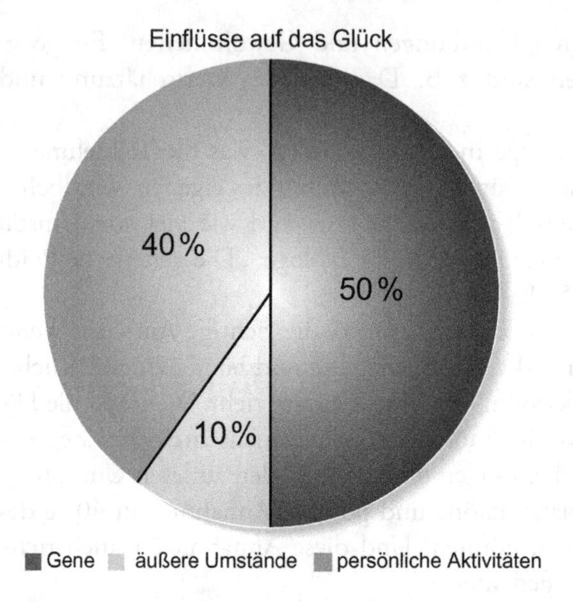

Abb. 2.1 Vereinfachte Darstellung der Einflüsse auf das Glück

bedingt und deshalb nicht mehr veränderbar sind, sogar als Mythos. Gene legen kein Verhalten fest. Sie geben vielmehr einen Spielraum möglicher Reaktionen auf Erfahrungen vor, die durch die Umgebung hervorgerufen werden können.

Die neuesten Erkenntnisse zum Zusammenhang zwischen Genetik und Wohlbefinden zeigen, dass genetische Faktoren eine signifikante Rolle spielen. Metaanalysen von Zwillingsstudien weisen auf eine Erblichkeit von Wohlbefinden von etwa 36–40 % hin, wobei die genetischen Einflüsse hauptsächlich additiv sind. Seit 2015 deuten weitere Studien auf eine Erblichkeit von etwa 40 bis 50 % hin. Verwandte Phänomene wie Optimismus und Resilienz wurden ebenfalls untersucht (van de Weijer et al., 2022).

Definition

Genexpression, auch kurz **Expression** genannt, bezeichnet in der Biologie, wie die genetische Information eines Gens in Erscheinung tritt, wie also der **Genotyp** eines Organismus oder einer Zelle als **Phänotyp** ausgeprägt wird.

Die Forschung darüber, was Genexpression (de)aktiviert, nennt man **Epigenese.**

Einfacher gesagt: Gene stellen quasi die Wände eines Möglichkeitsraums dar, mit Boden und Decke als Unter- und Obergrenze dieser Möglichkeiten (Genotyp). Die Umgebung bestimmt dann, wo ein Individuum innerhalb dieses Raumes landet: mittig, irgendwo im Raum oder nahe an einer der genetisch begrenzenden Wände (Phänotyp).

Wenn eine Person also nicht bereits mit der Hand an der Wand entlangstreicht, also das Maximum eines angelegten Verhaltens ausreizt (was selten bis gar nicht passiert), besteht die Möglichkeit, dieses Verhalten noch stärker an die biologische Grenze zu bringen, also zu „verbessern".

Aber trotzdem sind die Wände des Möglichkeitsraums harte Grenzen. Gene *können* doch – bis auf Mutationen – nicht verändert werden, oder?

Und jetzt wird es *richtig* spannend: Sie haben in Abschn. 1.1 bereits über zwei verschiedene Arten von Glück gelesen, der hedonistischen und der eudaimonischen Art.

Barbara Fredrickson und sieben weitere Wissenschaftler fragten sich, wie wohl das menschliche Genom auf die Positive Psychologie reagieren würde (Fredrickson & Losada, 2013). Sie entnahmen 80 gesunden Erwachsenen Blutproben und kontrollierten Faktoren, die das Ergebnis potenziell hätten verfälschen können.

Die Forscher untersuchten die biologischen Auswirkungen von hedonistischem sowie von eudaimonischem Wohlbefinden, indem sie den Fokus auf den menschlichen Chromosomensatz legten, also rund 21.000 Gene, die sich bis zum heutigen Tag so entwickelten, dass wir Menschen eine möglichst hohe Überlebenswahrscheinlichkeit haben.

Das Ergebnis: Menschen, die ein hohes Maß an eudaimonischem Glück verspürten – die Art von Glück, die durch Sinn und Bedeutung im Leben entsteht –, wiesen sehr günstige Genexpressionsprofile in ihren Immunzellen auf. Sie hatten also ein sehr wirkungsvolles Immunsystem.

Menschen, die ein relativ hohes hedonistisches Wohlbefinden verspürten – also die Art von Glück, die aus stärker konsum- und spaßgetriebenen Aktivitäten entsteht –, zeigten genau das Gegenteil. Sie hatten ein negatives Genexpressionsprofil mit hoher Entzündungswahrscheinlichkeit, also ein schwächeres Immunsystem.

Frühere Studien hatten mit Blick auf die Auswirkungen von länger anhaltendem Stress vornehmlich das festgestellt, was wir über die mehr dem hedonistischen Glück zugeneigten Menschen gelernt haben: Das Immunsystem ist verhältnismäßig schwächer, Genexpressionen für Gene, die bei antiviralen Reaktionen beteiligt sind, sind seltener.

Bekämpft unser Körper also permanent Infektionen, da er häufig Stress ausgesetzt ist, führt das zu erhöhter Geneexpression von Genen, die für

Entzündungen verantwortlich sind. Das wiederum erhöht das Risiko für viele sehr ernste Erkrankungen, wie virale Infektionen, Diabetes, Fettleibigkeit oder Herz-Kreislauf-Krankheiten.

Doch während diejenigen, die das eudaimonische Glück bevorzugen, günstige Genexpressionsprofile in ihren Immunzellen aufweisen, und jene, die das hedonistische bevorzugen, nachteilige, fühlen sich die Versuchspersonen mit hohem hedonistischen Wohlgefühl nicht schlechter als Individuen mit hohem eudaimonischen Wohlbefinden.

Die Chromosomensätze der Gruppen waren also sehr unterschiedlich, obwohl ihre emotionalen Zustände vergleichbar positiv waren.

Dies könnte ein weiterer Grund dafür sein, sich mehr auf ein sinnerfülltes Leben zu konzentrieren, anstatt vorwiegend auf Spaß und Konsum ein Augenmerk zu legen (wobei es hier nicht um das „Entweder-Oder" geht!).

Die gute Nachricht: Relativ einfach auszuführende Verhaltensweisen bringen oft schnelle und gravierende Verbesserungen mit sich. Beispielsweise kann das Meditieren für 25 min an drei aufeinanderfolgenden Tagen und das Fokussieren auf den eigenen Atem (Creswell et al., 2014), sanfte, entspannende Musik anzuhören (Knight & Rickard, 2001), spazieren zu gehen, zu joggen, zu schwimmen oder Fahrrad zu fahren (Schoenfeld et al., 2013), das Gehirn so reorganisieren, dass es weniger auf Stress reagiert.

2.6 Werden neue Interventionen überhaupt ausreichend wissenschaftlich überprüft? – Theorie und Praxis

Viele Wissenschaftler der Positiven Psychologie machen sich Sorgen darüber, dass neue Interventionen allzu hastig in der Praxis angewandt werden.

Im Jahr 2004 begannen Forscher wie Acacia Parks, vorläufige Ergebnisse hinsichtlich positiver Interventionen zu publizieren. Kaum waren sie veröffentlicht, schon fanden sie Anwendung durch Coaches. Dabei waren die Befunde mit dem Hinweis „weitere Forschung nötig" versehen und oft nur in einer einzigen Studie bestätigt – was in wissenschaftlichen Kreisen noch nicht viel bedeutet. Dennoch wurden die erfreulichen Nachrichten rasch positiv aufgenommen und verbreitet.

Sie mögen sich fragen: „Wieso auch nicht? Wenn es doch hilft!" Das mag stimmen. Aber versetzen Sie sich in die Lage der Forscher: Was, wenn die Daten einen Fehler ausweisen, der Effekt also gar nicht so ausfällt, wie behauptet? Oder wenn die Untersuchungsgruppe einfach keine repräsentative, sondern eine eher untypische war?

Dann hat man Pech gehabt, denn die fehlgedeuteten Ergebnisse haben sich längst überall herumgesprochen, da Coaches und Trainer den Erfolg rigide bestätigen, um weiterhin Geld mit den Interventionen zu verdienen.

Andere Disziplinen, wie z. B. die Klinische Psychologie, sind dafür weniger anfällig, weil sie viel konservativer und vorsichtiger sind, was wissenschaftliche Schlüsse und deren Veröffentlichung betrifft. Aber auch das konsequente und langwierige Forschen ist kein Garant für das Funktionieren einer Intervention.

Es gibt viele Beispiele – aus der Psychologie und anderen Wissenschaften –, bei denen evidenzbasierte Interventionen letztlich fehlschlugen oder sogar Schaden anrichteten.

Lobotomie, eine neurochirurgische Operation, die in den 1940er-Jahren zur Standardtechnik wurde, ist ein Beispiel. Dabei werden die Nervenbahnen zwischen Thalamus und Frontallappen sowie Teile der grauen Substanz mit dem Ziel durchtrennt, Schmerzen auszuschalten.

Als Folge der Lobotomie traten jedoch Persönlichkeitsveränderungen mit Störungen des Antriebs und der Emotionalität auf, woraufhin sie schließlich weitgehend durch die Behandlung mit Psychopharmaka ersetzt wurde.

Eine Lehre für die Forscher mag sein, sensibler vorzugehen, wenn sie etwas an die Öffentlichkeit lassen, und ihre Ergebnisse klarer und vor allem einfacher zu formulieren. Damit könnte die Gefahr der fehlerhaften Auslegung und falschen Anwendung minimiert werden.

Im besten Falle sollten Grundlagenforschung und angewandte Forschung meiner Meinung nach jedoch Hand in Hand gehen und Synergien herstellen, denn sie stärken einander und können viel voneinander lernen. So könnte die angewandte Forschung die Skepsis und Hartnäckigkeit der Basisforschung adaptieren und auf eine striktere Weise Fortschritte machen, ihre Dynamik und Anwendungsfreundlichkeit jedoch beibehalten.

2.7 Haben die Studien nicht sowieso konzeptionelle Fehler? – die Losada-Ratio

Die sog. Losada-Ratio, die vor allem durch die Eingängigkeit der Formel weite Verbreitung fand, ist seit Jahren in aller Munde und hat schon so manches Kommunikationsseminar zu einer lobenden und wertschätzenden Veranstaltung werden lassen.

In ihrem Klassiker *Positivity* (2009) stellt die Psychologieprofessorin Barbara Fredericksen aus North Carolina Resultate ihrer Forschung vor, die aus der Zusammenarbeit mit Marcial Losada, einem chilenischen Psychologen und Berater, hervorgehen. Dieser nutzte ein mathematisches Modell, um zu berechnen, in welchem Verhältnis positive und negative Gefühle mindestens stehen müssen, damit Menschen aufblühen und sich wohlfühlen. Nach Losada lag diese „Positivitätsgrenze" exakt bei 2,9013 zu 1.

Wie so oft wurde auch dieses Konzept sowohl bei Laien als auch in akademischen Kreisen sofort begeistert aufgenommen und gefeiert. Positivity wurde ein Bestseller und im Drei-zu-eins-Verhältnis sah man etwas, das das Leben verändern könnte. Fredrickson selbst schrieb, dass die Positivitätsratio – ähnlich wie die Null-Grad-Grenze in der Thermodynamik – eine magische Zahl sei.

Doch dann wurde der Psychologe Nick Brown auf die Analysen und Schlussfolgerungen der Studie aufmerksam und betrachtete sie mit einiger Skepsis. Er vermutete Fehler und ein in sich unstimmiges mathematisches Analyseverfahren dahinter.

Brown ließ sich vom Physiker Alan Sokal, der es liebte, in „weicheren" Wissenschaften herumzustochern, und dem Psychologen Harris Friedmann dabei helfen, die Studie und ihre Daten noch einmal zu analysieren. Und kurze Zeit später fanden sie „zahlreiche fundamentale konzeptionelle und mathematische Fehler" (Brown et al., 2013) in der Gemeinschaftsarbeit von Fredrickson und Losada sowie in Losadas früheren Arbeiten zur Positiven Psychologie. Ihre Ergebnisse veröffentlichten sie in einem Artikel mit dem schneidigen Titel „The Complex Dynamics of Wishful Thinking" (deutsch: „Die komplexen Dynamiken von Wunschdenken").

Das war eine bittere Pille, die es zu schlucken galt.

Losada ging auf die gegen ihn und seine Berechnungen erhobene Kritik kaum ein. Barbara Fredrickson hingegen, die sich selbst nicht als Mathematikspezialistin sah, konnte und wollte die von Losada aufgestellten Konzepte nicht verteidigen (Fredrickson & Losada, 2013). Sie sah trotz der gerechtfertigten Kritik den Großteil ihrer Studie als valide an, fand aber den Prozess der in wissenschaftlichen Kreisen üblichen „Peer-Reviews" von Studien nicht verlässlich, obwohl er das Beste sei, was derzeit zur Verfügung steht (Bartlett, 2013).

> Warum war der Nachweis von konzeptionellen und mathematischen Fehlern in einer bekannten Studie für die Wissenschaft der Positiven Psychologie eine bittere Pille?

Wieder einmal stand die Wissenschaft der Positiven Psychologie samt ihren scheinbar doch nicht so rigiden und kritischen Prozessen in einem schlechten Licht. Auch Vaterfiguren wie Seligman oder Csikszentmihalyi erkannten, dass solch ein Fauxpas dem Anspruch der Positiven Psychologie, eine streng evidenzbasierte Wissenschaft zu sein, nicht zuträglich war.

Die Zahl 2,9013 von Losada war letztlich doch auf ihre Art magisch. So magisch wie der Zauberer von Oz, Regina Regenbogen und die Gummibärenbande. So wie auch diese Gestalten Menschen begeistern und faszinieren können, kann dies auch die Vorstellung, dass jeder Mensch versuchen sollte, mehr positive als negative Emotionen zuzulassen, wertschätzender zu kommunizieren und dadurch ein für alle angenehmes Gesprächsklima herzustellen.

Die Wissenschaft kann zwar noch keine genaue Zahl liefern, aber die Betroffenen trotzdem aus dieser Entdeckung Browns gelernt.

War der Schaden für die Positive Psychologie so groß, dass sie daran zugrunde ging?

Offensichtlich konnte Browns Nachweis konzeptueller Fehler der Positiven Psychologie ihr nicht dauerhaften Schaden zufügen; sie liegt sogar noch immer ungebrochen im Trend. Die Explosion an Forschungsergebnissen hält an – viele davon sind extrem detailliert und fundiert – und die sich daraus ergebenden Erkenntnisse sind für viele Menschen bedeutsam.

Doch hier kommt das Wunder der Wissenschaft ins Spiel: Trotz der Kritik und des Zweifels an den Positivitätsverhältnissen hat die Forschung natürlich nicht aufgehört. Das States-of-Mind-Modell (SOM) hat das Licht der Hoffnung wieder entfacht. Es hat gezeigt, dass es nicht um magische Kipppunkte geht, sondern um Balancepunkte, die das Verhältnis von positiven und negativen Gedanken messen (Schwartz & Grice, 2020).

Die Wissenschaft der Positiven Psychologie hat sich also nicht nur erholt, sondern ist stärker und weiser aus der Erfahrung hervorgegangen. Die Magie der Zahlen in diesem Beispiel mag zwar verblasst sein, aber die Magie der menschlichen Emotionen und des Wachstums bleibt bestehen.

2.8 Kann die hartnäckige Glückssuche nicht sogar unglücklich machen? – auf Biegen und Brechen

Die Wissenschaft des Glücks betritt immer größeres Parkett. Zeitungsartikel, Sendungen im öffentlich-rechtlichen Fernsehen, Kongresse – kein Wunder, dass sich mittlerweile eine ganze Beratungs- und Ausbildungsindustrie daraus entwickelt hat, die regen Zulauf erfährt.

Aber ist das Ziel, auf Biegen und Brechen glücklich zu werden, eigentlich gesund?

Ich behaupte, dass jeder Coachee mit dem Ziel in ein Coaching geht, glücklicher zu werden – wenn auch jeder auf seine Art und Weise. Für den einen liegt das Glück in einer erfolgreicheren oder schnelleren Konfliktbewältigung, für den anderen in einer besseren Work-Life-Balance und für den Dritten im Überwinden einer gescheiterten Partnerschaft.

Viele der Menschen, die die Welt zum Positiven veränderten, waren in der Tat nicht glücklich, aber sie hatten ein sinnerfülltes Leben. So war der Begründer der Positiven Psychologie, Martin Seligman, früher sogar depressiv, hat aber aufgrund dieser Erfahrung etwas Großes für die Menschheit erschaffen.

Übrigens war Seligman bereits berühmt, bevor er die Positive Psychologie begründete. Er entwickelte die Theorie der „erlernten Hilfslosigkeit", die auch heute noch kontrovers diskutiert wird, aber effektiv genug war, um in das Folterprogramm der CIA aufgenommen zu werden, damit man Terroristen verhören konnte.

Auch Seligman ist der Ansicht, dass die Jagd nach dem Glück nicht gesund sei. So kam er zu folgendem Schluss (Tierney, 2011):

> If we just wanted positive emotions, our species would have died out a long time ago.

Iris Mauss unterstützt die provokante These, dass das Streben nach Glück mehr schadet als nützt. Menschen, die hartnäckig ihr Glück suchen, seien weniger glücklich als andere.

Gruber et al. (2011) argumentieren so: Je mehr Menschen nach Glück streben, desto höher wird der Standard, den wir erwarten oder an dem wir uns messen. Dass Aufwärtsvergleiche nicht gut für das Selbstwertgefühl sind, ist leicht nachzuvollziehen. Das kann bis hin zu psychischen Erkrankungen wie Depression oder bipolaren Störungen führen.

Und wie findet man das eigene Glück dann auf gesunde Weise?

Die Antwort ist recht einfach: Es kommt darauf an, bei der Suche nach dem Glück ein gesundes Maß zu halten.

Das ist natürlich eine recht unkonkrete und schlecht messbare Größe. Doch gibt es zahlreiche Lebensbereiche (s. Kap. 4–8) und auch Kulturen (s. Kap. 9), die es uns durchaus ermöglichen, in einem gesunden Maß nach Glück zu suchen.

2.9 Können exzessive Glücksgefühle nicht gefährlich sein? – zu viel des Guten

Alle Dinge sind Gift, und nichts ist ohne Gift; allein die Dosis macht's, dass ein Ding kein Gift sei. (Paracelsus)

Das Prinzip des Maßhaltens gilt nicht nur in der Medizin. Wenn Humor zu intensiv eingesetzt wird, droht die Gefahr, nicht mehr ernst genommen und stets als der „Kasper" wahrgenommen zu werden.

Vor Pionieren wie June Gruber, Iris Mauss, Robert Biswas-Diener und Todd Kashdan haben sich bereits andere Forscher mit der „Schattenseite" der Positiven Psychologie auseinandergesetzt.

Barbara Fredrickson betont, dass positive Emotionen und Glücksgefühle die Fähigkeit besitzen, den Geist zu erweitern, kreatives Denken anzuregen und Probleme zu lösen. Dies geschieht allerdings nur, wenn das Wohlbefinden auf einem moderaten Niveau bleibt. Fredrickson (2001) prägte für diese Erkenntnis den Begriff der „Broaden-and-build-Theorie".

Doch was passiert, wenn das Glück überhandnimmt?

Eine Metaanalyse von Mark Alan Davis, die 72 Studien zur Beziehung zwischen Stimmung und Kreativität untersuchte, zeigte, dass Menschen, die übermäßig glücklich sind, an Kreativität verlieren. Barbara Fredrickson fand ebenfalls heraus, dass Menschen, die zu viele positive und zu wenige negative Emotionen erleben, in neuen Herausforderungen weniger flexibel agieren.

Es ist also nicht nur die übermäßige *Suche* nach Glück, die problematisch sein kann, sondern auch das *exzessive Erleben* von Glücksgefühlen selbst. Um das besser zu verstehen, werfen wir einen Blick auf die biologische Funktion von Glück.

Bei intensiven Glücksgefühlen fokussiert sich unsere Aufmerksamkeit fast ausschließlich auf positive Aspekte des Lebens *(selektive Wahrnehmung)*, wodurch wir risikofreudiger werden, um dieses Hochgefühl aufrechtzuerhalten.

Ein extremes Beispiel dieses Zustands ist leicht vorstellbar: Manie. Ein Mensch, der in einem Rausch der Positivität nur Gutes wahrnimmt und hohe Risiken eingeht, kann Warnsignale oder Gefahren leicht übersehen, seine eigenen Fähigkeiten überschätzen und rasch schmerzhafte Konsequenzen erleiden.

Eine extreme Ausprägung dieses Zustands können Sie sich leicht vorstellen: die Manie. Ein Mensch, der wie in einem unbändigen Sog nur positive Dinge um sich herum wahrnimmt und große Risiken eingeht, kann Warnzeichen oder Gefahrensituationen leicht übersehen oder missinterpretieren, sich und seine Fähigkeiten überschätzen und schnell schmerzhafte Konsequenzen zu spüren bekommen.

Die Psychologin Leslie Martin und ihr Team fanden 2002 heraus, dass übermäßige Fröhlichkeit im Kindesalter mit einer erhöhten Sterblichkeitsrate im Erwachsenenalter korreliert, möglicherweise aufgrund einer gesteigerten Risikobereitschaft. Phänomene wie Alkohol- und Drogenkonsum, Essstörungen oder sexuelle Freizügigkeit wurden in dieser Gruppe ehemals fröhlicher Kinder beobachtet.

Das Fazit? Alles in Maßen. Und diese Balance zu finden, könnte nicht nur für übermäßig fröhliche Kinder eine jahrelange Reise des Ausprobierens bedeuten.

2.10 Aber es ist doch nicht gut, in jeder Situation glücklich zu sein? – alles im richtigen Kontext

Das Ziel der Positiven Psychologie ist nicht, uns in einen Dauerzustand des Glücks zu versetzen (das wäre wie gesagt die manische und damit krankhafte Variante unseres Lebens). Sie kann aber helfen, uns an neue Situationen und Herausforderungen anzupassen:

- **Wut** gibt uns nicht nur den nötigen Schub, um Hindernisse zu überwinden, sondern sie kann auch als Katalysator für sozialen Wandel dienen. Sie motiviert uns, Ungerechtigkeiten anzusprechen und für das einzustehen, was wir für richtig halten.
- **Angst** schaltet nicht nur unser „Flucht-oder-Kampf"-System scharf, sondern sie bewahrt uns auch vor leichtsinnigen Entscheidungen und hilft uns, Risiken besser einzuschätzen.

- **Traurigkeit** hilft uns nicht nur, Verluste zu verarbeiten, sondern fördert auch Empathie und soziale Bindungen, da sie uns empfänglicher für die Gefühle und Bedürfnisse anderer macht.
- **Freude** wiederum steigert unsere Lebensqualität und fördert den sozialen Zusammenhalt. Sie motiviert uns, bestimmte Aktivitäten wieder zu tun, was letztlich zu einer Verbesserung unserer Fähigkeiten und Talente führt.
- **Überraschung** hält unser Denken flexibel und öffnet uns für neue Erfahrungen und Lernmöglichkeiten.
- **Ekel** schützt uns vor potenziell schädlichen Substanzen und Situationen, indem er uns dazu bringt, diese zu meiden.
- **Scham** und **Schuld**gefühle haben auch ihre Funktion: Sie dienen als soziale Regulatoren und helfen uns, unser Verhalten an gesellschaftlichen Normen und Erwartungen auszurichten.

So fördern bestimmte Emotionen spezifische Bedürfnisse und sogar überlebenswichtige Verhaltensweisen. Sie sind integraler Bestandteil unserer psychologischen Landschaft und tragen wesentlich dazu bei, dass wir uns als komplexe, soziale Wesen weiterentwickeln können.

Aber wollen wir wirklich *in jedem Kontext* glücklich sein?

Der Psychologe Charles Carver bringt es auf den Punkt: Positive Emotionen wie Glück sind ein Indikator für erreichte Ziele. Sie erlauben uns, einen Gang herunterzuschalten und in einen mentalen Leerlauf zu gleiten, statt ständig Vollgas zu geben.

Und hier wird es interessant: Glück kann in Wettkampfsituationen sogar kontraproduktiv sein. Maya Tamir fand heraus, dass glückliche Zocker in Computerspielen schlechter abschnitten als ihre wütenden Kontrahenten. Wenn also negative Emotionen uns dabei helfen, Langzeitziele über Kurzzeitvergnügen zu stellen, dann wollen wir diese „unangenehmen" Gefühle manchmal sogar spüren (Tamir, 2009).

Wenn negative Emotionen das Erreichen von Langzeit- gegenüber Kurzzeitzielen fördern, *wollen* Menschen diese unbehaglichen Emotionen fühlen.

Aber Vorsicht: Es gibt natürlich Situationen, in denen es – je nach Gesellschaft und sozialen Normen – nicht angemessen ist, glücklich zu sein. Auf einem Begräbnis fröhlich zu sein, mag zwar passen, wenn die Person im Sarg der verhasste Erzfeind ist – aber sozial erwünscht ist es trotzdem nicht.

Die Grenze zwischen schwarzem Humor und Manie ist oft fließend. Und auch, wenn Manie kurzfristig befreiend wirken kann, sind nicht alle Arten von Glücksgefühlen langfristig gut für uns.

2.11 Aber nicht jede Art von Glück wirkt sich positiv aus! – fremde Federn

Der Kritikpunkt ist durchaus valide. Glück ist ein komplexes Geflecht aus unterschiedlichen Emotionen, die jeweils verschiedene Auswirkungen auf uns haben. Einige dieser Emotionen können uns beleben, andere hingegen fördern unsere Achtsamkeit oder intensivieren unsere sozialen Kontakte.

Diese diversen Facetten des Glücks (s. auch Abschn. 1.1) können sowohl positive als auch negative Konsequenzen mit sich bringen. Einige können sogar dysfunktionale Effekte haben.

Betrachten wir beispielsweise den Stolz. Es ist ein angenehmes Gefühl, das oft auftritt, wenn unser sozialer Status steigt, etwa durch eine Beförderung. Doch Stolz hat auch seine Tücken. Er kann dazu führen, dass wir uns stärker auf uns selbst konzentrieren als auf andere.

Forschungen von Gruber und Kollegen zeigen, dass übermäßiger Stolz ohne eigene Leistung (Stichwort: sich mit fremden Federn schmücken) negative soziale Konsequenzen haben kann, wie etwa antisoziales Verhalten und sogar ein erhöhtes Risiko für Stimmungsstörungen wie die bereits angesprochene Manie (Gruber et al., 2008).

Dieser exzessive Stolz kann unsere Fähigkeit beeinträchtigen, die Perspektive anderer einzunehmen und Empathie zu entwickeln. Das wiederum kann die Qualität unserer sozialen Interaktionen erheblich mindern.

Daher wäre es unklug, alle Arten von Glücksgefühlen pauschal als „hilfreich" zu betrachten und sie unreflektiert anzustreben. Das entspricht auch nicht den Zielen der Positiven Psychologie.

2.12 Positive Psychologie ist doch nur etwas für die Reichen – die Maslowsche Bedürfnispyramide

Einige Kritiker und Kritikerinnen argumentieren, dass unsere emotionalen Zustände primär von sozioökonomischen Bedingungen geprägt sind und somit die Positive Psychologie lediglich ein Privileg für diejenigen darstellt, die bereits in wohlhabenden Verhältnissen leben.

Diese Kritik findet in der Maslowschen Bedürfnispyramide[1] durchaus ihre Berechtigung: Bevor die Bedürfnisse der unteren Ebenen nicht erfüllt sind, erscheint das Streben nach Selbstverwirklichung nahezu paradox. Würden wir noch immer von Hunger geplagt oder uns sozial isoliert fühlen, wäre ein solches Streben kaum sinnvoll.

Dennoch zeigen neuere Studien, dass externe Faktoren lediglich einen Einfluss von weniger als 15 % auf die allgemeine Lebenszufriedenheit ausüben (Seligman et al., 2009).

Die in der Überschrift genannte Kritik ist relativ neu und könnte mit der Tatsache zusammenhängen, dass die Positive Psychologie hauptsächlich in höheren sozialen Schichten gelehrt und angewendet wird. Insbesondere Universitäten und Industrienationen sind Vorreiter in der Entwicklung und Nutzung dieser Wissenschaft, was tatsächlich mit Maslows Theorie konsistent ist.

Interessanterweise zeigt die demografische Verteilung der Studienteilnehmer in der Positiven Psychologie eine breitere Streuung als oft angenommen. Während 39 % der Versuchspersonen im Zeitraum von 1999 bis 2013 Studierende waren, bestand der Rest aus 35 % berufstätigen Erwachsenen und 16 % Kindern und Jugendlichen unter 18 Jahren (Donaldson et al., 2015).

Zum Vergleich: In der klassischen psychologischen Forschung wurden zwischen 70 und 90 % der Studien mit Studenten durchgeführt (Sears, 1986).

Doch dies impliziert keineswegs, dass die Werkzeuge der Positiven Psychologie nur einer elitären Minderheit zugänglich sind. Es ist lediglich eine Frage der Zeit, bis diese auch in anderen kulturellen Kontexten Anwendung finden. Die Wissenschaft expandiert rasch, jedoch erfordert die Anpassung an kulturelle Nuancen und Besonderheiten Zeit und Sorgfalt (s. auch Kap. 9).

Insbesondere in Ländern, in denen psychische Erkrankungen noch als Tabuthema gelten, bedarf es einer differenzierten Herangehensweise.

Kritik an der Positiven Psychologie ist keineswegs eine Seltenheit; sie teilt dieses Schicksal mit nahezu jedem anderen wissenschaftlichen Feld. Einige der kritischen Anmerkungen sind durchaus fundiert und werden von den Forschern nicht nur zur Kenntnis genommen, sondern aktiv bearbeitet. Andere Kritikpunkte erweisen sich bei näherer Betrachtung als unbegründet und lassen sich leicht entkräften.

Interessanterweise wird ein Großteil der Kritik, selbst wenn sie haltlos erscheint, von den Akteuren und Betroffenen im Bereich der Positiven Psychologie ernst genommen, diskutiert und in die Weiterentwicklung der

[1] Siehe dazu z. B. https://de.wikipedia.org/wiki/Maslowsche_Bedürfnishierarchie (Zugriff 16.07.2016).

Disziplin integriert. Dies geschieht insbesondere dann, wenn solche Kritikpunkte gesellschaftlich weit verbreitet sind und das Ansehen sowie die Akzeptanz der Positiven Psychologie potenziell beeinträchtigen könnten.

Glück ist wie ein Chamäleon – es erscheint in verschiedenen Farben

Gutes zu tun und *sich gut zu fühlen* können unterschiedliche Auswirkungen auf unser Genom haben, obwohl beide ähnliche Gefühle der Zufriedenheit hervorrufen.

Während chronischer Stress nachweislich die Genexpression negativ beeinflusst, kann das bewusste Streben nach Glück und dessen Genuss in moderatem Maße sogar zu veränderten genetischen Aktivitäten führen, die unser Leben sogar auf biologischer Ebene nachhaltig prägen.

So vielfältig die Facetten des Glücks auch sein mögen, ein Übermaß an Glück kann sich ebenso negativ auf die Psyche und die körperliche Gesundheit auswirken wie ein Mangel daran. Darüber hinaus ist Glück kontextabhängig; es hat seine Zeit und seinen Ort und passt nicht in jede Lebenssituation.

Eine emotionale Ausgewogenheit ist oft die Grundvoraussetzung für das Erleben von Glück, denn nur wenige Menschen sind in der Lage, in einem negativen emotionalen Zustand Glücksgefühle zu empfinden.

Das unreflektierte Streben nach Glück als Selbstzweck birgt erhebliche Risiken. Anstatt uns blindlings auf die Jagd nach Glück zu gehen, wäre es weitaus sinnvoller, unseren aktuellen emotionalen Zustand in seiner Gesamtheit zu akzeptieren, unabhängig davon, wie dieser gerade beschaffen sein mag.

Literatur

Asselmann, E., & Specht, J. (2023). Baby bliss: Longitudinal evidence for set-point theory around childbirth for cognitive and affective well-being. *Emotion (Washington, D.C.)*, Advance online publication. https://doi.org/10.1037/emo0001217.

Bartlett, T. (2013). *The magic ratio that wasn't.* http://chronicle.com/blogs/percolator/the-magic-ratio-that-wasnt/33279. Zugegriffen: 12. Juni 2016.

Biswas-Diener, R. (2011). *Positive psychology as social change.* Springer.

Brickman, P., & Campbell, D. T. (1971). Hedonic relativism and planning the good society. *Adaption-level Theory,* 287–305.

Brickman, P., Coates, D., & Janoff-Bulman, R. (1978). Lottery winners and accident victims: Is happiness relative? *Journal of Personality and Social Psychology, 36*(8), 917–927.

Brown, N. J. L., Sokal, A. D., & Friedman, H. L. (2013). The complex dynamics of wishful thinking: The critical positivity ratio. *The American Psychologist,* 801–813.

Creswell, J. D., Pacilio, L. E., Lindsay, E. K., & Brown, K. W. (2014). Brief mindfulness meditation training alters psychological and neuroendocrine responses to social evaluative stress. *Psychoneuroendocrinology, 44,* 1–12.

Diener, E., Lucas, R. E., & Scollon, C. N. (2006). Beyond the hedonic treadmill: Revising the adaption theory of well-being. *American Psychologist, 61*(4), 305–314.

Donaldson, S. I., Dollwet, M., & Rao, M. A. (2015). Happiness, excellence, and optimal human functioning revisited: Examining the peer-reviewed literature linked to positive psychology. *The Journal of Positive Psychology, 10*(3), 185–195.

Fredrickson, B. L. (2001). The role of positive emotions in positive psychology: The broaden-and-build theory of positive emotions. *American Psychologist, 56*(3), 218–226.

Fredrickson, B. (2009). *Positivity*. Crown.

Fredrickson, B. L., & Losada, M. F. (2013). Correction to Fredrickson and Losada (2005).

Gruber, J., Johnson, S. L., Oveis, C., & Keltner, D. (2008). Risk for mania and positive emotional responding: Too much of a good thing? *Emotion, 8*(1), 23–33.

Gruber, J., Mauss, I. B., & Tamir, M. (2011). A dark side of happiness? How, when, and why happiness is not always good. *Perspectives on Psychological Science, 6*(3), 222–233.

Haidt, J. (2009). *Die Glückshypothese: Was uns wirklich glücklich macht. Die Quintessenz aus altem Wissen und moderner Glücksforschung*. VAK.

Kashdan, T., & Biswas-Diener, R. (2014). *The upside of your dark side. Why being your whole self – Not just your „good" self – Drives success and fulfillment*. Penguin.

Knight, W. E., & Rickard, N. S. (2001). Relaxing music prevents stress-induced increases in sbjective anxiety, systolic blookd pressure, and heart rate in healthy males and females. *Journal of music therapy, 38*(4), 254–272.

Lopez, S., & Snyder, C. (2002). *Oxford handbook of positive psychology*. Oxford University Press.

Lykken, D., & Tellegen, A. (1996). Happiness is a stochastic phenomenon. *Psychological Science, 7*(3), 186–189.

Lyubomirsky, S. (2008). *The how of happiness: A scientific approach to getting the life you want*. Penguin.

Lyubomirsky, S., King, L., & Diener, E. (2005). The benefits of frequent positive affect: Does happiness lead to success? *Psychological bulletin, 131*(6), 803–855.

Myers, D. G. (1992). *The pursuit of happiness: Who is happy – And why*. William Morrow & Co.

Pluess, M., & Meaney, M. J. (2015). Genes, environment, and psychological well-being. In M. Pluess (Hrsg.), *Genetics of psychological well-being: The role of heritability and genetics in positive psychology*. Oxford University Press.

Schoenfeld, T. J., Rada, P., Pieruzzini, P. R., Hsueh, B., & Gould, E. (2013). Physical exercise prevents stress-induced activation of granule neurons and enhances local inhibitory mechanisms in the dentate gyrus. *Journal of Neuroscience, 33*(18), 7770–7777.

Schwartz, R., & Grice, J. W. (2020). Positive ratios revisited: Reports of the theory's death have been greatly exaggerated. *The Journal of Positive Psychology, 17*(1), 1–9. https://doi.org/10.1080/17439760.2020.1832245.

Sears, D. O. (1986). College sophomores in the laboratory: Influences of a narrow data base on social psychology's view of human nature. *Journal of Personality and Social Psychology, 51*(3), 515.

Seligman, M., & Csikszentmihalyi, M. (2000). Positive psychology: An introduction. *American Psychologist, 55*(1), 5–14.

Seligman, M. E., Steen, T. A., Park, N., & Peterson, C. (2005). Positive psychology progress: Empirical validation of interventions. *American psychologist, 60*(5), 410–421.

Seligman, M. E. P., Ernst, R. M., Gillham, J., Reivich, K., & Linkins, M. (2009). Positive education: Positive psychology and classroom interventions. *Oxford Review of Education, 35*(3), 293–311.

Sheldon, K. M. & Lyubomirsky, S. (2004). Achieving the sustainable happiness: Prospects, practices, and prescriptions. *Positive Psychology in Practice,* 127–145.

Silver, R. L. (1982). *Coping with an undesirable life event: A study of early reactions to physical disability.* Unveröffentlichte Doktorarbeit: Northwestern University, Evanston, Ill.

Suh, E. M., Diener, E., & Fujita, F. (1996). Events and subjective well-being: Only recent events matter. *Journal of Personality and Social Psychology, 70*(5), 1091–1102. https://doi.org/10.1037/0022-3514.70.5.1091.

Tamir, M. (2009). What do people want to feel and why?: Pleasure and utility in emotion regulation. *Current Directions in Psychological Science, 18*(2), 101–105.

Tierney, J. (2011). *A new gauge to see what's beyond happiness.* http://goo.gl/yPzrdK. Zugegriffen: 23. Juli 2015.

Tilly, C. (2008). *Contentious performances.* Cambridge University Press.

van de Weijer, M. P., de Vries, L. P., & Bartels, M. (2022). Happiness and well-being: The value and findings from genetic studies. In *Twin research for everyone* (S. 295–322). Academic Press.

Weinberg, R. A. (1989). Intelligence and IQ: Landmark issues and great debates. *American Psychologist, 44*(2), 98.

Wood, J. J., Drahota, A., Sze, K. M., Van Dyke, M., Decker, K., Fujii, C., Bahng, C., Renno, P., Hwang, W. C., & Spiker, M. (2009). Brief report: Effects of cognitive behavioral therapy on parent-reported autism symptoms in school-age children with high-functioning autism. *Journal of Autism and Developmental Disorders, 39*(11), 1608–1612. https://doi.org/10.1007/s10803-009-0791-7.

3

Positive Psychologie in der Praxis: Interventionen in verschiedenen Bereichen

Nachdem wir uns eingehend mit dem theoretischen Fundament, den Ursprüngen der Positiven Psychologie sowie den am häufigsten vorgebrachten Kritikpunkten an dieser aufstrebenden Disziplin auseinandergesetzt haben, wird es nun praktisch.

Welche konkreten Vorteile kann uns dieser noch relativ junge Wissenschaftszweig bieten? Lässt sich das in Doktorarbeiten theoretisch Erforschte und in wissenschaftlichen Journalen sowie Büchern Veröffentlichte tatsächlich sinnvoll in die diversen Facetten unseres Alltags übertragen und integrieren?

Und falls ja, *wie* lässt sich dies am effektivsten bewerkstelligen?

» **Mythos**
Die Zeit scheint noch nicht reif für Interventionen der Positiven Psychologie (PPI) zu sein. Angesichts der (relativen) Jugendlichkeit dieses Wissenschaftszweigs bedarf es weiterer umfassender Forschung, um fundierte Erkenntnisse zu gewinnen und effektive Strategien zur Steigerung des allgemeinen Wohlbefindens entwickeln zu können.

M. Tomoff, *Positive Psychologie – Erfolgsgarant oder Schönmalerei?*,
https://doi.org/10.1007/978-3-662-68397-2_3

Als die Positive Psychologie Ende der 1990er-Jahre ihren Anfang nahm, war die wissenschaftliche Literatur noch spärlich mit praktischen Übungen und Interventionen bestückt, die darauf abzielten, das Wohlbefinden zu fördern. Dies änderte sich jedoch radikal mit dem Eintritt ins neue Jahrtausend. Nach Martin Seligmans wegweisender Antrittsrede wurden zahlreiche Initiativen ins Leben gerufen, um frische Forschungsansätze zu generieren. So wiesen Duckworth et al. (2005) darauf hin, dass bereits über 100 Interventionen aus dem Bereich der Positiven Psychologie existierten. Als Nancy Sin und Sonja Lyubomirsky 2009 eine Metaanalyse durchführten, konnten sie 51 empirische Studien identifizieren, von denen lediglich sieben vor der Jahrtausendwende publiziert worden waren.

In den vergangenen Jahren erzielte die Positive Psychologie auf theoretischer Ebene beachtliche Fortschritte und zieht nun eine wachsende Gemeinschaft engagierter Wissenschaftler an. Es sind zahlreiche neue Erkenntnisse hinzugekommen, die das Verständnis für Glück, Wohlbefinden, positive Emotionen sowie diverse positive Charakter- und Persönlichkeitseigenschaften vertiefen und deren Konsequenzen beleuchten.

Gleichzeitig hat die Disziplin die praktische Anwendung nicht vernachlässigt. Die Nachfrage nach handhabbaren, pragmatischen Methoden und Werkzeugen seitens Anwendern und Beratern ist signifikant gestiegen. Tausende von Therapeuten, Coaches, Trainern sowie Führungskräften haben die Methoden der Positiven Psychologie in ihr Repertoire aufgenommen und setzen sie gezielt in unterschiedlichen Kontexten ein. Auch ich tue das und bin sehr oft von den erstaunlichen Ergebnissen begeistert.

Deshalb stehen auf dem Gebiet der Positiven Psychologie, in dem anfangs nur neue Interventionen entwickelt und getestet wurden, jetzt weitere, tiefergehende Fragen im Vordergrund. Diese Fragen geben Theorie und Forschung immer wieder Hinweise, die zeigen, dass wir Menschen unser Wohlbefinden häufig durch sehr einfache und bewusste positive Aktivitäten verbessern können. Einige dieser Interventionen basieren auf Konstrukten, die in der Forschung mittlerweile sehr etabliert sind, wie z. B. Dankbarkeit, Vergebung, die Nutzung von Stärken, Sinnhaftigkeit oder auch Empathie.

Zu anderen Konstrukten wie Kreativität, Geduld, Mut, Humor, Flow oder Weisheit existieren bisher noch verhältnismäßig wenige spezifische Interventionen, obwohl sie als wertvolle Forschungsobjekte angesehen werden. Aber das ändert sich glücklicherweise jedes weitere Jahr.

Doch was genau verleiht diesen Interventionen ihre Wirksamkeit? Welche Methoden erweisen sich in welchen Kontexten als besonders effektiv? Wie entfalten sie ihre Wirkung? Wer profitiert am meisten von ihnen, und gibt es Personengruppen, für die sie weniger geeignet sind? Falls ja, warum ist das so? Wie lässt sich die Effektivität dieser Interventionen weiter steigern? Und unter welchen Voraussetzungen kann eine optimale Implementierung der Interventionen gewährleistet werden?

Diese Fragen sind nicht nur von akademischem Interesse, sondern auch von entscheidender Bedeutung für die praktische Anwendung der Positiven Psychologie. Sie bieten Orientierungspunkte für zukünftige Forschung und können dazu beitragen, die Wirksamkeit und Reichweite dieser wissenschaftlichen Disziplin weiter auszubauen.

Forscher haben deshalb begonnen, die optimalen Rahmenbedingungen zu studieren und Mechanismen zu untersuchen, unter denen positive Aktivitäten Glück und Wohlergehen herbeiführen. Sonja Lyubomirsky und Kristin Layous haben auf dieser Grundlage ein Modell entwickelt, das eine Struktur und messbare Kriterien bereitstellen soll, um den passenden Kontext sowie die Charakteristika der betreffenden Person theoretisch abzubilden (*positive-activity model;* Lyubomirsky & Layous, 2013).

3.1 Das Modell der positiven Aktivitäten

Das *Modell der positiven Aktivitäten* berücksichtigt dabei folgende Aspekte:

1. die Eigenschaften der Tätigkeit (z. B. ihre Art und in welchem Umfang sie ausgeführt wird),
2. die Eigenschaften der ausführenden Person (z. B. deren Glaube an die Wirksamkeit der Übung, ihre Motivation und Anstrengung oder auch soziale Unterstützung) und
3. die Passung zwischen Person und Aktivität.

Alle drei Aspekte haben einen Einfluss auf den Effekt der positiven Aktivität und somit auf das Wohlbefinden. Darüber hinaus postuliert das Modell **vier Variablen, die ebenso Einfluss nehmen:**

1. positive Emotionen,
2. positive Gedanken,

3. positive Verhaltensweisen und
4. Bedürfnisbefriedigung.

Positive Interventionen haben mittlerweile Einzug in diverse Kontexte gefunden und genau diese Vielfalt an Anwendungsmöglichkeiten wird im Fokus der nachfolgenden Kapitel stehen. Ob in therapeutischen Settings, in der klinischen Praxis (vgl. Smirnova & Parks, 2018), bei der Arbeit mit Kindern oder Minderheiten, in persönlichen Gesprächen oder digitalen Formaten, im Einzel- oder Gruppenkontext – die Bandbreite ist ebenso umfangreich wie die innovativen Ansätze, die sich in den letzten Jahren herauskristallisiert haben.

Die empirisch validierten Methoden der Positiven Psychologie führen im Durchschnitt zu moderaten Steigerungen des subjektiven Wohlbefindens und tragen gleichzeitig zur Linderung depressiver Symptome bei. Dies legt nahe, dass diese Interventionen nicht nur effektiv, sondern überaus wirkungsvoll sind (Sin & Lyubomirsky, 2009; Lyubomirsky & Layous, 2013; Layous et al., 2014).

In diesem Kontext werde ich Ihnen eine breite Palette an Anwendungsbereichen und zugehörigen Interventionen präsentieren. Dabei werde ich stets einen kritischen Blick bewahren und diese mittlerweile etablierten, professionellen Ansätze mit der gebotenen Distanz betrachten.

Alle von mir betrachteten Kontexte sind – wie das in solchen komplexen „Systemen" wie dem des Menschen nun einmal so ist – miteinander verwoben, sollten nicht unabhängig voneinander betrachtet und können im wahren Leben nicht einfach voneinander getrennt werden, wie die Kapitel eines Buches.

Sollten Sie sich nun einem der nächsten Kapitel zuwenden wollen – nur zu! Sie werden hoffentlich in jedem der Abschnitte Impulse für sich finden, die Reihenfolge der Kapitel ist dabei unerheblich.

Um die Lektüre zu vereinfachen und übersichtlich zu gestalten, werde ich Ihnen jeweils am Anfang einen der oftmals sehr gängigen *Mythen* über die Positive Psychologie beziehungsweise einige ihrer spezifischen Gegenstände vorstellen, Sie damit in das Themenfeld geleiten und Ihnen mit den *praktischen Übungen und Interventionen* auch etwas an die Hand geben, das Ihnen hoffentlich für den Alltag von Nutzen sein wird.

Die Positive Psychologie entwickelt immer mehr und immer effektivere Interventionen

Die Wissenschaft der Positiven Psychologie versucht nicht nur, zu neuen Erkenntnissen zu gelangen, sondern diese auch in praktisch verwertbare Interventionen einzubringen und für bestimmte Kontexte nutzbar zu machen. Dafür sind die Eigenschaften der Tätigkeit, die Eigenschaften der ausführenden Person sowie die Passung zwischen Person und Tätigkeit von entscheidender Bedeutung.

Literatur

Duckworth, A., Steen, T. A., & Seligman, M. E. (2005). Positive psychology in clinical practice. *Annual Review of Clinical Psychology, 1,* 629–651.

Layous, K., Chancellor, J., & Lyubomirsky, S. (2014). Positive activities as protective factors against mental health conditions. *Journal of abnormal psychology, 123*(1), 3–12. https://doi.org/10.1037/a0034709.

Lyubomirsky, S., & Layous, K. (2013). How do simple positive activities increase well-being? *Current Directions in Psychological Science, 22*(1), 57–62. https://doi.org/10.1177/0963721412469809.

Sin, N. L., & Lyubomirsky, S. (2009). Enhancing well-being and alleviating depressive symptoms with positive psychology interventions: A practice-friendly meta-analysis. *Journal of Clinical Psychology, 65*(5), 467–487.

Smirnova, M., & Parks, A. C. (2018). Positive psychology interventions: Clinical applications. In D. S. Dunn (Hrsg.), *Positive psychology: Established and emerging issues* (S. 276–297). Routledge/Taylor & Francis Group. https://doi.org/10.4324/9781315106304-16.

4

Positive Psychologie und die Liebe

> **Mythos**
> **Wer es nicht vermag, seine Liebe für andere in leidenschaftlicher Art aufrechtzuerhalten, hat etwas falsch gemacht.**

Wir Menschen philosophieren und theoretisieren bereits über Liebe und Beziehungen, seit es die Philosophie und Theorien über etwas gibt. Während über Partnerschaften und den Wunsch, dazuzugehören, in der Sozialpsychologie schon Klassiker entstanden sind (s. beispielsweise Baumeister & Leary, 1995; zum Erscheinen dieses Buches bereits über 30.000 Male zitiert worden), wird Liebe überraschenderweise erst seit etwas mehr als 30 Jahren mit wissenschaftlichen Methoden untersucht.

Liebe hat häufig (jedoch nicht immer) mit anderen Menschen zu tun. Viele Gegenstände der Sozialpsychologie sind auch für die Positive Psychologie relevant: neben Liebe beispielsweise auch Freundschaft, soziale Unterstützung und die Fähigkeit zur Vergebung.

Diese Themen sind zeitlose Konstanten, die uns Menschen seit jeher begleiten und unser Überleben sichern. Sie befähigten uns zu vielem, stellten aber auch im unternehmerischen Kontext einen großen Motor dar (z. B. im Sinne von Loyalität, Kooperationsbereitschaft und Engagement). Menschen versuchen ständig, neue starke, stabile und positive Beziehungen zu

M. Tomoff, *Positive Psychologie – Erfolgsgarant oder Schönmalerei?*,
https://doi.org/10.1007/978-3-662-68397-2_4

knüpfen und aufrechtzuerhalten. Wir sträuben uns dagegen, Beziehungen und Freundschaften abzubrechen oder aufzulösen. Ohne ein Gefühl der Zugehörigkeit sind wir für Krankheiten anfälliger – sowohl physisch als auch psychisch.

Dies verwundert die meisten Wissenschaftler keineswegs, denn die Bildung und Aufrechterhaltung sozialer Bindungen auf der Grundlage eines Gemeinschaftsgefühls haben evolutionäre Wurzeln. Ohne diesen starken inneren Antrieb hätten die Menschen weder gemeinsam gejagt, noch Schutz beieinander gefunden, sich nicht fortgepflanzt oder gemeinsame Feinde abgewehrt.

Soziale Unterstützung ist eine der wichtigsten Funktionen einer Beziehung, insbesondere bei Stress und traumatischen Ereignissen. Die Positive Psychologie zeigt, wie wichtig und effektiv es ist, sich einem guten Freund anzuvertrauen oder ein Problem miteinander zu besprechen (z. B. House et al., 1988).

Von der Empfängnis bis zum Lebensende sind wir in ein Netzwerk von Beziehungen eingebunden. Innerhalb dieser Beziehungsgeflechte erleben die meisten von uns zum ersten Mal die überwältigende Emotion der Liebe. Sie ist *die* Quelle unseres größten Wohlbefindens und Glücks und ermöglicht uns, den tieferen Sinn unseres Daseins zu erfassen.

Trotzdem haben wir alle unsere eigene Definition von Liebe. Für die eine ist sie die soziale Unterstützung der Familie, für den anderen das warme Gefühl im Bauch, wenn die polyamore Partnerin mit ihrem zweiten Partner ein wunderbares Date hatte (*compersion,* Veaux et al., 2014), für den Dritten die zu Tränen rührende Freude über die Fortschritte des eigenen Kindes.

Definition

Das Wort **Liebe** leitet sich aus dem Proto-Germanischen *lubo* ab, das wiederum seinen Ursprung im Sanskrit von *lubhyati* hat, was Verlangen, Lust, Sehnsucht, Begierde oder auch Bedürfnis bedeutet.

Im Tennis geht das Englische „Love“ im Sinne von „Einstand“ übrigens bis in das Jahr 1792 zurück. Es meint in diesem Kontext, dass um die Liebe gespielt wird oder in anderen Worten: um nichts.[1]

[1] Etymologisches Lexikon: http://goo.gl/UiCZRm (Zugriff 11.07.2016).

Liebe durchlebt Höhen und Tiefen – eine Erkenntnis, die wohl jeder aus persönlicher Erfahrung bestätigen kann. Dennoch wird sie von vielen als einer der Hauptfaktoren für Lebensglück angesehen (Berscheid & Reis, 1998).

Wenn wir uns wohlfühlen und Liebe erfahren, sind wir in der Lage, dieses Gefühl an andere weiterzugeben und möglicherweise sogar in Unbekannten zu entfachen. In solchen Momenten erscheint das Leben in rosigen Farben: Wir sind energiegeladen, profitieren von erfüllenden Beziehungen und bewältigen Rückschläge mit größerer Resilienz.

Aber wehe, es hakelt, rumpelt oder kracht bei den genannten Punkten. Dann können nicht nur Partnerschaften, Ehen oder Freundschaften oft ein jähes Ende finden, sondern auch unsere Selbstliebe erheblich leiden.

Liebe oder das Gefühl, geliebt zu werden, besitzt nachweislich eine robuste Vorhersagekraft für unsere Lebenszufriedenheit. Daher ist es nicht überraschend, dass viele Menschen dieses Gefühl so intensiv und dauerhaft wie möglich erleben möchten.

Helen Fisher, Anthropologin, Ethnologin und Autorin von *Why We Love* (2004), sagt: „Wir sind geboren, um zu lieben. Das Hochgefühl, das wir die romantische Liebe nennen, ist tief in unserem Gehirn eingebettet."

Gut zu wissen und trotzdem ein wenig unglaubwürdig, wenn man sich die Scheidungsraten in heutigen Tagen anschaut. Zwar geben sich etwa 90 % aller Erwachsenen das Ja-Wort, doch enden rund 50 % dieser Ehen nicht vor dem Altar, sondern im Anwaltsbüro (die Scheidungsrate in Deutschland liegt aktuell bei etwa 35,15 %; Statista, 2023).

Dies muss jedoch nicht zwangsläufig auf mangelnde Liebe oder Unzufriedenheit zurückzuführen sein. Dennoch wünscht sich höchstwahrscheinlich der Großteil aller Ehepaare eine liebevolle Beziehung, bis dass der Tod diese wieder scheidet.

In diesem Kapitel möchte ich Ihnen diverse Interventionen vorstellen, die Sie präventiv in Ihrer Partnerschaft einsetzen können. Für Risiken und Nebenwirkungen konsultieren Sie bitte Ihre*n Arzt*in oder besser noch Paartherapeuten*in.

Bevor wir jedoch dazu kommen, werfen wir einen Blick auf eine Form der Liebe, die von der Wissenschaft erst kürzlich in den Fokus gerückt wurde und ohne die auch die Liebe zu anderen nicht möglich ist: die Selbstliebe.

4.1 Warum lässt Selbstmitgefühl Menschen aufblühen? – Zuflucht vor dem inneren Kritiker

---

» Mythos
Selbstmitgefühl ist egoistisch und herzlos. Nur wenn wir für andere da sind, stärkt das unser Wohlbefinden.

Die Neigung, uns für vermeintliche Schwächen, Fehler und Unzulänglichkeiten selbst zu kritisieren, hat sich in einer Ära des Perfektionismus und überhöhter Selbsterwartungen zu einer der destruktivsten Gewohnheiten entwickelt. In diesem Kontext hat die Forscherin Kristin Neff wegweisende Fragen gestellt (Neff, 2012): Welche Auswirkungen hat diese Selbstkritik auf unser Wohlbefinden? Gibt es eine gesündere Art des Umgangs mit uns selbst?

Ihre Pionierarbeit im Bereich der „Self-Compassion", also der Selbstmitgefühl-Forschung, hat neue Maßstäbe gesetzt und bietet einen alternativen Ansatz zur Selbstwahrnehmung. Sie stellt damit eine essenzielle Grundlage für ein erfüllteres und glücklicheres Leben dar.

Neff (2003) beschreibt drei Hauptkomponenten, aus denen das Konstrukt des **Selbstmitgefühls** besteht:

1. *Freundlichkeit gegenüber sich selbst* – insbesondere in Zeiten des Schmerzes oder des Versagens freundlich zu sich zu sein und Verständnis für sich aufzubringen, anstatt sich selbst zu verurteilen;
2. *gemeinsame Menschlichkeit* – die eigenen Erfahrungen nicht als isoliert zu betrachten, sondern als Teil einer größeren menschlichen Erfahrung (denn *alle* Menschen gehen früher oder später durch ähnliche Täler und Abgründe – man ist damit nicht allein) und
3. *Achtsamkeit* – schmerzhafte Gedanken und Gefühle in ausbalancierter Bewusstheit zu halten, anstatt sich zu sehr mit ihnen zu identifizieren.

Selbstmitgefühl stellt eine emotional positive Haltung gegenüber dem eigenen Selbst dar. Es dient als sanftes Gegengewicht zur oft harschen inneren Kritik und schafft Raum für eine unterstützende, verständnisvolle und fürsorgliche Stimme.

Durch diese liebevolle Selbstwahrnehmung wird der innere Kritiker nicht nur zum Stillerwerden gebracht, sondern auch durch eine konstruktive und empathische Innenschau ergänzt. Damit fördert Selbstmitgefühl nicht nur das individuelle Wohlbefinden, sondern stärkt auch die Resilienz und die Fähigkeit zur Selbstreflexion.

4.1.1 Gemeinsame Menschlichkeit entdecken

Lege Wert auf gute Gesellschaft, auch wenn du allein bist. (Sprichwort aus Asien)

Insbesondere die Dimension der gemeinsamen Menschlichkeit wird in herausfordernden Zeiten oft vernachlässigt. Wir neigen dazu, uns in Gedanken wie „Warum gerade *ich*? Das passiert *nur mir*. Nur *ich* kann so verpeilt sein!" zu verlieren. Dabei fühlen wir uns von der Gemeinschaft abgeschnitten, einsam und isoliert.

Doch ist das wirklich ein Zeichen von Abnormalität? Oder ist es nicht vielmehr so, dass das Leben neben seinen Freuden eben auch seine Schattenseiten hat? Ein Streben nach Perfektion mag nobel erscheinen, ist jedoch selten gesundheitsfördernd.

Diese Selbstkritik manifestiert sich in alltäglichen Situationen: Wir ärgern uns im Stau und machen uns Vorwürfe, nicht früh genug von der Autobahn abgefahren zu sein (obwohl wir Staus mit dem Auto dazukaufen). Wir hadern mit uns selbst, geplagt von schlechtem Gewissen und dem unerbittlichen Streben nach Optimierung und Perfektion. Dabei sind wir oft unser schärfster Kritiker.

Das Problem dieser oft unbewussten Gewohnheit liegt darin, dass wir ihren psychischen Schaden meist unterschätzen. Unsicherheit, Ängstlichkeit und Depression sind in unserer Gesellschaft zu ständigen Begleitern geworden. Millionen von Menschen greifen täglich zu Psychopharmaka, um den Anforderungen des Lebens gerecht zu werden.

Und indem wir dafür sorgen, dass das „gut genug" immer außer Reichweite bleibt, geht es mit Fahrtwind im Gesicht auf Talfahrt.

Wie können wir aber wachsen, wenn wir unsere eigenen Schwächen nicht akzeptieren? Wie unser gesamtes Potenzial entfalten, indem wir unser Ego aufblähen und andere klein machen? Alles nur, um unser eigenes Licht heller scheinen zu lassen und nicht das Gefühl zu haben, die Welt sei gegen uns und wir alleine, miserabel und unwürdig.

Wenn ich in Workshops oder Coachings den Sorgen und Nöten der Teilnehmenden zuhöre, stellt sich oft heraus, dass diese erstaunlich ähnlich sind. Diese Erkenntnis wirkt auf viele beruhigend und entlastend, da sie realisieren, dass sie nicht alleine mit ihren spezifischen Herausforderungen sind. Dabei erkennen sie auch, dass es Bereiche gibt, in denen sie selbst hervorragend abschneiden, während andere in anderen Aspekten klüger, attraktiver oder erfolgreicher sind.

Wenn wir menschliche Stärken und Schwächen aus dieser Perspektive betrachten, wird die gemeinsame Menschlichkeit zu einer wertvollen Ressource. Das eigene Leiden erscheint nicht mehr als isoliertes Phänomen, sondern als ein verbindendes Element. Obwohl der Wunsch verständlich ist, können wir uns nicht ständig als etwas Außergewöhnliches empfinden.

4.1.2 Beschreiben statt bewerten

Eine alternative Herangehensweise besteht darin, sich selbst weniger zu bewerten, zu richten oder mit den Etiketten „gut" oder „schlecht" zu versehen.

In meiner beruflichen Laufbahn im Bereich der Managementdiagnostik hatte ich die Gelegenheit, zahlreiche Assessment-Center zu begleiten und durchzuführen. Eine meiner Hauptaufgaben bestand darin, die Teilnehmenden während ihrer Prüfungen zu beobachten und ihnen im Anschluss detailliertes Feedback zu geben.

Stellen Sie sich vor, welchen gravierenden Unterschied es für einen Feedbackempfänger macht, ob ich ihm sage, er sei unsicher und unfreundlich gewesen, oder ob ich ihm ein konkretes Verhalten zurückmelde. Also zum Beispiel sage, dass er während der gesamten Übung an seinen Fingern geknibbelt und Sätze wie „Das interessiert mich nicht, Herr Müller" geäußert hat.

Im ersten Fall basiert meine Rückmeldung auf einer Interpretation, gegen die sich viele Feedbackempfänger zu Recht wehren. Im zweiten Fall beschreibe ich lediglich beobachtetes Verhalten, ohne es zu bewerten.

Diese differenzierte Beobachtung lässt sich als Metapher für den Umgang mit der eigenen Selbstbewertung nutzen. Anstatt Handlungen und Verhaltensweisen vorschnell als „gut" oder „schlecht" zu etikettieren, ist es eine wertvolle Übung, sie **neutral zu beschreiben.** Diese Fähigkeit der objektiven Beobachtung kann zu einem erhöhten Maß an Selbstmitgefühl führen, insbesondere wenn die Selbstbeschreibung einmal negativ ausfallen sollte.

Selbstkritik mag gesellschaftlich akzeptiert und sogar erwünscht sein, doch wenn sie falsch angewendet wird, ist sie eher schädlich als nützlich. Sich selbst „rundzumachen", macht Sie nicht zu einer besseren Person.

Es führt eher zu Gefühlen der Unzulänglichkeit und Unsicherheit, die Sie dann meist durch aggressives Verhalten gegenüber anderen zu kompensieren versuchen – mit dem Ergebnis, dass Sie sich danach *noch* ausgegrenzter und schlechter fühlen.

Buddhistische Mönche betonen seit Jahrtausenden die Bedeutung von Mitgefühl. Doch oft wird übersehen, dass Selbstmitgefühl ebenso wichtig ist wie Mitgefühl für andere. Aus buddhistischer Sicht, aber auch aus der Perspektive der Gewaltfreien Kommunikation, ist es unmöglich, sich effektiv um andere zu kümmern, wenn man nicht zuvor Mitgefühl für sich selbst entwickelt hat.

Entwickelt man sich wirklich zu einem faulen und egoistischen Individuum, wenn man zuerst an sich selbst denkt?

Diese Frage mag zunächst berechtigt erscheinen, doch wie kann jemand, der seine eigenen Ressourcen nicht pflegt, seine volle Aufmerksamkeit und Energie für andere aufbringen? Wer sich selbst vernachlässigt und bis zur Erschöpfung für andere arbeitet, wird letztlich niemandem mehr helfen können – am wenigsten sich selbst (Grant, 2016).

Tatsächlich wird Ihr hundertprozentiger Einsatz weitaus mehr geschätzt, wenn er aus einem Zustand innerer Stärke und Selbstfürsorge heraus erfolgt. Nur dann können Sie mit gutem Gewissen und voller Energie für andere da sein, nachdem Sie sich selbst die nötige Aufmerksamkeit und Pflege zukommen lassen haben.

4.1.3 Selbstbewusstsein versus Selbstmitgefühl

Ist es nicht sinnvoller, Selbstbewusstsein zu kultivieren, anstatt lediglich Selbstmitgefühl zu praktizieren? Dies könnte den Vorteil bieten, in vielen Lebensbereichen die Oberhand zu behalten, anstatt regelmäßig Rückschläge zu erleiden.

Selbstbewusstsein scheint Menschen zu vielen großartigen Leistungen anzutreiben. Ein starkes Selbstbewusstsein öffnet Türen, die Angst, Schüchternheit und ein zurückgezogener, unsicherer Charakter möglicherweise nicht auftun könnten.

Leider bringt ein sehr starkes Selbstbewusstsein häufig auch ungünstige Nebenwirkungen mit sich:

- Den Drang nach Perfektion (um sich sicher sein zu können, dass man es nach eigenen hohen Ansprüchen gut machen wird),
- Narzissmus (vereinfacht ausgedrückt die Selbstverliebtheit eines Menschen, der sich für wichtiger und wertvoller hält als alle anderen),
- Ichbezogenheit, selbstgerechten Zorn, Vorurteile, Diskriminierung oder auch der Erfolg auf Kosten anderer.

Mitgefühl und Selbstliebe bieten einen ähnlichen Schutz gegen harsche Selbstkritik wie Selbstbewusstsein, ohne die negativen Aspekte.

In den letzten Jahren haben zahlreiche Studien die positiven psychischen Effekte von Selbstmitgefühl hervorgehoben. So fand beispielsweise Kristin Neff (2003) heraus, dass Selbstmitgefühl Ängsten entgegenwirkt, die durch eine Bedrohung des Selbstbilds entstehen.

Im Gegensatz dazu bietet Selbstbewusstsein keinen solchen schützenden Effekt. Darüber hinaus wurde festgestellt, dass erhöhtes Selbstmitgefühl mit einer Vielzahl positiver psychischer Zustände korreliert, darunter soziale Verbundenheit, Neugier, emotionale Intelligenz und Achtsamkeit.

In einer Studie von Sbarra et al. (2012) wurde zudem festgestellt, dass ein höheres Maß an Selbstmitgefühl im Kontext einer Scheidung mit geringerem emotionalen Stress verbunden ist. Menschen mit einem hohen Maß an Selbstmitgefühl bewältigen Stressoren wie akademisches Versagen, Kindesmisshandlung oder chronische Schmerzen besser. Sie sind auch eher bereit, ihre negativen Emotionen als gültig und wichtig anzuerkennen und gehen davon aus, dass negative Erfahrungen zeitlich begrenzt sind.

Es geht bei Selbstmitgefühl also erneut nicht um ein permanentes Glücksgefühl oder ständige Freude. Vielmehr handelt es sich um eine tiefgreifende emotionale Resilienz, die auch inmitten negativer Erfahrungen Bestand hat.

4.1.4 Schreiben stärkt das Mitgefühl für sich selbst

Gibt es eine leicht anzuwendende Übung, um mehr Mitgefühl für sich selbst aufzubringen und damit möglicherweise auch mehr Mitgefühl für andere?

Eine effektive Methode zur Förderung von Selbstmitgefühl ist das Schreiben. Durch einen mitfühlenderen Schreibstil können Sie die selbstkritische innere Stimme durch eine unterstützende ersetzen – eine Stimme, die Ihr psychisches Wohlbefinden fördert und Sie bestärkt, anstatt Ihre Schwächen hervorzuheben.

Natürlich erfordert es Übung und Zeit, die über Jahre hinweg antrainierten selbstkritischen Gewohnheiten abzulegen. Doch je mehr Sie in dieser Weise schreiben, desto natürlicher wird Ihnen die mitfühlende Stimme vorkommen und desto leichter wird es Ihnen fallen, sich selbst in schwierigen Momenten mit Freundlichkeit zu begegnen.

4.1.4.1 Der mitfühlende Brief an sich selbst

Der sog. *„Self-Compassionate Letter"* ist eine von Kristin Neff entwickelte und wissenschaftlich validierte Methode (Neff & Germer, 2013). Weitere Studien haben gezeigt, dass diese Übung zu verschiedenen positiven psychologischen Effekten führt, einschließlich einer erhöhten Motivation zur persönlichen Weiterentwicklung.

Das Ziel dieses Briefes besteht darin, Mitgefühl für einen Bereich Ihres Lebens zu entwickeln, mit dem Sie unzufrieden sind. Die Übung lässt sich in etwa 15 min durchführen und besteht aus mehreren Schritten:

1. Reflektieren Sie über sich selbst: In welchen Bereichen empfinden Sie Scham, Unsicherheit oder das Gefühl, nicht gut genug zu sein?
2. Halten Sie diese Gedanken schriftlich fest und beschreiben Sie, welche Emotionen sie in Ihnen auslösen: Verlegenheit, Ärger oder Minderwertigkeitsgefühle? Seien Sie dabei so aufrichtig wie möglich, niemand außer Ihnen wird den Brief lesen.
3. Üben Sie in Ihrem Brief Mitgefühl, Akzeptanz und Verständnis für die Aspekte aus, die Sie an sich selbst nicht schätzen.

Kristen Neff gibt noch einige wertvolle Tipps zur Übung:

- Versetzen Sie sich in die Perspektive, die Sie normalerweise gegenüber einer geliebten, bedingungslos akzeptierten Person einnehmen würden. Richten Sie danach Ihren Fokus auf sich selbst.
- Erinnern Sie sich daran, dass *jeder* Mensch Aspekte an sich hat, die er nicht mag, und dass niemand fehlerfrei ist. Dies verbindet Sie mit der Menschheit im Allgemeinen.

- Überlegen Sie, welche externen Faktoren zu diesen negativen Aspekten beigetragen haben könnten, auf die Sie wenig bis keinen Einfluss hatten (wie z. B. Erziehung, Gelegenheiten oder genetische Veranlagungen).
- Denken Sie konstruktiv darüber nach, welche Veränderungen Sie vornehmen könnten, um besser mit diesen negativen Aspekten umzugehen.

Legen Sie den Brief beiseite und kehren Sie später zu ihm zurück – vielleicht nach einigen Tagen oder erst, wenn Sie sich emotional wieder einmal im Tiefpunkt befinden. Nutzen Sie den Brief dann als Erinnerung, mehr Selbstmitgefühl zu entwickeln.

Sie müssen natürlich kein nach Rosen duftendes Briefpapier für Ihre Zeilen benutzen, eine einfache Textverarbeitungssoftware reicht völlig aus. Eine Studie von Breines und Chen (2012) zeigte, dass Teilnehmer, die online einen mitfühlenden Absatz über eine persönliche Schwäche verfassten, danach von erhöhtem Selbstmitgefühl berichteten.

Eine weitere effektive Methode von Breines und Chen (2013) involviert auch andere Menschen, denn sobald Sie anderen Mitgefühl und Unterstützung entgegenbringen, stärkt das ebenfalls Ihr Selbstmitgefühl:

In den verschiedenen Versuchsanordnungen schrieben Teilnehmer nach einem erlebten oder experimentell induzierten Misserfolg über die Unterstützung eines Freundes und berichteten danach von mehr Selbstmitgefühl im Vergleich zu Teilnehmern, die sich schriftlich daran erinnerten, wie sie mit einem Freund Spaß hatten.

4.1.4.2 Rosebud – das AI-unterstützte Tagebuch

Nach Rosen duftendes Briefpapier braucht es nicht, aber wie wäre es denn mit einer KI-unterstützten Tagebuch-Variante, die ähnlich eines Coaches oder einer Therapeutin dialogische Fragen zu den Inhalten stellt?

ChatGPT, Claude und andere LLMs (large language models) erleichtern es schon heute extrem, Daten nicht nur niederzuschreiben, sondern noch dazu hochspannende Erkenntnisse aus dem Geschriebenen zu ziehen.

Die Rosebud.app[2], ein Paradebeispiel für eine Positive-Psychology-Intervention (PPI), revolutioniert die traditionelle Praxis des Tagebuchschreibens. Unter Anwendung des Design-Thinking-Frameworks einer Retrospektive

[2] https://rosebud.app/

ermöglicht die Anwendung eine tiefgehende Analyse täglicher Höhepunkte (Rose), Wachstumsfelder (Bud) und Stressauslöser (Thorn). Diese methodische Selbstbeobachtung katalysiert nicht nur die Selbstkenntnis, sondern fördert auch ein gesteigertes Maß an Selbstmitgefühl und introspektiver Reflexion beim Schreibenden.

Wissenschaftliche Erkenntnisse unterstreichen die mannigfaltigen Vorzüge des Tagebuchschreibens. Das Artikulieren von Gedanken über stressinduzierte oder traumatische Erlebnisse kann signifikante Verbesserungen sowohl in der physischen als auch in der emotionalen Gesundheit bewirken. Untersuchungen belegen, dass das systematische Festhalten unserer innersten Gedanken und Emotionen sogar die Anzahl der krankheitsbedingten Fehltage minimieren kann (Sohal et al., 2022). Zusätzlich deuten Forschungsdaten darauf hin, dass das Tagebuchschreiben eine Akzeptanz mentaler Erfahrungen fördert, anstatt sie zu bewerten, was in einer Reduktion negativer emotionaler Reaktionen auf Stressfaktoren resultiert (Ford et al., 2018; Baikie & Wilhelm, 2005).

Konzipiert, um das kontinuierliche Tagebuchschreiben sowohl zugänglich als auch lohnend zu gestalten, interagiert die Rosebud.app intelligent und empathisch mit den Nutzern. Sie analysiert Einträge, hebt Schlüsselerkenntnisse hervor und identifiziert bedeutsame Ziele, die in einer Art „Rezept für das persönliche Glück" festgehalten werden können. Rosebud stützt sich dabei auf empirische Daten, um die Effektivität der Methode zu sichern.

Ein herausragendes Feature der App ist die Segmentierung des Tages durch morgendliche Intentionen und abendliche Reflexionen. Diese strukturierten Einträge setzen den Ton für den Tag und bereiten auf bevorstehende Herausforderungen vor.

Tägliche, personalisierte Fragen, die auf jüngsten Tagebucheinträgen basieren, bieten wertvolle Anhaltspunkte für zukünftige Reflexionen. Diese Funktion fördert eine anhaltende Selbstbeobachtung und -analyse. Reflexion ist schließlich der Ausgangspunkt für Bewusstheit. Sobald diese erreicht ist, können positive Handlungsweisen identifiziert und bedeutsame Ziele formuliert werden.

Und während chatGPT und Co. die Daten zum Lernen nutzen, ist die Privatsphäre im Rahmen der Rose von größter Priorität, das Tagebuch ausschließlich dem*r Nutzer*in zugänglich und verschlüsselt.

In Zeiten von Künstlicher Intelligenz (KI) eine hervorragende Möglichkeit, um den Zugang zu Selbstliebe, -mitgefühl und -empathie zu stärken und sich mithilfe der Kenntnisse aus der Positiven Psychologie etwas Gutes zu tun.

Doch was tun, um die echte Liebe aufrechtzuerhalten, die wir fühlen?

4.2 Wie lässt sich romantische Liebe bewahren? – Aufmerksamkeit für den Partner

Die Evolutionstheorie, wie sie der Psychologe Paul Eastwick (2009) darlegt, zeigt, dass die natürliche Selektion rasch reagieren musste, als Paarbeziehungen für die Entwicklung der menschlichen Linie vorteilhaft wurden. In kurzer Zeit modifizierte sich das menschliche Gehirn, um Verhaltensweisen zu fördern, die den seit Millionen von Jahren durch sexuelle Selektion festgelegten Mustern entgegenwirkten.

Dies stellte eine bemerkenswerte Veränderung für das männliche Gehirn eines sexuell promiskuitiven, aggressiven und frauenfeindlichen, schimpansenähnlichen Vorfahren dar. „Plötzlich" stand eine neue Eigenschaft im Vordergrund: monogames, liebevolles und väterliches Verhalten. Dieser evolutionäre Schritt zur romantischen Liebe und zur Bindung zwischen Erwachsenen war eine spezielle Lösung für ein Entwicklungsproblem.

Doch wie entstand dieser Übergang zur romantischen Liebe?

Mit der Vergrößerung des menschlichen Gehirns verlängerte sich auch die Kindheitsphase, wodurch der Nachwuchs länger schutzbedürftig blieb. Eine gemeinsame Aufzucht durch beide Elternteile wurde notwendig. Die natürliche Selektion musste Strategien entwickeln, um sowohl den männlichen als auch den weiblichen Elternteil zu motivieren, für einen längeren Zeitraum bei ihrem Partner und dem Nachwuchs zu bleiben.

Hierbei spielten neuronale Schaltkreise und neurochemische Substanzen, die bereits in der Mutter-Kind-Bindung eine Rolle spielten, eine entscheidende Rolle (z. B. Oxytocin oder endogene Opioide, die auch bei der Stressregulation und Schmerzverarbeitung des Körpers involviert sind).

Eine weitere Anpassung zugunsten der Paarbindung war die deutliche Reduzierung der Testosteronproduktion bei Männern in festen Beziehungen mit Kindern. Dieses reduzierte Testosteronlevel minderte das Interesse an anderen Frauen und ermöglichte es Männern, sich stärker auf ihre Partnerin und Kinder zu konzentrieren (Maestripieri et al., 2010).

Diese Entwicklung mag auf den ersten Blick wie ein biologisches Drehbuch für eine Liebesgeschichte erscheinen, und tatsächlich ist es das auch. Doch bevor ein Individuum sich auf die feineren Dinge des Lebens, wie etwa die Kunst der Bonsaipflege oder das Erlernen einer dritten Sprache, konzentrieren kann, müssen die grundlegenden Bedürfnisse wie Überleben und Fortpflanzung erfüllt sein – ganz zu schweigen von der Notwendigkeit, einen passenden Partner für die nächste Staffel der Lieblingsserie zu finden.

Diese vielfachen physischen, psychischen und physiologischen Anpassungen, die während der Evolution auftraten und Männchen wie Weibchen zur Paarbildung und zum Kooperieren motivierten, funktionieren gewöhnlich sehr gut. Die beeindruckendste geistige Anpassung für die Paarbildung, die romantische Liebe, ähnelt stark dem, was Mütter mit ihren Kindern erleben. Erfolgreichen Bindungen liegt eine starke gegenseitige psychologische und physiologische Abhängigkeit zugrunde, sodass die Abwesenheit oder der Verlust eines Partners sogar lebensbedrohlich für den anderen werden kann.

Dennoch hat eine stabile romantische Beziehung positive Auswirkungen auf Gesundheit und Glück. Liebe ist also definitiv eine Bereicherung für das Leben.

Im Folgenden möchte ich einige Interventionen vorstellen, die dazu beitragen können, eine Beziehung über die rein biologischen Aspekte hinaus glücklich zu gestalten.

4.2.1 Das Smartphone ausschalten

Falls Sie während des Essens nicht von Ihrem TikTok- oder Twitter-Account (Entschuldigung: X-Account) lassen können oder noch schnell die Welt retten und Ihre letzten hundert E-Mails beantworten müssen, dann ist es an der Zeit für ein wenig „Beziehung unplugged". Eine Studie mit 1160 verheirateten Personen zeigte einen negativen Zusammenhang zwischen intensiver Nutzung sozialer Medien und dem Wohlbefinden in der Beziehung (Valenzuela et al., 2014).

Dies mag auf den ersten Blick nicht überraschend sein, doch die Erklärung der Wissenschaftler ist aufschlussreich. Sie vermuten, dass viele Menschen aus Ärger lieber eine Nachricht ins Netz senden, anstatt den Konflikt direkt anzusprechen und zu lösen. Dies schafft Distanz und ist daher für die Beziehung weniger wertvoll als eine direkte Konfrontation. Also, warum nicht den digitalen Kram beiseite legen und eine gute alte Unterhaltung bei Kerzenschein führen?

Es könnte sich als der beste „Tweet" des Tages herausstellen…

4.2.2 Zur selben Zeit ins Bett gehen

Fühlen Sie sich, als würden Sie kaum noch Zeit miteinander verbringen? Und falls ja, dann nur für Streitigkeiten oder organisatorische Gespräche? Vielleicht geht es Ihnen ja ähnlich wie mir und Sie sind besonders schnell auf Krawall gebürstet, wenn Sie wenig Schlaf bekommen haben und müde sind.

Ich befinde mich in guter Gesellschaft, wie eine Studie der University of California in Berkeley herausfand: Eine Forschergruppe um Gordon und Chen (2014) beobachtete die Schlafgewohnheiten von über 100 Paaren und stellte fest, dass Personen, die über schlechten Schlaf klagten, am nächsten Tag wahrscheinlicher mit ihrem Partner stritten.

Die gemeinsame Zeit im Bett (die nicht nur auf sexuelle Aktivitäten beschränkt sein muss) könnte die einzige sein, die Sie zusammen verbringen. Selbst wenn einer von Ihnen eine Nachteule ist, können Sie dennoch gemeinsam ins Bett gehen und die Nacht einläuten, um gemeinsame Zeit zu verbringen, während Ihr Partner schon lange liebevoll neben Ihnen die Wälder rodet.

Und wer weiß, vielleicht entdecken Sie eine neue Freude am Sternengucken oder an nächtlichen Philosophiediskussionen.

4.2.3 Regelmäßige liebevolle Gesten

Große Gesten sind nicht der einzige Weg, um Liebe zu zeigen. Wenn Freundlichkeit zu Ihren Stärken gehört (s. dazu auch Abschn. 5.1.3), ist es eine kluge Investition in die Beziehung, Ihrem Partner ab und zu Blumen zu schenken oder eine duftende Tasse Kaffee ans Bett zu bringen. Die Forscherin Terri Orbuch untersuchte 373 Paare über einen Zeitraum von 28 Jahren und fand heraus, dass regelmäßige liebevolle Gesten ein sicherer Indikator für Glück in der Beziehung sind (Orbuch, 2011). Dadurch fühlt sich der Partner gesehen und wertgeschätzt.

Um Routine zu vermeiden, könnten Sie versuchen, für Abwechslung zu sorgen. Ein kleiner Liebeszettel zwischen den Socken, das Lieblingsessen romantisch inszeniert zu Hause, ein aufgehobenes Herzchen von Airberlin, frisch gepflückte Gänseblümchen, ein flacher Witz oder ein handgeschriebener Liebesbrief ganz Oldschool – all das sind kleine Gesten, die Ihre Liebe „unter Beweis stellen". Ihnen werden sicher noch viele weitere kleine Aufmerksamkeiten einfallen, mit denen Sie Ihrem Liebsten eine Freude machen können. Und wer weiß, vielleicht wird das nächste romantische Dinner von einem spontanen Tanz im Wohnzimmer gefolgt, bei dem beide in Socken über den Parkettboden gleiten.

4.2.4 Das war schon witzig

Gemeinsam in nostalgischen Erinnerungen zu schwelgen, kann der Beziehung einen echten Boost geben. Oft sind es gerade die Momente, die wir als besonders humorvoll in Erinnerung haben, die als die besten Zeiten gelten.

Die Psychologin Doris Bazzini und ihre Kollegen (2007) entdeckten, dass Paare, die sich an gemeinsames Lachen erinnern, statt an andere positive Erlebnisse, eine höhere Zufriedenheit in ihrer Beziehung erleben. Diese Erinnerungen sind oft mit einem erneuten Lachen oder einem Schmunzeln verbunden, was die Bindung nochmals stärkt.

Also, *wenn* Sie das nächste Mal einen Witz reißen, wie im vorherigen Abschnitt empfohlen, stellen Sie sicher, dass nicht nur *Sie* darüber lachen. Sonst könnte es sein, dass Sie sich in einer Solo-Comedy-Show wiederfinden!

4.2.5 Erst tanzen, dann essen

Paare, die in ihrer Beziehung sehr zufrieden sind, halten die gefürchtete Beziehungslangeweile in Schach, indem sie regelmäßig gemeinsam neue Dinge ausprobieren. Dabei geht es nicht nur um eine starke physische und emotionale Anziehungskraft, sondern auch um das Erweitern des Horizonts durch gemeinsame Aktivitäten und geteilte Erfahrungen (Aron et al., 2001).

Und nein, Sie müssen nicht gleich zum Baumstammwerfen übergehen (es sei denn, das ist Ihr Ding). Es reicht schon, wenn die Aktivitäten für beide neu sind und nur ein paar Minuten dauern. Vielleicht gerade genug Zeit, um vor dem Abendessen etwas schwungvolle (oder auch romantische) Musik aufzulegen, Ihren Partner zu schnappen und eine kleine Tanzparty im Wohnzimmer zu veranstalten.

Das funktioniert auch wunderbar beim gemeinsamen Kochen – nur achten Sie darauf, wohin Sie Ihre Luftgitarre schwenken, sonst könnte das Abendessen einen ungewollten Flug machen!

4.2.6 Drücken tut nicht weh

Finden Sie es auch so entzückend, wenn ältere Paare Hand in Hand durch die Straßen schlendern? Bei solchen Anblicken geht einem doch einfach das

Herz auf, nicht wahr? Ganz zu schweigen von der Herzlichkeit, die kleine Kinder ausstrahlen, wenn sie sich mit einem freudigen Kuss begrüßen.

Unser Tastsinn ist ein wahrhaft wunderbares Organ, das in der Liebe und Partnerschaft eine entscheidende, wenn auch in der Forschung noch etwas unterrepräsentierte Rolle spielt (mehr dazu in Tomoff, 2016a). Berührungen, sei es eine herzliche Umarmung oder ein liebevolles Drücken, sind genauso wichtig wie Sex, um Ihre Beziehung lebendig und gesund zu halten. Insbesondere für Menschen, die Schwierigkeiten haben, ihre Liebe verbal auszudrücken, bietet eine Umarmung eine fantastische Möglichkeit, dies nonverbal zu tun.

Übrigens, wussten Sie, dass Emotionen durch Berührungen genauso effektiv kommuniziert werden können wie durch visuelle oder auditive Signale (Gallace & Spence, 2010)? Also, warum nicht mal eine „Drück-Pause" einlegen und die Kraft der Berührung nutzen, um Ihre Zuneigung zu zeigen?

4.2.7 Die 5 Sprachen der Liebe

Ein paar Worte zu einem sehr gängigen Konzept, wenn es um die „Kommunikation von Liebe" geht. Gary Chapman (1994) präsentiert in seinem Buch „Die 5 Sprachen der Liebe" fünf zentrale Wege, wie Menschen Liebe zeigen und aufnehmen:

1. **Worte der Anerkennung:** Dies beinhaltet verbale Komplimente oder Worte der Anerkennung, wie „Ich liebe dich" oder „Du bedeutest mir sehr viel".
2. **Qualitätszeit:** Hierbei geht es darum, dem Partner ungeteilte Aufmerksamkeit zu schenken, sei es durch tiefe Gespräche oder gemeinsame Aktivitäten, bei denen man sich voll und ganz aufeinander konzentriert.
3. **Geschenke:** Für manche Menschen ist das Geben und Empfangen von Geschenken eine wichtige Ausdrucksform der Liebe. Es muss nicht materiell sein; auch kleine Gesten oder selbstgemachte Geschenke können viel bedeuten.
4. **Hilfsbereitschaft:** Dies bezieht sich auf Handlungen, die darauf abzielen, dem Partner das Leben zu erleichtern oder ihm zu helfen, wie z. B. das Erledigen von Besorgungen oder das Helfen bei Aufgaben im Haushalt.
5. **Körperliche Berührung:** Für viele Menschen ist körperliche Nähe und Berührung eine wichtige Art, Liebe zu zeigen. Dies kann durch Umarmungen, Küsse, Streicheln und andere Formen der körperlichen Intimität geschehen.

Trotz seiner Popularität steht die Theorie von Chapman auf wackeligen wissenschaftlichen Beinen, da sie mehr auf Beobachtungen als auf fundierten Forschungen basiert, was sie in den Augen vieler als pseudowissenschaftlich brandmarkt.

Wissenschaftlich betrachtet fehlt dem Konzept also sowohl empirische Unterstützung als auch theoretische Grundlage, was die Anwendung z. B. in klinischen Settings einschränkt. Auch wenn seit der Erstveröffentlichung 1992 einige Studien durchgeführt wurden, sind die Resultate eher gemischt und wenig eindeutig (Duncan, 2021).

Trotz seiner wissenschaftlichen Mängel kann das Konzept für manche Paare nützlich sein, um die Kommunikation zu verbessern und Bedürfnisse klarer zu erkennen. Falls Sie also noch nie davon gehört haben, ist das jetzt geklärt. Und möglicherweise ist Ihnen das Konzept gerade durch die Einfachheit ein gutes Hilfsmittel.

4.3 Warum sind liebevolle Beziehungen zu Freunden so wichtig? – das Geflecht sozialer Beziehungen

Wir Menschen sind in der Regel Gemeinschaftswesen. Dies zeigt sich nicht nur in unserem Streben nach Zusammenhalt, sondern auch in unserem Bedürfnis, unsere Zugehörigkeit nach außen zu präsentieren. Soziale Bindungen, sei es in der Familie oder im Freundeskreis, sind nicht nur Quellen der Freude, sondern fördern auch unsere Gesundheit – in ähnlichem Maße wie ausreichend Schlaf, eine ausgewogene Ernährung oder der Verzicht auf Nikotin.

Zahlreiche Studien belegen, dass Individuen, die erfüllende Beziehungen zu Familienmitgliedern, Freunden und der Gemeinschaft pflegen, generell weniger gesundheitliche Beschwerden aufweisen, ein höheres Wohlbefinden genießen und eine längere Lebenserwartung haben – ein Phänomen, das auch in romantischen Beziehungen beobachtet wird.

Im Gegensatz dazu kann ein Mangel an sozialen Verbindungen oft mit Depressionen, einem vorzeitigen kognitiven Verfall und einer verkürzten Lebenserwartung einhergehen.

Doch was ist es, das soziale Beziehungen so gesundheitsfördernd macht?

Forscher haben die biologischen und verhaltensbedingten Faktoren untersucht, die für die gesundheitlichen Vorteile positiver Beziehungen verantwortlich sind. Sie fanden heraus, dass Beziehungen dabei helfen können, ein schädliches Stresslevel zu reduzieren, das mittelfristig Arterien, Darmfunktion, Insulinregulierung und das Immunsystem beeinträchtigen kann.

Die Fürsorge für andere fördert die Ausschüttung von stressreduzierenden Hormonen, was wiederum unserer Gesundheit zugutekommt. Auch soziale Unterstützung, die oft sowohl für Empfänger als auch Spender vorteilhaft ist, steht ganz oben auf der Liste der Faktoren, die ein gesünderes Leben vorhersagen.

Das Engagement für andere ist nicht nur ein Jungbrunnen, insbesondere für ältere Menschen, sondern auch das Schmiermittel in Freundschaften. Dabei spielt es keine Rolle, ob Sie 80 Jahre alt sind und mit Ihren Enkeln „Hoppe, hoppe, Reiter" spielen, 50 Jahre alt und ein ehrenamtlicher Taubenzüchter oder 25 Jahre alt und Ihre beste Freundin an Ihrer Schulter weinen lassen.

Der Clou: Sich mit anderen zu beschäftigen, ist wohl eine der kostengünstigsten und einfachsten Methoden, um etwas für seine Gesundheit zu tun.

Ein Trend, der in Dänemark bereits etabliert ist, findet auch in Deutschland immer mehr Anhänger: Menschen unterschiedlichen Alters schließen sich zusammen, um in generationenübergreifenden Gemeinschaften zu leben. Dies geschieht nicht nur in der Hoffnung, im Alter Pflege zu erhalten, sondern auch, weil es guttut und jung hält, gebraucht zu werden und den gegenseitigen Austausch zu fördern.

4.3.1 Soziales Kapital

In einer Welt, in der der Begriff „Kapital" oft mit Banknoten und Börsenkursen assoziiert wird, präsentiert die Positive Psychologie eine erfrischende Perspektive: das soziale Kapital. Es ist eine Art unsichtbare Währung, die in den Banken menschlicher Beziehungen und Interaktionen gehandelt wird. Diejenigen, die in Gemeinschaften leben, sind vielleicht ungewollt zu wahren Vertretern dieses Kapitals geworden, und das ganz ohne den Stress von Börsenschwankungen!

Definition

Der Begriff **soziales Kapital** stammt aus der Soziologie und meint die Gesamtheit der aktuellen und möglichen Ressourcen, die mit der Teilhabe am Netz sozialer Beziehungen verbunden sein kann, indem man sich gegenseitig kennt und gleiche Werte vertritt. Es geht also primär um Beziehungen zwischen Menschen, durch die auf Ressourcen wie Unterstützung, Anerkennung, Wissen und Verbundenheit bis hin zum Finden von Arbeits- und Ausbildungsplätzen zugegriffen werden kann (Putnam, 1995).

Dieses Kapital entsteht durch die Bereitschaft der Beteiligten zur Zusammenarbeit. Hierbei ist gegenseitiges Vertrauen nicht nur die Grundlage, sondern auch die Währung, die den Fluss der Kooperation und gegenseitigen Unterstützung ermöglicht. Es entsteht eine Norm der Reziprozität, eine unausgesprochene Regel, dass eine gute Tat nicht ohne entsprechende Anerkennung bleibt.

Leider neigt das soziale Kapital dazu, mit dem Alter zu schrumpfen, ein wenig wie der Kreis der Menschen, mit denen man regelmäßig Tee trinkt. Der Eintritt in den Ruhestand, der Verlust von Freunden und Partnern durch Umzug, Krankheit oder Tod – all diese Faktoren können die Anzahl täglicher sozialer Kontakte drastisch reduzieren, mit direkten Auswirkungen auf die mentale und physische Gesundheit.

In der Tat, die Forschung von James et al. (2011) könnte als ein Weckruf für alle gelten, die ihre goldenen Jahre in vollen Zügen genießen möchten. In einer Langzeitstudie mit 1100 Senioren, in der die Teilnehmer über einen Zeitraum von zwölf Jahren beobachtet wurden, stellte sich heraus, dass diejenigen Senioren und Seniorinnen, die regelmäßig soziale Kontakte pflegten, einen um 70 % geringeren kognitiven Abbau erlebten als ihre weniger sozial aktiven Altersgenossen. Darüber hinaus zeigte sich, dass die sozial Aktiven in der Lage waren, sich länger eigenständig zu versorgen, sowohl mental als auch motorisch – ein lebendiger Beweis für das Prinzip „Use it or lose it".

Es scheint, als hätten wir eine tiefere Bestimmung, die über das bloße „Leben, um zu lieben", wie es Helen Fisher ausdrückte, hinausgeht. Tatsächlich scheint unser Dasein auch darauf ausgerichtet zu sein, tiefe Verbindungen mit anderen zu knüpfen. Menschen, die ein Reservoir an positiven Emotionen besitzen, genießen nicht nur eine robustere körperliche und geistige Verfassung, sondern neigen auch dazu, mehr soziale Bindungen einzugehen, was sie auf eine Art Aufwärtsspirale des Wohlbefindens setzt (Fredrickson, 2013).

Diese Theorie wird von Barbara Fredrickson und ihren Kollegen (Kok et al., 2013) untermauert, die feststellten, dass Menschen mit einem höheren Vagustonus – eine Art Barometer für unser emotionales Gleichgewicht –

auch mehr positive Emotionen erleben. Dies fördert wiederum die Entstehung positiver sozialer Beziehungen und kurbelt deren Bildung an.

Es ist wie ein freundlicher Dominoeffekt: Mehr soziale Verbindungen führen zu einer Erhöhung des Vagustonus, was sich wiederum positiv auf die körperliche Gesundheit auswirkt. Die Aufwärtsspirale ist in vollem Gange!

Hintergrundinformation
Ein höherer Vagustonus (auch als Vagotonie bekannt) bezeichnet einen Zustand des vegetativen Nervensystems, der einen niedrigeren Blutdruck, einen langsameren Puls, engere Pupillen und häufig auch kalte Hände und Füße sowie gelegentlich Antriebslosigkeit zur Folge hat.

In diesem Zustand übernimmt der Parasympathikus das Ruder, ein Teil unseres Nervensystems, der normalerweise während der Ruhe- und Erholungsphasen dominiert. Er wirkt sich positiv auf die Organe des Verdauungssystems aus und entlastet das Herz, quasi wie ein persönlicher Wellness-Coach für unsere inneren Organe. Diese Effekte können durch Ausdauertraining verstärkt werden, sodass Leistungssportler oft einen erhöhten Vagustonus aufweisen, der ihre Gesundheit schützt und fördert.

Eine große Anzahl sozialer Kontakte zu pflegen, mitsamt den positiven Auswirkungen, hat einen ähnlichen Effekt auf den Vagustonus.

4.3.2 Alleinsein versus Einsamkeit

Das Alleinsein kann, zumindest aus monetärer Sicht, als ein Schnäppchen betrachtet werden, verglichen mit der ständigen Gesellschaft anderer. Doch ein gelegentlicher Rückzug aus dem Trubel einer Gemeinschaft unterscheidet sich deutlich von der permanenten Isolation, weit entfernt vom sozialen Gefüge unserer Mitmenschen.

Es gibt Menschen, die die „Alleinzeit" zelebrieren (und man erzählt sich, es seien vorwiegend die Männer) – ein Moment der Konzentration auf sich selbst, den eigenen Körper, die eigenen Gedanken. Sich selbst als einzige Gesellschaft zu haben und dies nicht nur zu ertragen, sondern zu genießen, ist eine eigene Kunstform.

Obwohl das Pflegen guter Beziehungen zu anderen ein Schlüssel zu Glück und Zufriedenheit im Leben ist, kennen Sie sicherlich auch das Bedürfnis, gelegentlich alleine zu sein. Doch wenn das Alleinsein ungewollt ist und Bemühungen, dies zu ändern, scheitern, kann es zu Einsamkeit und letztendlich zu Depression führen. Um nicht plötzlich ganz alleine, unbeachtet und ungeliebt dazustehen, neigen wir oft dazu, es allen recht zu machen, sagen eher Ja, obwohl wir eigentlich Nein meinen, und sind allzu gefällig.

4.3.3 Wie findet man die „richtigen" Menschen?

Nicht jede soziale Beziehung ist ein Gewinn. Hier spielt die Qualität eine entscheidende Rolle. Jeder, der schon einmal in einer belastenden Beziehung feststeckte, könnte Anekdoten über Energievampire, mangelnde Empathie und einseitiges Interesse erzählen.

Die Menschen in unserem Umfeld beeinflussen uns sehr, sowohl unsere Entwicklung als auch unser Wohlbefinden. Daher ist die Auswahl der Menschen, mit denen wir uns umgeben, von großer Bedeutung. Der erste Schritt zu positiven Beziehungen besteht darin, sich bewusst zu werden, welche Personen in Ihrem Freundes- und Bekanntenkreis es wirklich wert sind, Ihre Zeit zu erhalten.

Aber diese Erkenntnis bedeutet nicht, dass diese Menschen plötzlich vor Ihrer Tür stehen und um Einlass bitten. Auch werden Sie nicht sofort losrennen, um Kontakt mit ihnen aufzunehmen. Es gibt viele Gründe, dies nicht zu tun: Zeitmangel, geografische Distanz, Introvertiertheit oder die Unwilligkeit, jemanden zu etwas zu drängen, was er nicht freiwillig tut. Doch möchten Sie wirklich die Möglichkeit verpassen, Ihr Leben durch wertvolle Beziehungen zu bereichern?

Tal Ben-Shahar, ein Professor aus Harvard, bringt es treffend auf den Punkt:[3]

> Der Nummer-1-Prädiktor für Wohlbefinden ist Qualitätszeit, die wir mit Familie, Freunden und Menschen verbringen, die uns wichtig sind, denen wir wichtig sind.

Und nein, er meint nicht das gemeinsame Tippen von Nachrichten am Wohnzimmertisch, sondern die aufmerksame und bewusste Interaktion mit diesen Menschen.

Psychologe Tim Kasser bezeichnet dieses immer seltener werdende Phänomen als *„time affluence"*, ein bewusster Umgang mit der Zeit, der einen starken Einfluss auf unser Wohlbefinden hat (Kasser & Sheldon, 2008).

---

[3] Big Think (2010). Big Think Interview with Tal Ben-Shahar. http://goo.gl/NK6JMS (Zugriff 16.07.2016).

Wie können wir Menschen, die uns positiv beeinflussen, auf uns aufmerksam machen? Wie kommen wir mit ihnen ins Gespräch? Und wie können wir Erfahrungen mit ihnen teilen, die uns wachsen lassen und uns helfen, unsere gesetzten Ziele zu erreichen?

4.3.3.1 Leidenschaften transparent machen

Wenn Sie Ihre Leidenschaften wie ein offenes Buch präsentieren, wird dies eine magnetische Wirkung auf Gleichgesinnte haben (Gottman, 2014).

Eine Begeisterung für Fußball könnte Sie in die geselligsten Ecken führen – sei es im Tippbüro, beim Kneipenabend oder im Stadion. Wenn Sie eine kulinarische Affinität besitzen und dies nicht unter den Teppich kehren, werden Sie bald Gourmet-Gefährten anziehen, die entweder Ihre Kochkünste teilen oder sich in der Kunst des Kochens (oder Essens) verbessern möchten.

Und wenn Ihre Augen beim Gespräch über Positive Psychologie leuchten, wird dies sicherlich ein Leuchtfeuer für andere sein, die ähnlich ticken wie Sie und sich über eine Verbindung mit Ihnen freuen würden.

4.3.3.2 Loslassen, wer nicht hilfreich ist

Die Menschen, mit denen Sie die meiste Zeit verbringen, formen Sie stärker als ein gut sitzender Anzug. Doch zerstörerische Menschen können sich als wahre Zeit- und Energievampire entpuppen, die den Raum für wertvolle Beziehungen einschränken. Mit „zerstörerisch“ meine ich die ewigen Pessimisten, die Ihre Ziele mit Gleichgültigkeit oder gar Ablehnung betrachten.

Während kritische Freunde Ihnen eine neue Perspektive bieten können, können Energievampire Ihnen einfach nur die Lebensfreude aussaugen. Es ist also an der Zeit, ein wenig „Freundschaftsfrühjahrsputz“ zu betreiben und Ihre Zeit weiser zu nutzen.

Das heißt nicht, dass Sie solche Freundschaften gleich ganz aufkündigen müssen. Sie könnten aber bei Ihren Beziehungen genauer hinschauen und nicht wahllos Zeit mit jedem verbringen, nur weil Sie gerade nichts Besseres vorhaben.

4.3.3.3 Den inneren Kreis pflegen

Der „innere Kreis“ besteht aus den Menschen, die Sie als Ihre engsten Vertrauten betrachten, quasi die Sahnehäubchen Ihrer sozialen Torte. Diese Personen sind aus verschiedenen Gründen wichtig für Sie: Vielleicht, weil sie ein offenes Ohr haben, in der Not zur Stelle sind oder einfach, weil sie Ihre Leidenschaften und Hobbys teilen.

Fakt ist: Sie fühlen sich nach einer Begegnung mit einer dieser Personen häufig belebt, wertgeschätzt oder berührt. Dass das Treffen verschwendete Zeit war, denken sie nur sehr selten oder nie.

Wenn das alles *nicht zutrifft,* dann fragen Sie sich bitte, was Ihre besten Freunde zu Ihren besten Freunden macht!

Trotzdem ist es häufig so, dass Sie Ihre Liebsten nur selten sehen? „Wie lange haben *wir* uns denn schon nicht mehr gesehen?!“, sagen Sie zu Menschen, die Ihnen unheimlich wichtig sind? Warum verbringen Sie mit diesen Menschen so selten Zeit?

> Ernste Dinge verschiebe ich alle von heute auf morgen. (Titus Maccius Plautus, 250–184 v. Chr., Komödiendichter)

Gerade die Menschen, die Sie schon auf Ihrem Weg unterstützen, sollten Sie häufiger treffen, um sich mit Ihnen auszutauschen. Planen Sie Treffen mit Ihren Freunden frühzeitig! Das erhöht die Chance, diese Beziehungen zu intensivieren, von den Begegnungen zu profitieren und Ihr Wohlbefinden nachhaltig zu steigern.

Und wenn Sie jetzt nicken und denken „Ja, da hat er recht …“, belassen Sie es nicht dabei, sondern schreiben Sie die Namen der Personen, die zu Ihrem „inneren Kreis“ gehören, auf ein Blatt Papier (das alleine ist schon eine lohnenswerte Übung!), nehmen Sie *jetzt* Ihren Kalender zur Hand und tragen Sie für jede dieser Personen auf das Jahr verteilt drei Termine ein, die Sie ihr innerhalb der nächsten 48 h vorschlagen werden.

4.3.3.4 Wunschtreffen

Auch außerhalb dieses Kreises wird es zahlreiche hilfreiche Menschen geben, die Sie in Ihrer Entwicklung fördern werden. Nur wissen diese davon noch nichts!

Erstellen Sie doch einmal eine Wunschliste mit den Menschen, die Sie gerne treffen würden. Das kann der dynamische Nachbar sein, der sogar mit Kinderwagen zum Joggen in den Wald fährt oder eine Person, die Sie beneiden, die vielleicht sogar Kultstatus für Sie hat. Fügen Sie auch die Gründe hinzu, warum es gerade diese Menschen sind, die Sie interessieren.

So bekommen Sie zusätzlich auch eine Ahnung davon, was genau es ist, dass Sie an bestimmten Leuten schätzen, und was Sie fasziniert.

Hintergrundinformation

Wissenschaftler und Sozialkritiker diskutieren weiterhin darüber, ob das Internet förderlich oder hinderlich für die sozialen Beziehungen der Menschen ist. Eine Studie der University of California Los Angeles (UCLA) hat gezeigt, dass Facebook große soziale Netzwerke fördert, die durch lose und distanzierte Kontakte schnell wachsen, aber auch durch neue engere Kontakte (Manago et al., 2012).

Eine andere Studie aus London hat gezeigt, dass die häufige Nutzung sozialer Medien bei Jugendlichen zu weniger Schlaf, mehr Mobbing und einer schlechteren psychischen Gesundheit führen kann (Viner et al., 2019).

Letztlich kommt es auf viele Faktoren an: auf unsere Persönlichkeit, die Länge und natürlich auch die Inhalte der genutzten Internetressourcen.

4.3.3.5 Stärken nutzen, um anderen zu helfen

Durch den Einsatz Ihrer Stärken werden Sie so schnell und nachhaltig Verbindungen mit anderen knüpfen wie durch keine andere Methode. Jeder kann anderen Menschen etwas anbieten, das er selbst gut kann, anderen aber schwerfällt. Darüber hinaus ist es eine schöne Art, Ihre Stärken zu trainieren.

Ein guter, aber bei Weitem nicht der einzige Ansatz ist der VIA-Test für Charakterstärken[4]. Der Test ist kostenlos (Sie können beliebige Daten bei der Anmeldung angeben, denn das Ergebnis erscheint direkt im Browser; die Sprache kann auch auf Deutsch gestellt werden).

Haben Sie ihn erst einmal ausgefüllt und eine Idee davon, welche Stärken bei Ihnen ganz oben auf der Liste stehen, können Sie diese ausbauen (sie also häufiger und intensiver nutzen) oder auch neue Situationen ersinnen, in denen Sie Ihre Stärken noch einsetzen könnten (konkrete Beispiele dazu finden Sie in Abschn. 5.1).

[4] https://www.viacharacter.org/survey/account/register

4.3.3.6 Sich der Wunschperson zeigen

Wenn Sie jemanden kennenlernen möchten, zögern Sie nicht, den ersten Schritt zu machen. Sonst könnte es passieren, dass Ihre E-Mail-Entwürfe und Nachrichten auf LinkedIn in der virtuellen Schublade verstauben. Also: Raus aus der Komfortzone und zeigen Sie sich! Nur so können Sie Menschen treffen, die entscheidend für Ihren Erfolg sind und Ihnen helfen, die Vorteile gesunder Beziehungen voll auszuschöpfen.

Und zu guter Letzt: Die stille und angenehme Einsamkeit wird Ihnen kaum den Weg zu einer neuen Partnerschaft ebnen. Falls Sie also nicht völlig gegen eine neue Partnerschaft sind oder bereits in einer glücklichen Beziehung leben, könnte das nächste Kapitel einige interessante Punkte für Sie bereithalten.

4.4 Macht Liebe zu den eigenen Kindern glücklich? – elterliche Freuden und Pflichten

4.4.1 Eigene Kinder und Wohlbefinden

Sind Eltern zufriedener mit ihrem Leben als kinderlose Paare?

Die Antwort auf diese Frage ist so vielschichtig wie ein guter Rotwein. Eine Reihe von Studien, die Glück und Zufriedenheit von Eltern mit ihren kinderlosen Gegenstücken über alle Altersgruppen und in allen Lebensumständen in Form von Metaanalysen vergleichen, schreiben den Eltern weniger Wohlbefinden zu (z. B. Twenge et al., 2003; Glenn & Weaver, 1979). Eltern zeigen nach diesen Untersuchungen sogar eine erhöhte Wahrscheinlichkeit, depressiv zu werden (Evenson & Simon, 2005) oder unter Angstzuständen zu leiden (Mclanahan & Adams, 1987).

Die Freude, Kinder zu haben, ihnen beim Erkunden, Wachsen, Fehlermachen und Daraus-lernen zuzuschauen, ihnen beizustehen und erster Anlaufpunkt zu sein – diese Freude kann überschattet sein von den zahlreichen Pflichten des Elternseins (Evenson & Simon, 2005). Laut quantitativen Selbstaussagen scheinen Eltern fast alles andere lieber zu tun, als ihre Kinder zu beaufsichtigen. Nicht gerade ein Kinderparadies, könnte man meinen.

Aber es gibt auch Studien, die zu positiveren Ergebnissen kommen. Nelson und Kollegen (2013) fanden z. B. heraus, dass Eltern …

- ihr Leben insgesamt positiver bewerten als Kinderlose,
- sich im Vergleich zu den Kinderlosen wohler fühlen und
- positive Gefühle mit der Kindererziehung verbinden.

Insbesondere Väter scheinen eine Dankbarkeits- und Stolzflut zu erleben, die mit einer Fülle weiterer positiver Emotionen belohnt wird, was sie im Allgemeinen zu glücklicheren Wesen als Mütter macht. Ob dies jedoch auf eine selektive Wahrnehmung der „schönen Seiten" des Elterndaseins zurückzuführen ist, da Männer trotz gestiegener Elternzeit immer noch weniger häusliche Pflichten übernehmen, bleibt ein Mysterium in der Studie von Nelson und Kollegen.

Zudem ist Vorsicht bei der Deutung der Ergebnisse geboten: Bei Eltern, die nach der Geburt ihrer Kinder glücklicher waren, liegt der Schluss nahe, dass sie vorher schon glücklicher waren als andere Eltern und deshalb Kinder bekamen. Um sich das Aufziehen von und den Umgang mit Kindern zu erleichtern, können Eltern drei Interventionen aus der Positiven Psychologie anwenden, die auch für das eigene Wohlbefinden hilfreich sind (eine ausführliche Beschreibung gibt Tomoff, 2016b):

1. Sie betrachten ihr Elterndasein langfristig und haben *das große Ganze im Blick,*
2. sie erfahren durch ihre Kinder *mehr Sinn in ihrem Leben* und/oder
3. sie nehmen sich *mehr Zeit* für ihre Sprösslinge.

Bei der Erziehung von Kindern ist eine gute Daumenregel, mehr zu *agieren,* als zu *re*agieren.

4.4.2 Reaktion auf „böses" Verhalten

Wenn Ihr Sprössling mal wieder den kleinen Rebell spielt und Ihre liebevolle und wertschätzende Stimmung auf die Probe stellt, könnte Ihnen der Griff zum hölzernen Kochlöffel als Disziplinarmethode in den Sinn kommen. Doch die Ergebnisse der Positiven Psychologie raten zu einer etwas feinfühligeren Herangehensweise.

Wenn Kinder Schaden anrichten, fühlen sie typischerweise zwei Arten von moralisch geprägten Emotionen: Scham oder Schuld. Diese Emotionen treten in der Regel ab dem zweiten Lebensjahr auf, wenn Kinder beginnen, sich ihrer selbst bewusst zu werden und sich mit anderen zu vergleichen (Erikson, 2008). Obwohl Scham und Schuld oft als eineiige Zwillinge der moralischen Emotionen betrachtet werden und als austauschbar erscheinen, hat die Forschung von Psychologin Jessica Tracy gezeigt, dass sie unterschiedliche Ursachen und Konsequenzen haben (Tracy et al., 2007).

Scham zielt auf die Person, auf den gesamten Charakter ab. Es ist das Gefühl, *kein guter Mensch zu sein,* und beinhaltet ein negatives Urteil über unser Innerstes, unseren Kern. Das kann vernichtend sein. Wenn Kinder sich schämen, tendieren sie nicht dazu, etwas zu bereuen und das zu bedauern, mit dem sie möglicherweise einer Person Schaden zugefügt haben. Sie empfinden sich selbst als möglicherweise nicht zu korrigierenden Fehler.

Schuld dagegen ist das Gefühl, *etwas Schlechtes getan zu haben.* Sie kann Kinder (und auch Erwachsene) dazu bringen, sich klein und nichtig zu fühlen, und führt – frei nach dem Kampf-oder-Flucht-Modell – zu einer von zwei Verhaltensweisen: den Angriff auf ihr Ziel oder der Flucht vor der Situation. Schuld ist ein negatives Urteil über eine Tat, und diese kann durch gutes Verhalten wieder korrigiert werden.

Wie kann man sich die Gefühle von Scham und Schuld bei der Kindererziehung zunutze machen?

Die effektivste Antwort auf moralisch schlechtes Verhalten ist der Ausdruck von Enttäuschung.

Studien von Nancy Eisenberg (1992) legen nahe, dass Eltern den Weg zu fürsorglichen Kindern ebnen können, indem sie ihre Enttäuschung zum Ausdruck bringen und dabei erläutern, warum das Verhalten des Kindes nicht gerade ein Treffer war, wie es andere beeinträchtigt hat und wie das Kind die Situation *wieder ins Lot bringen kann.* Dies ermöglicht dem Kind, eine Art moralischen Kompass zu entwickeln, mit dem es seine Aktionen bewerten, Empathie gegenüber anderen zeigen und Verantwortung übernehmen kann.

Drücken Sie Enttäuschung aus, vermitteln Sie Ihrem Kind aber nicht, dass es ein schlechter Mensch sei. Teilen Sie ihm mit, dass es ein guter Mensch ist, auch wenn es eine „schlechte" Sache getan hat. Dadurch vermitteln Sie dem Kind Vertrauen, dass es seine Sache besser machen kann als bisher und das – Ihrer Meinung nach – auch bald tun wird.

Mitgefühl für sich selbst ist wie eine Insel der Ruhe

Kristin Neff hat herausgefunden, dass die pflegende Qualität des Selbstmitgefühls – mehr noch als Selbstbewusstsein – Menschen aufblühen lässt und ihnen die Schönheit des Lebens nahebringt, sogar in schweren Zeiten.

Zusammengefasst legt ihre Forschung nahe, dass Selbstmitgefühl eine Art sicherer Hafen inmitten der tosenden Wellen von Selbstverurteilung ist, ein Ort, an dem wir die ewige Frage „Bin ich wirklich gut genug?" endlich beiseite legen können.

Wie erreicht man nun diesen friedlichen Ort des Selbstmitgefühls? Nun, es könnte so einfach sein wie das Niederschreiben Ihrer Gefühle nach einer negativen Erfahrung oder das Zeigen von Mitgefühl gegenüber anderen.

Liebe ist ein starker Hebel für das eigene Wohlbefinden

Kinder zu haben und sie zu erziehen, bringt individuell die unterschiedlichsten Vor- oder Nachteile mit sich. Sich (möglicherweise sogar schriftlich) die Bedeutung klarzumachen, die Kinder für uns haben, kann Sinn stiften und gleichfalls zufriedener machen. Um die Freude an Ihrem Nachwuchs zu vergrößern oder aufrechtzuerhalten, sollten Sie vor allem eines tun: Verbringen Sie die Zeit mit Ihren Sprösslingen *bewusst* und erlauben Sie es sich, gemeinsam mit Ihren Kleinen die Welt zu entdecken und diese auch einmal durch Kinderaugen zu betrachten!

Wenn es um moralische Fehltritte geht, ist ein Ausdruck der Enttäuschung oft der effektivste Weg, um Ihrem Kind zu signalisieren, dass es besser kann – und dass Sie glauben, dass es das auch wird.

Wege zu den „guten Menschen"

Wir brauchen die Nähe zu anderen. Gute Beziehungen zu Partnern, Freunden und Bekannten können unser Wohlbefinden immens steigern. Das Geflecht sozialer Beziehungen und die daraus entstehenden Ressourcen nennt man „soziales Kapital".

Es gibt viele Wege, gute Beziehungen zu schaffen, zu pflegen und von den Vorteilen zu profitieren, die sie mit sich bringen. Doch obwohl das Internet mittlerweile zu einem der einfachsten Wege geworden ist, mit anderen Menschen in Kontakt zu treten, ist der physische Kontakt zu den Mitmenschen dem onlinebasierten vorzuziehen.

Um auf sich aufmerksam zu machen, ist es wichtig, dass Sie über das sprechen, was Sie begeistert, sich von Menschen fernhalten, die Ihnen nicht guttun, Ihre Stärken nutzen und aktiv die Menschen kontaktieren, die Sie interessieren. Passende Menschen ziehen Sie dadurch an, sodass neue Freundschaften oder Beziehungen entstehen können.

Literatur

Aron, A., Norman, C. C., & Aron, E. N. (2001). Shared self-expanding activities as a means of maintaining and enhancing close romantic relationships. Close romantic relationships. *Maintenance and Enhancement,* 47–66.

Baikie, K. A., & Wilhelm, K. (2005). Emotional and physical health benefits of expressive writing. *Advances in Psychiatric Treatment, 11*(5), 338–346. https://doi.org/10.1192/apt.11.5.338.

Baumeister, R. F., & Leary, M. R. (1995). The need to belong: Desire for interpersonal attachments as a fundamental human motivation. *Psychological Bulletin, 177*(3), 497–529.

Bazzini, D. G., Stack, E. R., Martincin, P. D., & Davis, C. P. (2007). The effect of reminiscing about laughter on relationship satisfaction. *Motivation and Emotion, 31*(1), 25–34.

Berscheid, E. & Reis, H. T. (1998). Attraction and close relationships. In D. Gilbert, S. Fiske, & L. Gardner (Hrsg.), *The handbook of social psychology,* (Bd. 1+2, 4. Aufl., S. 193–281). McGraw-Hill.

Breines, J. G., & Chen, S. (2012). Self-compassion increases self-improvement motivation. *Personality and Social Psychology Bulletin, 18*(9), 1133–1143.

Breines, J. G., & Chen, S. (2013). Activating the inner caregiver: The role of support-giving schemas in increasing state self-compassion. *Journal of Experimental Social Psychology, 49*(1), 58–64.

Chapman, G. (1994). *Die fünf Sprachen der Liebe: Wie Kommunikation in der Ehe gelingt.* Francke-Buch.

Duncan, T. A. (2021). *Do love languages actually matter? Psychologists weigh in.* Mic. https://www.mic.com/life/do-love-languages-actually-matter-psychologists-weigh-in-18799908. Zugegriffen: 5. Sept. 2023.

Eastwick, P. W. (2009). Beyond the pleistocene: Using phylogeny and constraint to inform the evolutionary psychology of human mating. *Psychological Bulletin, 135*(5), 794.

Eisenberg, N. (1992). *The caring child.* Harvard University Press.

Erikson, E. H. (2008). *Identität und Lebenszyklus: Drei Aufsätze.* Suhrkamp.

Evenson, R. J., & Simon, R. W. (2005). Clarifying the relationship between parenthood and depression. *Journal of Health and Social Behavior, 46*(4), 341–358.

Fisher, H. (2004). *Why we love: The nature and chemistry of romantic love.* Macmillian.

Ford, B. Q., Lam, P., John, O. P., & Mauss, I. B. (2018). The psychological health benefits of accepting negative emotions and thoughts: Laboratory, diary, and longitudinal evidence. *Journal of Personality and Social Psychology, 115*(6), 1075–1092. https://doi.org/10.1037/pspp0000157.

Fredrickson, B. (2013). *Love 2.0: How our supreme emotion affects everything we feel, think, do, and become.* Hudson.

Gallace, A., & Spence, C. (2010). The science of interpersonal touch: An overview. *Neuroscience & Biobehavioral Reviews, 34*(2), 246–259.

Glenn, N. D., & Weaver, C. N. (1979). A note on family situation and global happiness. *Social Forces, 57,* 960–967.

Gordon, A. M., & Chen, S. (2014). The role of sleep in interpersonal conflict: Do sleepless nights mean worse fights? *Social Psychological and Personality Science, 5*(2), 168–175.

Gottman, J. (2014). *Die 7 Geheimnisse der glücklichen Ehe.* Ullstein.

Grant, A. (2016). *Geben und Nehmen Warum Egoisten nicht immer gewinnen und hilfsbereite Menschen weiterkommen.* Droemer.

House, J. S., Landis, K. R., & Umberson, D. (1988). Social relationships and health. *Science, 241*(4865), 540–545.

James, B. D., Wilson, R. S., Barnes, L. L., & Bennett, D. A. (2011). Late-life social activity and cognitive decline in old age. *Journal of the International Neuropsychological Society, 17*(06), 998–1005.

Kok, B. E., Coffey, K. A., Cohn, M. A., Catalino, L. I., Vacharkulksemsuk, T., Algoe, S. B., Brantley, M., & Fredrickson, B. L. (2013). How positive emotions build physical health: Perceived positive social connections account for the upward spiral between positive emotions and vagal tone. *Psychological Science, 24*(7), 1123–1132.

Maestripieri, D., Baran, M. N., Sapienza, P., & Zingales, L. (2010). Between- and within-sex variation in hormonal responses to psychological stress in a large sample of college students. *Stress, 13*(5), 413–424.

Manago, A. M., Taylor, T., & Greenfield, P. M. (2012). Me and my 400 friends: The anatomy of college students' Facebook networks, their communication patterns, and well-being. *Developmental Psychology, 48*(2), 369–380. https://doi.org/10.1037/a0026338.

Mclanahan, S., & Adams, J. (1987). Parenthood and psychological well-being. *Annual Review of Sociology, 13*(1), 237–257.

Neff, K. (2003). Self-compassion: An alternative conceptualization of a healthy attitude toward oneself. *Self and Identity, 2*(2), 85–101.

Neff, K. (2012). *Selbstmitgefühl: Wie wir uns mit unseren Schwächen versöhnen und uns selbst der beste Freund werden.* Kailash.

Neff, K. D., & Germer, C. K. (2013). A pilot study and randomized controlled trial of the mindful self-compassion program. *Journal of Clinical Psychology, 69*(1), 28–44.

Nelson, S. K., Kushlev, K., English, T., Dunn, E. W., & Lyubomirsky, S. (2013). In defense of parenthood: Children are associated with more joy than misery. *Psychological Science, 24*(1), 3–10.

Orbuch, T. (2011). *Die 5 Geheimnisse glücklicher Paare: Verblüffende Erkenntnisse aus über 20 Jahren Forschung.* Goldmann.

Putnam, R. D. (1995). Bowling alone: America's declining social capital. *Journal of Democracy, 6*(1), 65–78.

Sbarra, A. D., Smith, L. H., & Mehl, R. M. (2012). When leaving your ex, love yourself: Observational ratings of self-compassion predict the course of emotional recovery following marital separation. *Psychological Science, 23,* 261–269.

Sohal, M., Singh, P., Dhillon, B. S., & Gill, H. (2022). Efficacy of journaling in the management of mental illness: A systematic review and Meta-analysis. *Family Medicine and Community Health, 10*(1), e001154. https://doi.org/10.1136/fmch-2021-001154.

Statista. (2023, August 29). Scheidungsquote in Deutschland bis 2022. https://bit.ly/3qWXmlb. Zugegriffen: 2. Sept. 2023.

Tomoff, M. (2016a). *Positive Psychologie in Liebe und Partnerschaft: Für Neugierige und Betroffene.* Springer.

Tomoff, M. (2016b). *Positive Psychologie für Eltern und Erziehung.* Springer.

Tracy, J. L., Robins, R. W., & Tangney, J. P. (2007). *The self-conscious emotions: Theory and Research.* Guilford.

Twenge, J. M., Campbell, W. K., & Foster, C. A. (2003). Parenthood and marital satisfaction: A meta-analytic review. *Journal of Marriage and Family, 65*(3), 574–583.

Valenzuela, S., Halpern, D., & Katz, J. E. (2014). Social network sites, marriage well-being and divorce: Survey and state-level evidence from the United States. *Computers in Human Behavior, 36,* 94–101.

Veaux, F., Rickert, E., & Hardy, J. W. (2014). *More than two: A practical guide to ethical polyamory.*

Viner, R., Gireesh, A., Stiglic, N., Hudson, L., Goddings, A., Ward, J., & Nicholls, D. (2019). Roles of cyberbullying, sleep, and physical activity in mediating the effects of social media use on mental health and wellbeing among young people in England: A secondary analysis of longitudinal data. *The Lancet Child & Adolescent Health, 3*(10), 685–696. https://doi.org/10.1016/s2352-4642(19)30186-5.

Tim, Kasser Kennon M., Sheldon (2009) Time Affluence as a Path toward Personal Happiness and Ethical Business Practice: Empirical Evidence from Four Studies Journal of Business Ethics 84(S2) 243-255 10.1007/s10551-008-9696-1

5 Positive Psychologie im Unterricht

> **Mythos**
> **Schule ist dazu da, Wissen zu vermitteln und die Schüler*innen auf das Leben vorzubereiten.**

Was würden Sie sich am meisten für (Ihre) Kinder wünschen?

Wenn Sie nur ansatzweise ähnlich denken wie die meisten Eltern, mit denen ich schon darüber gesprochen habe, wird Ihre Antwort wahrscheinlich eines der folgenden Wörter enthalten: „Gesundheit", „Spaß", „Zufriedenheit", „Selbstbewusstsein", „Ausgeglichenheit", „Freundlichkeit" und ein „erfülltes Leben".

Und was vermitteln Schulen und Universitäten vornehmlich?

Wenn Sie wie viele andere Eltern antworten, sagen Sie wahrscheinlich „Leistung", „analytisches Denken", „Erfolg", „sich anpassen", „Lesen", „Mathematik", „Disziplin" und dergleichen. Kurz: Schulen lehren die Werkzeuge der Leistung und zeigen damit beinahe keine Übereinstimmung mit dem, was sich die meisten Eltern für ihre Kinder wünschen.

Was kann also von den einzelnen Mitgliedern des Lern- und Lehrkontextes getan werden, damit diese Übereinstimmungen größer werden – und

M. Tomoff, *Positive Psychologie – Erfolgsgarant oder Schönmalerei?*,
https://doi.org/10.1007/978-3-662-68397-2_5

zwar in eine Richtung, die sich für die Lernenden wie ein warmes, einladendes Zuhause und nicht wie eine Fabrik anfühlt?

> Es ist wertvoll und unumgänglich, im Laufe unserer Entwicklung den Unterschied zwischen richtig und falsch kennenzulernen – in den Situationen, in denen diese Schwarz-Weiß-Betrachtung anwendbar ist. Genauso, die Konsequenzen einer Fehlentscheidung, eines Fehlers wahrzunehmen – und daraus zu lernen. (Rasfeld & Breidenbach, 2014, S. 41)

Ich denke, Bildungsträger haben einen Lehrauftrag, der nicht nur auf das bloße Vermitteln von Wissen abzielt, sondern auch darauf, die Keimzelle der Potenzialentfaltung zu sein. Diese Orte sollten nicht nur als Klassenzimmer dienen, sondern als gemeinschaftliche Einrichtungen, in denen sowohl Lehrende als auch Lernende gleichermaßen wachsen können.

Viele Menschen – darunter Wissenschaftler, Lehrende und auch die Schüler selbst – haben bereits ihre kreativen Köpfe zusammengesteckt, um zu überlegen, wie ein solcher Ort der Inspiration aussehen könnte. Hier könnte die Positive Psychologie ihren großen Auftritt haben, indem sie Fähigkeiten wie Resilienz, den Aufbau und die Pflege zwischenmenschlicher Beziehungen, die Stärkung von Selbstbewusstsein und Autonomie sowie die Entwicklung sozialer Kompetenzen in den Vordergrund stellt. Hinzu kommt die bewusste Nutzung individueller Stärken und das Übernehmen von Verantwortung für das eigene Handeln – quasi ein Rezept für kleine Alltagshelden. Und nicht zu vergessen, das Schaffen von „Flowerlebnissen", bei denen die Schüler nicht nur aufblühen, sondern regelrecht erblühen – all das könnte den Schulalltag in ein wahres Blütenmeer verwandeln.

Hintergrundinformation

Das Flowerlebnis ist ein Phänomen, das aus der intrinsischen Motivation entsteht und vor allem von Mihaly Csikszentmihalyi (1995) untersucht wird. Bezeichnet wird damit der Zustand des reflexionsfreien und vollständigen Aufgehens in einer als angenehm erlebten Tätigkeit, die zudem zu Zufriedenheit und freudigem Erleben führt. Flow entsteht häufig, wenn die Herausforderungen einer Aufgabe hoch sind, die Fähigkeiten der die Aufgabe ausführenden Person jedoch in ähnlich großem Maße vorhanden sind (siehe Abb. 5.1).

Auch wenn Csikszentimihalyi als Vater der Flowforschung gilt, wurde seine Theorie bereits von Kurt Hahn (Erlebnispädagogik) und Maria Montessori Anfang des 20. Jahrhunderts auf ähnliche Weise formuliert. Im dortigen Kontext wurde Flow übrigens bei Kindern beobachtet, die in ihrem Spiel völlig aufgehen konnten.

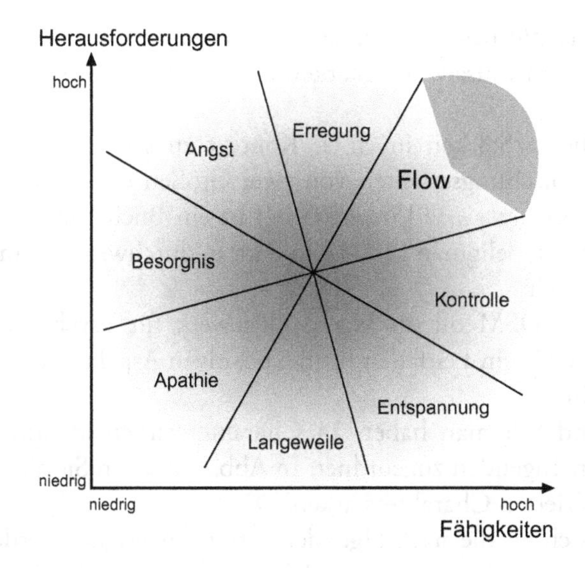

Abb. 5.1 Flowerlebnis

Zum Thema Autonomie werden Sie in Kap. 8 noch ein paar spannende Hintergründe und Möglichkeiten erfahren. An dieser Stelle bereits ein paar Impulse zur Nutzung von Stärken, die viele weitere Vorteile nach sich ziehen, für die viele Schulen bisher noch keinen geeigneten Rahmen geschaffen haben.

5.1 Stärken im Unterricht besser nutzen? – von Charakterstärken und Tugenden

Der Charakterstärkentest *Values in Action Inventory of Strengths* (VIA-IS) hat in den letzten Jahren eine Fülle von Daten aus unterschiedlichsten Lebensbereichen geliefert. Hier möchte ich einige Beispiele präsentieren, wie man Stärken in neuem Licht sehen und kreativ nutzen kann. Diese sind sowohl für Lehrer als auch für Schüler anwendbar (siehe auch Abschn. 5.5. Ziel ist es, dass beide Gruppen lernen, ihre Stärken regelmäßig und selbstverständlich einzusetzen.

Falls Sie sich nicht gerade als Picasso des kreativen Denkens sehen, könnte es eine Herausforderung sein, neue Wege im Umgang mit Stärken zu erkunden. Hier könnte ein „Buddy" ins Spiel kommen – denn bekanntlich sind zwei kreative Köpfe besser als einer. Der Austausch über Erfolgserlebnisse oder Hürden beim Einsatz von Stärken kann zudem motivierend wirken (s. Abschn. 6.2.9).

Um das Thema Stärken in einen Kontext zu setzen, werfen wir einen Blick auf die Forschungsarbeiten von zwei Größen der Positiven Psychologie. *Character Strengths and Virtues* (CSV) ist ein Buch von Christopher Peterson und Martin Seligman (2004), in dem es durchweg um unsere Stärken und Tugenden geht.

Während das DSM oft als Nachschlagewerk für psychische Störungen dient, soll das CSV ein Leitfaden für die positiven Aspekte des menschlichen Charakters sein.

Peterson und Seligman haben 24 Charakterstärken identifiziert und sie sechs zentralen Tugenden zugeordnet. In Abb. 5.2 sehen Sie alle 24 nach Tugenden klassifizierten Charakterstärken.

Wenn Sie sich an die nachfolgenden Übungen wagen, werden Sie nicht nur Ihre Stärken einsetzen und täglich trainieren, sondern auch ein kleines Stückchen Gutes in die Welt setzen. Und keine Sorge, diese Übungen sind nicht exklusiv für Lehrer oder Schüler reserviert. Sie dienen als kreative Denkanstöße für jeden, der sich auf die spannende Reise begeben möchte, seine Stärken zu kultivieren.

Weisheit und Wissen	Mut	Menschlichkeit
1. Kreativität	6. Tapferkeit	10. Liebesfähigkeit
2. Neugier	7. Ausdauer	11. Freundlichkeit
3. Urteilvermögen	8. Ehrlichkeit	12. soziale Kompetenz
4. Liebe zum Lernen	9. Tatendrang	
5. Weitsicht		

Gerechtigkeit	Mäßigung	Transzendenz
13. Teamfähigkeit	16. Vergebensbereitschaft	20. Sinn für das Schöne
14. Fairness	17. Bescheidenheit	21. Dankbarkeit
15. Führungsvermögen	18. Besonnenheit	22. Hoffnung
	19. Selbstregulierung	23. Humor
		24. Spiritualität/ Religiosität

Abb. 5.2 Charakterstärken und Tugenden nach Seligman et al. (2005)

Je häufiger Sie Ihre Stärken nutzen, desto mehr werden sie zur zweiten Natur. Sie werden feststellen, dass Ihnen immer mehr Einsatzmöglichkeiten einfallen, die nicht nur Ihnen, sondern auch den Schülern, Studenten oder anderen wissbegierigen Köpfen auf dem Weg zur Selbstentwicklung dienlich sein können.

5.1.1 Aus dem Bereich „Weisheit und Wissen"

5.1.1.1 1) Kreativität

Denken Sie über zwei Lösungen für ein Problem nach und präsentieren Sie diese dem Lösungssucher pantomimisch. Dies fügt spielerische Elemente in den Vermittlungskontext ein und kann für zusätzlichen Spaß und emotionale Tiefe der Lerninhalte sorgen.

5.1.1.2 2) Neugier

Stellen Sie – eine Woche lang – Fragen, die Sie so möglicherweise noch nie gestellt haben, und seien Sie auf die Antworten gespannt. Haben Sie sich z. B. schon einmal gefragt, was Sie sähen, wären Sie eine Fliege an der Wand Ihres Büros oder Klassenzimmers? Was heißt eigentlich „Spaß im Berufskontext" für Sie bzw. wie kann Spaß im Unterricht mehr Platz finden? Was ist für Sie der Unterschied zwischen „Ich fühle mich gut" und Erfüllung? Was bauen Sie auf: einen Haufen Steine oder eine Kathedrale?

5.1.1.3 3) Urteilsvermögen

Versuchen Sie bei einer Meinungsverschiedenheit den Standpunkt der anderen Person zu verstehen und alle Möglichkeiten im Auge zu behalten. Dies zeigt der anderen Person, dass Sie sie verstehen wollen und könnte ihre Offenheit erhöhen.

5.1.1.4 4) Liebe zum Lernen

Lesen Sie eine Autobiografie eines bekannten Menschen und lernen Sie aus dessen Fehlern und Erfolgen. Lassen Sie sich inspirieren! Das Gelesene kann wunderbar für neue Unterrichtsbeispiele dienen und auch Ihr Wissen vertiefen.

5.1.1.5 5) Weitsicht

Betrachten Sie eine Ihrer Sorgen aus der Perspektive Ihres 80-jährigen Ichs und beobachten Sie, wie wichtig diese Sorge dann noch ist. Bieten Sie diese Technik auch Ihren Schülern und Schülerinnen an, vielleicht vor der ersten Prüfung. Das wird anfangs wahrscheinlich noch auf Unverständnis stoßen, aber ihnen bald möglicherweise einen Funken Weitsicht und Weisheit bringen.

5.1.2 Aus dem Bereich „Mut"

5.1.2.1 6) Tapferkeit

Wagen Sie es, bei einer Gelegenheit gegen den Strom zu schwimmen. Trauen Sie sich, etwas auszusprechen, was Sie sonst für sich behalten würden, wie z. B. eine Frage zu stellen, die Ihnen „dumm" erscheint, von Ihrem Gefühl der Hilflosigkeit zu sprechen oder eine populäre Ansicht der Kollegen infrage zu stellen.

5.1.2.2 7) Ausdauer

Setzen Sie sich ein neues mittelfristiges Ziel (z. B. sechs Monate), listen Sie zwei mögliche Hindernisse auf und überlegen Sie, wie Sie diese bewältigen können. Wer könnte Ihnen dabei helfen?

5.1.2.3 8) Ehrlichkeit

Schreiben Sie eine Sache auf, bei der Sie sich selbst noch belügen, und finden Sie heraus, warum. Welches Bedürfnis steckt dahinter? Vielleicht hilft Ihnen der Satzanfang „Manchmal tue ich, als ob …", den Sie eine Minute lang vervollständigen. Diese Übung lässt sich übrigens auch wunderbar mit Freunden oder Fremden durchführen.

5.1.2.4 9) Tatendrang

Gehen Sie in eine Buchhandlung, blättern Sie zwei, drei Reiseführer durch und entscheiden Sie sich gleich dort für Ihr nächstes Urlaubsziel!

5.1.3 Aus dem Bereich „Menschlichkeit"

5.1.3.1 10) Fähigkeit zu lieben

Nehmen Sie jemanden, den Sie sehr mögen und nicht oft drücken, in den Arm. Seien Sie aber bei allen behutsam und fragen Sie vorher nach, ob eine Umarmung okay wäre. Kündigen Sie es einer Kollegin oder einem Kollegen kurz vorher besser an (und richtig: Das *ist* Ihre Komfortzone, die Ihnen gerade einredet, dass das komplett bescheuert sei!).

5.1.3.2 11) Freundlichkeit

Überraschen Sie jemanden mit einem zufälligen Akt der Freundlichkeit.[1]

5.1.3.3 12) Soziale Kompetenz

Teilen Sie jemandem Ihre Wahrnehmung mit, wenn Sie bei dieser Person Frustration, Enttäuschung, Nervosität oder Freude vermuten.

5.1.4 Aus dem Bereich „Gerechtigkeit"

5.1.4.1 13) Teamfähigkeit

Beteiligen Sie sich aktiv, z. B. beim Aufräumen des Lehrerzimmers oder beim Tragen von Materialien. Gemeinsames Handeln macht mehr Spaß und fördert den Zusammenhalt.

5.1.4.2 14) Fairness

Binden Sie jemanden in ein Gespräch ein, der sonst eher ausgeschlossen ist, z. B. bei einer Konferenz oder einem Teammeeting.

[1] Idee dazu finden Sie z. B. hier: Tomoff, M. (2012). Zufällige Aktionen der Freundlichkeit (random acts of kindness). http://goo.gl/nCePPy (Zugriff 16.07.2016).

5.1.4.3 15) Führungsvermögen

Unterstützen Sie jemanden dabei, ungenutzte Stärken zu entdecken und einzusetzen.

5.1.5 Aus dem Bereich „Mäßigung"

5.1.5.1 16) Vergebensbereitschaft

Lassen Sie los, wenn jemand Sie enttäuscht hat, z. B. indem Sie einen vergebenden Brief schreiben. Es kann auch für Erleichterung sorgen, negative Gedanken zu notieren und den Zettel anschließend zu vernichten (Tomoff, 2016).

5.1.5.2 17) Bescheidenheit

Halten Sie sich in Gesprächen, in denen Sie normalerweise viel reden, etwas zurück und stellen Sie mehr offene Fragen, besonders wenn Sie eine leitende Position innehaben.

5.1.5.3 18) Besonnenheit

Wenn Sie eine größere oder kostspieligere Entscheidung zu treffen haben, schlafen Sie erst noch eine Nacht darüber. Entscheiden Sie sich dann nach dieser Bedenkzeit.

5.1.5.4 19) Selbstregulation

Wenn Sie auf jemanden ärgerlich sind, überlegen Sie, was der wahre Grund dafür ist und ob die Person wirklich etwas dafür kann. Ärgern Sie sich vielleicht mehr über sich selbst?

5.1.6 Aus dem Bereich „Transzendenz"

5.1.6.1 20) Sinn für das Schöne

Schauen Sie sich einen für Ihren Geschmack schönen Menschen an. Warum ist er in Ihren Augen schön oder ästhetisch? Und wenn Sie das mit einer Fähigkeit aus dem Bereich „Mut" verknüpfen wollen, sagen Sie es dieser Person bei einer passenden Gelegenheit. Denn Komplimente machen glücklicher (Tomoff, 2011c).

5.1.6.2 21) Dankbarkeit

Bedanken Sie sich 30 Tage auf immer andere Weise bei ihren Mitmenschen (Tomoff, 2011b) und animieren Sie noch eine weitere Person, dies ebenfalls einmal auszuprobieren! Dankbarkeit hat zahlreiche Vorteile für Ihr Wohlbefinden.

5.1.6.3 22) Hoffnung

Fragen Sie sich, wenn Sie Sorgen haben, wie wahrscheinlich das schlimmste anzunehmende Szenario ist, das eintreten könnte. Wenn Sie ein Zahlenmensch sind, fügen Sie noch eine Prozentzahl für die Wahrscheinlichkeit hinzu. In den meisten Fällen ist diese eher gering. Und das wird Ihnen Hoffnung geben.

5.1.6.4 23) Humor

Tun Sie etwas, das Sie als Kind gerne getan haben, und erinnern Sie sich daran, dass Kinder sich durch Kreativität, Spielfreude und Authentizität auszeichnen.

5.1.6.5 24) Spiritualität

Lesen Sie über eine Religion oder Philosophie und versetzen Sie sich in diese hinein. Finden Sie Ähnlichkeiten zu Ihren eigenen Überzeugungen und entdecken Sie interessante Riten oder Ansichten. Gibt es Ähnlichkeiten zu dem, an das Sie glauben? Welche anderen Riten aus dieser Richtung finden Sie spannend oder interessant?

5.2 Wie kann man Schülern beibringen, Verantwortung zu übernehmen? – Learning by Doing

Das Prinzip des „Learning by Doing" ist der Schlüssel zur Übernahme von Verantwortung. Man lernt es am besten, indem man es einfach tut. Daher sollte es Kindern und Jugendlichen so leicht wie möglich gemacht werden, sich für etwas zu engagieren.

Die Evangelische Schule Berlin Zentrum (ESBZ) betrachtet die Übernahme von Verantwortung als ein zentrales Bildungsziel. Aus diesem Grund initiiert sie regelmäßig das Projekt „Verantwortung" für ihre Schüler. In diesem Rahmen erhalten die Jugendlichen „geschenkte" Schulzeit, die sie als individuelle Lernzeit nutzen können, um beispielsweise Erfahrungen im bürgerschaftlichen Engagement zu sammeln. Dieses Projekt ist fest im Stundenplan der 7. und 8. Klassen integriert und findet wöchentlich an einem festgelegten Tag statt (Evangelische Schule Berlin Zentrum, 2014).

Dieses Engagement bleibt nicht unbemerkt: Auch das Bundesministerium für Familie, Senioren, Frauen und Jugend erkennt die Bedeutung dieses Programms an und hat es als Bildungsleuchtturm Berlin zertifiziert.

5.3 Warum sollte man Dankbarkeit kultivieren? – die Aufwärtsspirale

Robert Emmons und sein Team haben erkannt, dass Dankbarkeit eine gute Strategie zur Förderung unseres Wohlbefindens ist. Ein Thema, das auch im Unternehmenskontext der Positiven Psychologie in Abschn. 8.6 erneut behandelt wird. Die Vorteile der Dankbarkeit beschränken sich nicht nur auf den schulischen Kontext, sondern dienen auch als Inspiration oder Impulsgeber für alle, die nicht als Lehrer, Dozenten oder Ausbilder tätig sind:

- Dankbarkeit *verstärkt positive Emotionen* wie Wertschätzung, wodurch es unwahrscheinlicher wird, sich an die guten Dinge im Leben zu gewöhnen.
- Sie *mildert negative Emotionen* wie Neid, Groll und Bedauern, da dankbare Menschen weniger frustriert und neidisch auf die Erfolge und Besitztümer anderer sind. Es scheint kaum möglich, dankbar und gleichzeitig materialistisch oder neidisch zu sein, weil die Aufmerksamkeit nur schwer auf solche unterschiedlichen Gemütszustände gerichtet werden kann (McCullough et al., 2002).
- Sie unterstützt die *schnelle Erholung von Stress und Traumata,* indem sie hilft, negative Ereignisse positiver zu interpretieren. Menschen, die ein Unglück erleben, äußern oft instinktiv Dankbarkeit. Ein Beispiel war die Phase nach den Anschlägen auf die Twin Towers, in der Dankbarkeit als zweithäufigste Emotion festgestellt wurde (Fredrickson & Tugade, 2003). Warum? Nach dem Terroranschlag auf die USA waren all jene, die um niemanden trauern mussten, dankbarer dafür, dass sie und ihre

Liebsten in Sicherheit waren, und sich der schönen Dinge des Lebens wieder bewusster. Tatsächlich sind *traumatische Erinnerungen weniger intensiv* bei jenen, die regelmäßig dankbar sind (Watkins, 2004).

- Dankbarkeit *fördert ein höheres Selbstwertgefühl,* da sie die Überzeugung stärkt, dass andere Menschen Ihnen Gutes tun wollen.
- Dankbarkeit kann dazu beitragen, *soziale Beziehungen aufzubauen oder zu stärken* (McCullough et al., 2002). Wenn Sie z. B. in einer Schulklasse ein Dankbarkeitstagebuch führen, bewirkt das mit großer Wahrscheinlichkeit ein größeres Gefühl der Verbundenheit mit Schülern, Kollegen und Menschen außerhalb des Schulkontextes. Viele dieser schönen Momente, die Sie im Laufe Ihres Lebens erfahren, haben mit anderen zu tun und vertiefen die Beziehungen zu diesen Personen (Algoe et al., 2008). Wenn Sie sich dessen bewusst werden und diese Menschen dann mehr schätzen als zuvor, setzt sich eine Aufwärtsspirale in Gang. *Positive Beziehungen* lösen nämlich Dankbarkeit aus und dies wiederum führt dazu, dass Beziehungen qualitativ hochwertiger werden (Emmons & McCullough, 2003).
- Dankbare Menschen erleben ein *größeres Wohlbefinden, mehr Hoffnung* und intensivere Gefühle von *Stolz* (Overwalle et al., 1995).
- Sie berichten zudem seltener von Depressionen und zeigen ein *prosozialeres Verhalten* (McCullough et al., 2002). Interessanterweise zeigte eine Studie, dass Menschen, die für eine freundliche Geste dankbar waren, nicht nur dem Wohltäter gegenüber hilfsbereiter waren, sondern auch einem völlig Fremden, selbst wenn dies das Erledigen einer unangenehmen, langweiligen Aufgabe beinhaltete (Bartlett & DeSteno, 2006).
- Dankbarkeit führt zu *weniger Materialismus.* Nicht zuletzt die Bankenkrise hat Millionen von Menschen gezeigt, wie schnell nur noch ein finanzieller Trümmerhaufen übrig sein kann. Ist die Existenz aber gesichert, kann man mit wenig auskommen. Auf Materielles nicht fokussiert zu sein, führt unweigerlich zu den Menschen, die wir lieben. Und die sind, wie Sie mittlerweile wissen, einer der ausschlaggebenden Gründe, warum wir uns wohlfühlen.
- Dankbare Menschen sind positivere Menschen. Diese Einstellung macht sie gegenüber anderen Menschen *offener und wohlwollender* und deshalb für das Gegenüber umso *liebenswürdiger.* Positive Menschen haben es folglich leichter, neue Freunde zu gewinnen (Lyubomirsky et al., 2005).

Die Förderung von Dankbarkeit in der Schule wird erreicht, wenn Lehrer und Schüler als Vorbilder dienen und einander unterstützen. Kinder empfänden mehr Dankbarkeit, wenn wir Erwachsenen regelmäßig wertschätzende Antworten in unseren Interaktionen mit anderen Erwachsenen und Kindern zeigen und unsere Vorbildfunktion für diese positive Veränderung wahrnehmen würden.

Die neueste Perspektive sieht Dankbarkeit als sozial-evolutionären „Kitt", der die Tendenz zur Kooperation auch mit Menschen außerhalb der eigenen Familie verstärkt (McCullough et al., 2002) und den reziproken Altruismus fördert (Nowak & Roch, 2007).

Welche Möglichkeiten haben Schüler, Lehrer, Eltern und alle andere Menschen, Dankbarkeit zu kultivieren und davon zu profitieren?

5.3.1 Dankbarkeit gegenüber sich selbst

Sich selbst gegenüber dankbar zu sein, ist der erste Schritt, Energie zu sammeln und Kraft zu tanken. Hier sind einige Tipps, um die Dankbarkeit gegenüber sich selbst zu fördern:

- Notieren Sie, wofür Sie dankbar sind. Seien Sie großzügig und scheuen Sie sich nicht vor großen Worten. Sie könnten dies sogar als kleinen Liebesbrief an sich selbst gestalten. Ernsthaft! Sie glauben nicht, wie gut das tut und wie schön das auch nach ein paar Monaten noch ist!
- Genießen Sie das Gefühl, wenn Ihnen ein anderer für etwas dankt, das Sie getan haben – eine Stunde von einem Kollegen übernommen, den Lehrplan aufgestellt, einen Streit geschlichtet? Sagen Sie Danke für das Kompliment und die guten Worte. Machen Sie sich nicht klein („Ach, das war doch gar nichts, das hätte jeder an meiner Stelle getan.").
- Hängen Sie ein Post-it an Ihren Kühlschrank oder Spiegel, auf dem Sie sich für einen schönen Tag, ein Lachen oder eine clevere Idee danken.

5.3.2 Dankbarkeit gegenüber Menschen, die Sie fordern

Es gibt bestimmte Personen, zu denen einem nichts mehr einfällt - keine Nettigkeit, nichts, was man ihnen schenken könnte und auch kein Zeichen der Dankbarkeit. Ihre Vermieterin erhöht die Miete? Jemand lässt seine schlechte Laune unfairerweise an Ihnen aus? Ihr Chef hat ein Herz aus Stein? Sie können Menschen nicht zwingen, sich zu ändern. Aber Sie können *Ihren* Weg ändern und ein Vorbild sein. Jede Aktion führt zu einer Reaktion, auch wenn sich nur Ihre Gedanken über diese Person verändern.

- Jede Perspektive ist eine neue Perspektive. Danken Sie Ihrem Gegenüber dafür, auch wenn Sie einen anderen Blickwinkel bevorzugen. Dies kann Ihre Sichtweise erweitern und die Beziehung auf einer anderen Ebene wertschätzen, selbst wenn Sie unterschiedlicher Meinung sind.
- Überlegen Sie, was Sie an der Perspektive des Anderen bewundern können, auch wenn Sie unterschiedliche Ansichten haben. Gibt ein Schüler stets Widerworte und hat auf alles eine Ausrede? Bewundernswert, wie stark er für seine Position einsteht, wie kreativ und willensstark er ist (haben Sie schon die Stärkenbrille auf?!) oder wie vehement er sein Bedürfnis nach Autonomie vertritt …
- Teilen Sie der Person mit, wie sehr Sie es schätzen, von ihr herausgefordert zu werden, da dies Ihnen Wachstum und Lernmöglichkeiten bietet. Langfristig wird das einen Unterschied machen. Sowohl in Ihrer Wahrnehmung als auch in der Ihres Gegenübers. Trainingsteilnehmer z. B., denen ich Wertschätzung für ihre andauernden „Ja, aber"-Sätze entgegenbringe und für dieses Feedback danke, sehen sich weniger als Gegenspieler, denn als unkonventionelle und etwas unbequeme Hilfe im Lernkontext.

5.3.3 Dankbarkeit gegenüber Menschen, mit denen Sie zusammenarbeiten

Auch unter den Kollegen, den Chefs, den Eltern sind natürlich Menschen, denen gegenüber Sie Dankbarkeit äußern können.

- Schreiben Sie eine kleine Notiz auf eine lustige Postkarte. Schreiben Sie dazu, was konkret Sie an der Person schätzen, was Sie mögen. Legen Sie diese Notiz an einen Platz, an dem sie von diesem Menschen gefunden wird.
- Möchten Sie die fortgeschrittene Variante? Dann schreiben Sie einen Dankbarkeitsbrief und lassen Sie es richtig krachen (Tomoff, 2011a)!
- Bieten Sie *proaktiv* an, Arbeit zu übernehmen, um die Last für andere zu verringern. Wichtig ist hierbei der *aktive* Akt des Anbietens, denn einfach nur nicht Nein sagen ist etwas völlig anderes und hat nicht dieselbe Wirkung.
- Schreiben Sie eine kurze, persönliche Geburtstags-E-Mail, die über die üblichen Floskeln hinausgeht. „Ich freue mich, dass ich Sie zu einer mei-

ner Kolleginnen zählen darf und lerne oft und viel von Ihnen“ ist eine andere Hausnummer als „vor allem Gesundheit“.

- Überraschen Sie einen Kollegen mit einem selbstgemachten Kaffee, Kakao oder Tee, begleitet von einem Lächeln.
- Lassen Sie den Vorgesetzten einer Person wissen, was für eine tolle Arbeit dessen Mitarbeiterin oder Mitarbeiter geleistet hat. Selbst, wenn das Kompliment nicht bei der Person ankommt, tun sie ihr Gutes. Im Lehrkontext kann das schwierig sein, weil man seinen Kollegen häufig nicht bei der Arbeit über die Schulter schauen kann – dann schaffen Sie sich Möglichkeiten. Hinter dem Rücken von Kollegen Gutes zu verbreiten, ist eine herrliche Angewohnheit.
- Bedanken Sie sich bei einem Kunden für die gute Zusammenarbeit, für die offene Kritik, für einen Hinweis (ja, auch bei Eltern kann man sich bedanken!).
- Statten Sie einem Kollegen einen Dankbarkeitsbesuch ab (Seligman et al., 2005). Nehmen Sie ein Blatt Papier oder Ihren Laptop und verfassen Sie für diese Person einen Brief. In diesem beschreiben Sie, was diese Person für Sie getan hat und welche Auswirkungen es auf Ihr Leben hatte. Wenn Sie den Brief fertiggestellt haben, rufen Sie an und vereinbaren ein Treffen, vorzugsweise bei dieser Person zu Hause. Erzählen Sie nichts über Ihre Pläne. Wenn Sie die Tür aufgemacht bekommen, bitten Sie um zwei Minuten Geduld und lesen Sie Ihren Brief laut vor. Sie könnten den Brief auch (als E-Mail) schicken. Sie würden die Tränen verpassen, die Nachricht käme aber wahrscheinlich trotzdem an. Natürlich kann diese Übung auch unter Schülern ausgeführt werden.

5.3.4 Dankbarkeit gegenüber Menschen, die Sie bedienen

Zeigen Sie Dankbarkeit gegenüber den Menschen, die Ihnen den Alltag erleichtern, sei es in der Cafeteria, in der Mensa oder am Snackstand – Dankbarkeit ist auch hier schnell zu finden und wie eine frische Orange ausdrückbar (und mindestens ebenso gesund). Hier sind einige Vorschläge:

- Geben Sie zusätzlich zum Trinkgeld eine kleine, handgeschriebene Notiz mit dankenden Worten oder einen beschriebenen Bierdeckel.
- Überraschen Sie eine*n Busfahrer*in, indem Sie ihm oder ihr am Ende einer Fahrt „Danke fürs Mitnehmen“ sagen und dabei lächeln. Auch

wenn es sein Job ist und Sie dafür bezahlt haben – es wird einen Unterschied machen, an den sich Ihr Fahrer erinnern wird. Übrigens auch eine tolle Idee für eine ganze Klasse von bus- oder bahnfahrenden Schülern ...

5.4 Welche Programme für den Klassenraum gibt es? – Glück als Unterrichtsfach

Der größte Einfluss auf das Wohlbefinden und eine stärkenorientierte Entwicklung lässt sich bei Schülerinnen und Schülern dann feststellen, wenn sie im Fach „Glück" unterrichtet werden und ihnen Übungen aus der Positiven Psychologie zur Bearbeitung vorgelegt werden. Zudem ist es von immenser Bedeutung, dass sowohl Lehrkräfte als auch Eltern diese positiven Effekte praxisnah und unmittelbar erleben. Im Folgenden werde ich nicht nur über bestehende Programme berichten, zu denen bereits Daten vorliegen, sondern auch in Abschn. 5.5 einige Ansätze vorstellen, wie durch die Integration einzelner Interventionen in den Schulalltag eine positivere Schul- und Lernkultur sowie ein neues Verständnis von Entwicklung gefördert werden könnte.

Bevor wir jedoch in die Tiefe gehen, lassen Sie uns einen kurzen Überblick über einige Bildungsprogramme gewinnen, die im Bereich der Positiven Psychologie bereits entstanden und evaluiert worden sind, begleitet von weiterführender Literatur.

5.4.1 Programme in Amerika, Afrika und Australien

Natürlich spiegeln die meisten dieser Programme das wissenschaftliche Interesse ihrer Schöpfer wider. Ein Paradebeispiel ist das von Sternberg entwickelte *„Wisdom Curriculum"* („Weisheitslehrplan"), das in die Kernfächer integriert, die intellektuelle und moralische Entwicklung von Kindern fördert. Gemäß Sternbergs Theorie ist Weisheit eine Symbiose aus praktischer Intelligenz und taktischem Wissen, die zur Lösung von Problemen eingesetzt werden, die das Gemeinwohl fördern (Reznitskaya & Sternberg, 2004).

Ein weiteres bemerkenswertes Projekt ist *„Bounce Back"*, ein von australischen Psychologen entwickeltes Schulresilienzprogramm. Dieser lehrerfreundliche und praxisorientierte Ansatz, der ebenfalls in die Kernfächer integriert wird, stellt Resilienzprinzipien in den Mittelpunkt (McGrath &

Noble, 2003). Hierdurch erhalten Kinder und Lehrkräfte Werkzeuge an die Hand, um sich von Rückschlägen schneller zu erholen und daraus zu lernen.

Darüber hinaus existieren diverse Projekte zum Thema „Hoffnung", darunter *„Making Hope Happen"* und *„Making Hope Happen for Kids"* (Lopez et al., 2004). Seit einigen Jahren wird auch ein stärkenbasiertes Entwicklungsprogramm von der Gallup Foundation angeboten, das sich als effektive Unterstützung für verbesserte akademische Leistungen erwiesen hat (Hodges & Clifton, 2004).

Der Begriff „emotionale Intelligenz" dient bereits häufig als Überbegriff für verschiedene Programme, die sich mit sozialem und emotionalem Lernen auseinandersetzen. Zu den erfolgreichsten zählen *„Self Science"* und *„The South Africa Emotional Intelligence Curriculum"* (Salovey et al., 2004).

Einige Programme, wie z. B. *„Going for the Goal"*, das Erwachsenen die Kunst positiver Zielsetzung und -erreichung näherbringt, haben bereits breite Anwendung gefunden (Danish, 1996).

Zu den umfangreichsten und bestfinanzierten Schulprogrammen zählt das *„Penn Resiliency Programme"* (PRP). Dieses Curriculum zielt darauf ab, Resilienz und Optimismus zu fördern, anpassbare Bewältigungsstrategien zu lehren und effektive Problemlösungskompetenzen zu entwickeln. Dabei werden die Prinzipien der kognitiven Verhaltenstherapie auf „normale", gesunde Menschen übertragen.

Was soll das Penn Resiliency Programme (PRP) den Kindern beibringen?

Das PRP-Programm, basierend auf sieben „erlernbaren" Resilienzfertigkeiten, zielt darauf ab, Kindern beizubringen,

1. ihre Gefühle präzise zu identifizieren,
2. Ambiguität zu tolerieren, also Aussagen oder Zeichen, die mehrdeutig interpretiert werden können,
3. einen optimistischen Erklärungsstil zu pflegen,
4. die Ursachen von Problemen gründlich zu analysieren,
5. Empathie zu entwickeln und effektiv einzusetzen,
6. die Selbstwirksamkeit zu steigern, und
7. wie sie neue Herausforderungen annehmen oder ausprobieren können.

Das PRP strebt danach, Jugendliche dazu zu motivieren, ihren oft angewöhnten pessimistischen Erklärungsstil zu hinterfragen, indem sie Beweise in Betracht ziehen. Dabei sollen sie nach realistischen Erklärungen suchen, ohne jedoch in unrealistischen Optimismus zu verfallen.

Dieses Resilienzprogramm wurde bereits in den 1990er Jahren von Dr. Karen Reivich und Dr. Martin Seligman an der University of Pennsylvania entwickelt. Seitdem hat es weltweit Anerkennung gefunden und über eine Million Menschen erreicht. Die umfangreiche Datenbasis zeigt, dass das Programm effektiv Depressionen und Angstzuständen vorbeugt – zwei der mittlerweile häufigsten Erkrankungen bei Jugendlichen. Allerdings steht noch zur Debatte, ob das Programm auch für Kinder, die kein erkennbares Risiko für Depressionen aufweisen, von Vorteil ist.

Ein weiteres umfassend erforschtes Programm ist das der Geelong Grammar School (GGS) in Australien. Auch hier war Martin Seligman über Jahre hinweg eine treibende Kraft als Berater, Ausbilder und Evaluator. Er integrierte namhafte Experten der Positiven Psychologie wie Roy Baumeister, Tal Ben-Shahar, Barbara Fredrickson, Felicia Huppert und George Vaillant in den Lehrplan. Das zugehörige Kompendium „Positive Education: The Geelong Grammar School Journey“ (Norrish, 2015) bietet nicht nur theoretische Übersichten durch die genannten Experten, sondern präsentiert dem Leser auch konkrete Ideen und Beispiele durch Fallstudien.

Laut den Autoren war die GGS die erste Schule weltweit, die die Positive Psychologie als Schulfach implementierte. Themengebiete wie Charakterstärken, positive Beziehungen, positive Emotionen, Gesundheit und Resilienz, Achtsamkeit, Engagement, positive Errungenschaften und Sinnhaftigkeit tragen deutlich die Handschrift der jeweiligen Experten auf diesen Gebieten.

Jedoch birgt die Implementierung dieser Programme auch Kritikpunkte, wie bereits in Abschn. 2.12 erwähnt. Obwohl diese Lehrpläne einen Schritt weg von traditionellen Lehrkontexten gehen und sich mehr auf die direkten Erfahrungen und Bedürfnisse der Schüler konzentrieren, wurden die meisten dieser Programme außerhalb Europas, insbesondere an amerikanischen oder australischen Eliteschulen, entwickelt. Diese Schulen hatten zudem Zugang zu Experten auf dem Gebiet, die an „normalen“ Schulen nicht verfügbar sind.

Dies könnte die Übertragbarkeit auf andere Länder, Kontexte und Schulen aufgrund kultureller und bildungstechnischer Unterschiede erschweren und die an den Ursprungsschulen gemessenen Effekte minimieren (siehe dazu beispielsweise Challen et al., 2014).

5.4.2 Programme in Europa

Welche Programme gibt es innerhalb Europas oder des europäischen Kontexts?

5.4.2.1 SPARK Resilience Programme

In Großbritannien ist das *SPARK Resilience Programme* eine der neuesten Erweiterungen des Marktes von positiver (Aus)Bildung (SPARK = Situation, Perception, Autopilot, Reaction und Knowledge; dt.: Situation, Wahrnehmung, Autopilot, Reaktion und Wissen).

Das Programm vermittelt den Schülern, wie sie ihre Interpretation jeder Lebenssituation infrage und auf den Prüfstand stellen und Alternativen in Betracht ziehen können. Sie werden weiterhin ermutigt, das Verständnis ihrer automatischen emotionalen Reaktionen und das Lernen ihrer nicht konstruktiven Verhaltensreaktionen zu steuern. Darüber hinaus werden Fähigkeiten wie Durchsetzungsvermögen und Problemlösekompetenzen gefördert, die dazu beitragen, ihren Resilienz- oder Widerstandsmuskel aufzubauen. Das geschieht, indem sie ihre Stärken identifizieren, unterstützende soziale Netzwerke und Quellen für positive Emotionen erkennen sowie ihre bisherigen positiven Erfahrungen bezüglich ihrer Belastbarkeit als Ressourcen nutzen (Pluess et al., 2017).

5.4.2.2 Personal Well-Being Lessons for Secondary Schools

Ein weiteres Programm in Großbritannien mit Wohlbefinden auf dem Lehrplan ist der von Ilona Boniwell und Lucy Ryan erstellte *Unterricht zum persönlichen Wohlbefinden für Sekundarschulen,* der Positive Psychologie in Aktion für 11- bis 14-Jährige zeigt und 2012 die Testphase durchlief und gut dokumentiert ist (Boniwell & Ryan, 2012). Der Lehrplan ist ein gemeinschaftliches Projekt der Haberdashers Aske's Academies Federation und der University of East London (UEL).

Ziel des Buches von Boniwell und Ryan ist es, Pädagogen eine solide und anpassbare Ressource zur Verfügung zu stellen, die den Unterricht zum Thema Wohlbefinden für 11- bis 15-Jährige über einen Zeitraum von bis zu 36 Lektionen erleichtert. Jede dieser sorgfältig konzipierten Lektionen bietet

- einen strukturierten 60-minütigen Lektionsplan, der den Unterricht flüssig und effektiv gestaltet,
- klare Anleitungen zur Durchführung der Lektion, damit jeder Schritt nahtlos gelingt,
- praktische Handouts für die Schüler, die bequem von der Website www.openup.co.uk/positivepsychology heruntergeladen werden können, um das Lernen zu unterstützen,
- PowerPoint-Folien, die bei Bedarf in die Lektion integriert werden können, um visuelle Unterstützung zu bieten,
- sowie Referenzen und zusätzliche Ressourcen, die eine vertiefte Auseinandersetzung mit dem Thema ermöglichen.

Mit diesem Buch erhalten Pädagogen ein Werkzeug an die Hand, das nicht nur fundiert, sondern auch flexibel ist, um den individuellen Bedürfnissen und dem Tempo der Schüler gerecht zu werden.

Das Programm wird den Schülern in einem wöchentlichen Rhythmus nahegebracht. Es beschränkt sich nicht nur darauf, zeitlich intensiv zu sein; es soll auch einer tiefgehenden Auseinandersetzung dienen, indem es sich auf alle bekannten und gesicherten Prädiktoren und Korrelationen des Wohlbefindens konzentriert. Hierbei sollen individuell getestete Interventionen das Lernvermögen der Schüler optimieren.

Der Kern des Lehrplans fokussiert sich auf positive Maßnahmen, die sich auf bereits gut erforschte Bereiche wie Glück (Happiness), positive Emotionen, Flow, Resilienz, Leistung, positive Beziehungen und Sinnhaftigkeit (Bedeutung) konzentrieren. In den Klassenstufen 10 bis 13 liegt der Schwerpunkt auf der *„positive education"* (positive Bildung), einem Ansatz, der junge Menschen dazu ermutigen soll, über ihr eigenes Wohlbefinden und ihre persönliche Entwicklung nachzudenken und proaktive Entscheidungen zu treffen, die ihre Entwicklung fördern.

Die Auswertung des Pilotprojekts zeigte eine Zunahme verschiedener Aspekte des Wohlbefindens (wie positiver Affekt, Zufriedenheit mit Freundschaften, Selbstzufriedenheit), die im Einklang mit den Zielsetzungen des Programms stehen.

5.4.2.3 Schulfach Glück

Das *Schulfach Glück*, eine innovative Ergänzung zum traditionellen Fächerkanon, hat seit seiner Einführung im Jahr 2007 in Deutschland, vertreten durch den Theoretiker und Praktiker Ernst-Fritz Schubert, einen festen Platz in über 150 Schulen in Deutschland, Österreich und der Schweiz gefunden. Das primäre Ziel dieses Fachs ist es, ein alternatives Konzept zu bieten, das die Förderung der Lebenskompetenz und -freude bei Kindern und Jugendlichen in den Vordergrund stellt.

Obwohl das „Schulfach Glück" nicht explizit ein Programm der Positiven Psychologie ist, konzentriert es sich hauptsächlich auf das Konzept des Glücks als zentrale Lehrplaneinheit. Es dient als Leitfaden für Inhalte und bietet eine Toolbox für zahlreiche Lernziele, ersetzt jedoch nicht die Planung individueller Unterrichtsstunden (Schubert et al., 2015).

Der Unterricht in diesem Fach unterscheidet sich deutlich von traditionellen Unterrichtsmethoden. Statt Frontalunterricht findet eine interaktive Sitzung im Stuhlkreis statt, bei der Schüler und „Glückslehrer" miteinander interagieren. Jede Sitzung beginnt mit einem „Energizer", der darauf abzielt, das Gemeinschaftsgefühl zu stärken und die Aufmerksamkeit gezielt auf das Fach „Glück" zu lenken (ebd., S. 112). Dies wird gefolgt von einer Reflexion über die letzte Stunde und einer Einführung in das neue Thema, das durch bisherige Erfahrungen leichter zugänglich gemacht wird.

Lernexperimente, die den Fokus auf Selbsterfahrungen der Schüler legen, sowie Reflexionen darüber bilden den Abschluss des Unterrichts. Zur Vertiefung des Gelernten wird in der Regel eine Hausaufgabe gestellt.

Dieser Unterrichtsansatz hat eher den Charakter eines Coachings. Hierbei agiert das Lehrerkollegium als Spezialist für den Lernprozess und bietet einen prozessorientierten Rahmen. Die Schüler hingegen sind die Experten für den persönlichen Bedeutungsinhalt des Unterrichts und evaluieren die Anwendbarkeit der Inhalte in ihrem eigenen Leben.

Das Curriculum besteht aus insgesamt sechs Phasen, die jeweils mit Einzel- und Gruppenübungen gefüllt und durchgeführt werden:

1. *Stärkung,* z. B. durch die Artikulation von eigenen Gefühlen oder Gedanken oder den wertschätzenden Umgang miteinander,
2. *Visionen,* z. B. durch das Erkennen eigener Motive und Wünsche, eigener Charakterstärken und Glaubenssätze und deren Verbindung untereinander,
3. *Entscheidungen,* z. B. durch das Bewusstmachen von Handlungsspielraum und -fähigkeit und der Formulierung von Leitgedanken, die eine Zielorientierung darstellen,
4. *Planung,* z. B. durch einen ressourcengestützten Lösungsfokus mit individuellen Planungsstrategien zur Umsetzung der Ziele,

5. *Umsetzung,* z. B. durch das Verständnis gruppendynamischer Prozesse, die Kommunikation mit anderen (aber auch mit dem eigenen Körper) und gestärkte Resilienz,
6. *Bewertung* durch die Reflexion des eigenen Handelns, das (Um-)Deuten der Niederlagen als Erfolge und der Einsicht, Teil eines größeren Ganzen zu sein.

5.4.3 Effektive Implementierung der Programme

Was können Schulen und Lehrkräfte unternehmen, um den maximalen Effekt der Programme zu garantieren?

Helen McGrath und Toni Noble (2014) legen in ihren Forschungen folgende Richtlinien nahe, die sich als besonders wirksam bei der effektiven Implementierung von Programmen zur positiven Bildung und Entwicklung in Schulen herausgestellt haben (S. 570 ff.):

1. **Programme, die die gesamte Schule einbeziehen, sind effektiver.** Solche Programme integrieren alle Klassen und Schüler der Schule und beziehen auch die Eltern sowie die angrenzenden Gemeinschaften mit ein. Dies fördert weitreichende positive Effekte und ermöglicht eine tiefere Verankerung der Inhalte, Fähigkeiten und Konzepte sowie ein umfassenderes Verständnis des Programms in der Vision der Schule, einschließlich ihrer Strukturen, Organisation, Praktiken und des Personals.
2. **Programme, die von Klassenlehrern unterrichtet werden, sind effektiver.** Die Wahrscheinlichkeit eines größeren Erfolgs ist wesentlich höher, wenn Klassenlehrer die Programme leiten und die Inhalte in den akademischen Lehrplan integrieren, im Gegensatz zur Vermittlung durch externe Berater oder Experten.
3. **Ein von den Lehrkräften akzeptiertes Programm ist effektiver.**
4. **Universelle Programme sind effektiver.** Diese Programme stehen allen Schülern offen, nicht nur denen, die als „gefährdet“ oder „Risikogruppe“ in Bezug auf die mentale Gesundheit identifiziert werden. Es können jedoch zusätzliche Angebote bereitgestellt werden, die speziell auf die Bedürfnisse dieser Gruppen zugeschnitten sind.

5. **Langfristige Programme über mehrere Jahre haben eine höhere Erfolgswahrscheinlichkeit.**
   Kurzfristige Präventionsmaßnahmen bieten nur begrenzte Vorteile. Langfristige Programme hingegen fördern nachhaltigere Vorteile, insbesondere, wenn sie über verschiedene Altersgruppen hinweg angeboten werden.
6. **Mehrdimensionale Programme sind effektiver als solche, die sich auf einen einzigen Aspekt konzentrieren.**
   Effektive Programme umfassen mindestens fünf verschiedene Aspekte des sozialen und emotionalen Lernens und zielen darauf ab, sowohl positives Verhalten zu fördern als auch antisoziales Verhalten zu reduzieren.
7. **Die Effektivität steigt, wenn Schüler so früh wie möglich in das Programm eingebunden werden.**
   Es ist entscheidend, die Fähigkeit zum Optimismus in jungen Jahren zu fördern, da Kinder gegen Ende der Grundschulzeit dazu neigen, eine optimistische oder pessimistische Denkweise zu entwickeln.
8. **Ein effektives Programm beinhaltet Elemente, die aus der kognitiven Verhaltenstherapie abgeleitet sind.**
   Diese Therapieform, ursprünglich von Aaron Beck entwickelt, basiert auf der Erkenntnis, dass Gedanken Gefühle beeinflussen können, die wiederum das Verhalten steuern. Ein positiver und rationaler Denkstil kann daher helfen, das Verhalten positiv zu beeinflussen.
9. **Das Programm sollte lehrmethodische Ansätze auf wissenschaftlicher Basis nutzen.**
   Nicht nur die positiven Effekte der Übungen und Lerninhalte sollten empirisch belegt sein, sondern auch die verwendeten Lehrmethoden. Kooperatives Lernen wird z. B. nicht nur durch eine breite Beweisbasis für verbesserte akademische Leistungen eingesetzt, sondern auch für den Aufbau positiver Beziehungen und den stärkeren Klassenzusammenhalt sowie für sozial-emotionales Lernen. Andere Lehrstrategien, wie Lernspiele, können ebenfalls das aktive Engagement der Schüler fördern.

Jede Schule ist ein eigenes mehr oder weniger dynamisches System, mit individuellen Schülern und Lehrern, systemischen Eigenarten oder auch Stärken und Schwächen, sodass ein an einem Lehrsystem funktionierendes Programm nicht zwangsläufig den heiligen Gral darstellt und nur als Blaupause dienen kann. Dennoch haben all diese Programme Meilensteine im Ausbildungs- und Entwicklungskontext geschaffen, auf denen aufgebaut werden kann, was dank der Positiven Psychologie schon eine gute Datenbasis darstellt. Inhaltich relevantere und zukunftsträchtige Fächer, auf Wohlbefinden abzielende Interventionen und Lerneinheiten sowie ein menschlicheres Miteinander schaffen eine solide Grundlage für große Dinge, die kommen werden. Oder, um es mit den Worten des Schulleiters Stephen Meek von der Geelong Grammar School zu sagen (freie Übersetzung des Autors; Norrish, 2015, S. 275):

> Bedauere ich die Entscheidung, die Positive Psychologie zu umarmen? Ganz und gar nicht. Ich habe keinen Zweifel, dass wir eine reichere und erfülltere Schule sind, als wir es vorher waren, und ich glaube, wir sind ein glücklicherer, zielstrebiger, verbundenerer Ort. Wenn Sie das für Ihre Mitarbeiter und Schüler kreieren können, was will man mehr verlangen?

5.5 Einzelne Interventionen für den Klassenraum – Spaß im Schulalltag

Sollten Sie aus finanziellen, zeitlichen oder anderen Gründen nicht in der Lage sein, ein ganzheitliches, mehrjähriges und rigoros evaluiertes Programm zur Steigerung des Wohlbefindens in Ihren Unterricht zu integrieren, besteht die Möglichkeit, einzelne Interventionen oder Routinen in den Schulalltag zu integrieren. Hier sind einige Vorschläge, die sich im Schulkontext als nützlich erweisen könnten:

5.5.1 Markt der schlechten Eigenschaften

In dieser Übung werden die Teilnehmer gebeten, eine unerwünschte Eigenschaft auf eine Karte zu schreiben und diese dann auf einen Stapel zu legen. Nach dem Mischen aller Karten zieht jeder Teilnehmer eine neue Karte (nicht die eigene) und versucht, diese auf dem imaginären „Markt der schlechten Eigenschaften" anzupreisen und zu verkaufen oder gegen eine andere einzutauschen (Schubert et al., 2015).

Wenn sich ein Käufer für eine Eigenschaft findet, wird die Karte aus dem Spiel genommen. Der Clou an dieser spielerischen Selbsterfahrung ist, dass jede als negativ wahrgenommene Eigenschaft auch positive Aspekte haben und in bestimmten Kontexten oder für bestimmte Menschen eine Ressource darstellen kann („Reframing"). So kann „fehlende Struktur" schnell zu „Kreativität" oder „Spontanität" werden und dem Teilnehmer eine neue Perspektive eröffnen.

5.5.2 Der Drei-Fragen-Prozess

Diese Übung, entnommen aus Tal Ben-Shahars Buch *„Happier“* (2007), wird auch als MPS-Prozess bezeichnet, abgeleitet von Meaning (Sinnhaftigkeit), Pleasure (Freude) und Strengths (Stärken). Der Prozess beinhaltet die Beantwortung der folgenden drei Fragen:

1. Was gibt mir Sinn?
2. Was bereitet mir Freude?
3. Was sind meine Stärken?

Obwohl die Fragen auf den ersten Blick einfach erscheinen, haben viele von uns sie noch nicht für sich selbst beantwortet. Nehmen Sie sich Zeit zur Reflexion und vermeiden Sie vorschnelle Antworten.

Der nächste Schritt besteht darin, die Überschneidungen Ihrer Antworten zu erkunden: Wo gibt es Gemeinsamkeiten? Welche Aktivitäten könnten Ihnen sowohl Sinn als auch Freude bereiten, während Sie Ihre Stärken nutzen?

Dieser Prozess kann sowohl von Schülern als auch von Lehrern bei wichtigen Lebensentscheidungen genutzt werden.

5.5.3 Geschichten über die besten Zeiten

Die Aufforderung an Schüler und Dozenten, Geschichten über Zeiten zu schreiben, in denen sie ihr „bestes Selbst“ verkörperten, ist eine wunderbare Möglichkeit, auf bereits vorhandene, aber möglicherweise vergessene Ressourcen zurückzugreifen, und Kompetenzen aus anderen Lebensbereichen zu entdecken bzw. zu übertragen. Wenn die Beteiligten vor dieser Reise in die Vergangenheit einen VIA- oder anderen Stärkentest durchführen, können sie in ihren Geschichten nach den im Test identifizierten Stärken suchen. Dies schafft eine wissenschaftliche Brücke zu wertvollen Erinnerungen.

Weitere Interventionen im Zusammenhang mit Charakterstärken könnten Interviews mit Freunden oder Familienmitgliedern sein, um mit ihrer Hilfe einen „Stärkenbaum“ zu erstellen oder zu erörtern, wie eine dominante Stärke zur Lösung eines Problems eingesetzt werden kann.

Eine abschließende Übung könnte die Identifikation einer Person sein, die eine bestimmte Stärke symbolisiert und in besonderem Maße verkörpert.

Dieser Prozess der Identifikation und Entwicklung von Stärken ermöglicht den Teilnehmern, ihr Leben aus einer neuen Perspektive zu betrachten und zu diskutieren.

5.5.4 Die Stärken-CD

Musik ist ein oft unterschätzter Katalysator für das Wohlbefinden und kann hervorragend zur Veranschaulichung und tieferen emotionalen Verarbeitung persönlicher Stärken im schulischen Kontext eingesetzt werden. Schüler könnten beispielsweise eine CD mit ihren Stärken erstellen, wobei verschiedene CD-Cover die individuellen Stärken der Schüler darstellen und die CDs zieren können. Lieder, die die von den Schülern genannten Stärken reflektieren, bilden den Inhalt der CD. Im Abschnitt „Credits" wird den Menschen, die besondere Vorbilder in Bezug auf diese Stärken sind, Anerkennung gezollt, da sie ähnliche Stärken besitzen oder dem Schüler geholfen haben, seine Stärken zu entwickeln.

Wie könnte eine solche Hitliste aussehen?

Stellen Sie sich eine Playlist vor, die schon ein paar Kerzen auf dem Geburtstagskuchen hat, aber immer noch ihren Zweck erfüllt:

- Stereophonics – Have a nice day (Optimismus/Freundlichkeit/Begeisterung)
- The Proclaimers – I'm gonna be (500 miles) (Ausdauer/Liebesfähigkeit)
- Bobby McFerrin – Don't worry, be happy! (Vitalität/Begeisterung/Weisheit)
- Genevieve – Authority (Ehrlichkeit/Beharrlichkeit/Selbstbewusstsein/Tatendrang/Mut)
- Imagine Dragons – On top of the world (Weisheit/Neugier/Ausdauer)
- Incubus – Drive (Eigeninitiative/Selbstbewusstsein/Optimismus)
- Survivor – Eye of the tiger (Leidenschaft/Resilienz/Willenskraft)
- Rise Against – Swing life away (Hoffnung/Liebesfähigkeit/Familie/Freundschaft)
- Madsen – Baut wieder auf (Tatendrang/Eigeninitiative/Sinn für das Schöne)

- John Butler Trio – Better than (Präsenz/Wertschätzung/Optimismus)
- New Radicals – You get what you give (Energie/Ausdauer/Gemeinschaft)
- Arrested Development – Mr. Wendal (Spiritualität/Gemeinschaft/Freiheit)
- Andreas Bourani – Auf uns (Teamfähigkeit/Optimismus/Hoffnung/Kameradschaft/Genuss)
- José Gonzáles – Stay alive (Beharrlichkeit/Weisheit/Ehrlichkeit/Treue)
- ABBA – Thank you for the music (Dankbarkeit/Stolz/Wertschätzung/Sinn für das Schöne)
- The Rembrandts – I'll be there for you (Freundlichkeit/Liebe/Loyalität)
- U2 – Beautiful day (Optimismus/Resilienz/Sinn für das Schöne/Tatendrang/Offenheit/Neugier)
- Louis Armstrong – What a wonderful world (Dankbarkeit/Sinn für das Schöne/Wertschätzung)

Mit dem umfangreichen Repertoire an Liedern kann die Klasse die in den Melodien und ihren Protagonisten verkörperten Stärken reflektieren. Gleichzeitig steht ein reichhaltiger Fundus an oft energiegeladenen, hochemotionalen Songs zur Verfügung, die in engem Zusammenhang mit persönlichen Stärken stehen. Bei Gelegenheit könnten diese Lieder zu einer Klassen-CD kompiliert werden, die bei besonderen Anlässen zum Einsatz kommt.

Musik und Filme erfreuen sich als Forschungsthemen in der Positiven Psychologie großer Beliebtheit (vgl. Niemiec & Wedding, 2014; Peterson, 2006).

5.5.5 Das Kultivieren positiver Emotionen

Musik ist nicht das einzige Mittel, um eine positive Atmosphäre zu schaffen. Es gibt zahlreiche andere Wege, die zu positiven Emotionen beitragen können. Dieses Thema ist ein zentraler Bestandteil vieler Ausbildungs- und Lehrprogramme. Selbstverständlich haben die Schüler auch die Möglichkeit, außerhalb solcher Programme zahlreiche Interventionen zu nutzen, die ihre Emotionen in eine positivere Richtung lenken können.

Sie könnten z. B. den schon angesprochenen Dankbarkeitsbrief an ihre Eltern verfassen, um ihre Fähigkeit zu fördern, schöne Momente und Erinnerungen zu schätzen und zu genießen, die Neigung zum Negativen zu mindern und die Freude am Geben zu erleben.

Das tägliche Notieren der drei schönsten Ereignisse oder, noch wirkungsvoller, der fünf schönsten Momente der Woche, kann eine Routine schaffen, die das allgemeine Wohlbefinden steigert.

5.5.6 Die Kunst des Genießens vertiefen

Die Fähigkeit, etwas mit voller Aufmerksamkeit zu genießen und wahrzunehmen, ist heutzutage, nicht zuletzt durch mediale Einflüsse, eine Herausforderung geworden. Doch es muss nicht immer die in Achtsamkeitsworkshops oft verwendete Rosine sein, die über mehrere Minuten hinweg mit Fingern und Zunge auf Geschmack oder Beschaffenheit untersucht wird. Es existieren weitere nachhaltige Methoden, die Kunst des Genießens zu kultivieren und zu erweitern.

Fordern Sie die Schüler auf, ihren perfekten Tag zu beschreiben: Welche Menschen möchten sie um sich haben, welche Aktivitäten unternehmen, welche Musik hören, welches Essen genießen – und warum? Anschließend sollten die Inhalte in kleinen Gruppen ausgetauscht werden. Allein die Diskussion über die verschiedenen Vorstellungen wird sowohl den Erzählern als auch den Zuhörern Freude bereiten. Sie wird die Einsicht fördern, dass es lohnenswert ist, mehr von diesen wunderbaren Dingen zu erleben und möglicherweise regelmäßiger in den Alltag zu integrieren.

5.5.7 Entdecke deinen Stein

Eine einfache, aber effektive Achtsamkeitsübung kann schnell mit einigen unterschiedlichen Steinen vorbereitet werden. Bei dieser möglicherweise mit sanfter Hintergrundmusik untermalten Übung sitzen die Teilnehmer im Kreis mit geschlossenen Augen und erhalten jeweils einen Stein, den sie eine Weile mit allen Sinnen außer dem Sehsinn erkunden können. Anschließend geben sie den Stein zurück an den Dozenten oder Spielleiter und versuchen, ihren Stein wiederzuerkennen.

Diese Übung fördert nicht nur die Sinneswahrnehmung, sondern auch das Verständnis für Unterschiede, die Beobachtungsgabe sowie die Anerkennung persönlicher Eigenschaften und Vorlieben (bezüglich Oberflächen, Formen, Temperaturen usw.) und die Umsetzung von Gefühltem in Visuelles. Je nach Schwierigkeitsgrad können die Steine ähnlicher oder unterschiedlicher sein.

Bei älteren Schülern kann als Vorbereitung auf die *achtsamkeitsbasierte Stressreduktion* (*Mindfulness-Based Stress Reduction* – MBSR; s. auch Abschn. 6.2.5) auch die altbekannte Rosine auf die Zunge gelegt werden …

Vom Mathelehrer zum Glückstrainer für Kinder

Schule, Universität und diverse Bildungsprogramme sind nur einige der Bereiche, in denen die Positive Psychologie beeindruckende wissenschaftliche Erkenntnisse geliefert hat. Zwar integrieren immer mehr Bildungseinrichtungen diese Erkenntnisse und setzen sich für das Wohlbefinden ihrer Schüler und Gruppen ein, doch in vielen Institutionen dominiert nach wie vor der Gedanke, primär Wissen zu vermitteln, ohne dabei weitere Lebensfähigkeiten zu berücksichtigen.

Gerade der Schulalltag bietet aber zahlreiche Möglichkeiten für Interventionen aus der Positiven Psychologie. Durch das Schaffen besonderer Momente, die Betonung und Förderung individueller Stärken und das Einbringen von Dankbarkeit können sowohl Schüler als auch Lehrer ihr volles Potenzial entfalten und somit zu einem erfüllteren Leben beitragen.

Die Idee, Glück als Fach oder Programm in Schulen und Universitäten zu integrieren, hat sich bereits bewährt. Viele dieser Ansätze wurden in universitären Studien positiv bewertet. Daher ist es nicht überraschend, dass solche Programme auch in Unternehmen Anklang finden und Führungskräfte darin bestärken, eine positive Unternehmenskultur zu etablieren.

Die Positive Psychologie hält eine Fülle von empirisch fundierten Interventionen bereit, die sich leicht im Unterricht umsetzen lassen und bei denen sowohl Schüler als auch Lehrer Freude empfinden werden. Besonders das Einbringen von individuellen Stärken und Dankbarkeit spielt hierbei eine zentrale Rolle.

Literatur

Algoe, S., Haidt, J., & Gable, S. (2008). Beyond reciprocity: Gratitude and relationships in everyday life. *Emotion, 8*(3), 425–429.

Bartlett, M. Y., & DeSteno, D. (2006). Gratitude and prosocial behavior: Helping when it costs you. *Psychological science, 17*(4), 319–325.

Ben-Shahar, T. (2007). *Happier: Learn the secrets to daily joy and lasting fulfillment.* McGraw-Hill Companies.

Boniwell, I., & Ryan, L. (2012). *Personal well-being lessons for secondary schools: Positive psychology in action for 11 to 14 year olds.* McGraw-Hill Education.

Challen, A. R., Machin, S. J., & Gillham, J. E. (2014). The UK resilience programme: A school-based universal nonrandomized pragmatic controlled trial. *Journal of Consulting and Clinical Psychology, 82*(1), 75–89.

Csikszentmihalyi, M. (1995). *Flow: Das Geheimnis des Glücks.* Klett Cotta.

Danish, S. J. (1996). Going for the goal: A life-skills program for adolescents. In G. W. Albee & T. P. Gullotta (Hrsg.), *Primary prevention works* (Bd. 6, S. 291–312). Sage.

Emmons, R. A., & McCullough, M. E. (2003). Counting blessings versus burdens: An experimental investigation of gratitude and subjective well-being in daily life. *Journal of Personality and Social Psychology, 84*(2), 377–389.

Evangelische Schule Berlin Zentrum. (2014). *Projekt „Verantwortung"*. http://goo.gl/31XVFh. Zugegriffen: 4. Apr. 2016.

Fredrickson, B., & Tugade, M. (2003). What good are positive emotions in crisis? A prospective study of resilience and emotions following the terrorist attacks on the United States on September 11th, 2001. *Journal of Personality and Social Psychology, 84*(2), 365–376.

Hodges, T. D., & Clifton, D. O. (2004). Strengths-based development in practice. In P. A. Linley & S. Joseph (Hrsg.), *Positive psychology in practice* (S. 256–268). Wiley.

Jenkins, J. R., & Deno, S. L. (1969). Influence of student behavior on teacher's self-evaluation. *Journal of Educational Psychology, 60,* 439–442.

Lopez, S. J., Snyder, C. R., Magyar-Moe, J. L., Edwards, L. M., Pedrotti, J. T., & Janowski, K. (2004). Strategies for accentuating hope. In P. A. Linley & S. Joseph (Hrsg.), *Positive psychology in practice* (S. 388–404). Wiley.

Lyubomirsky, S., King, L. A., & Diener, E. (2005). The benefits of frequent positive affect: Does happiness lead to success? *Psychological Bulletin, 131*(6), 803–855.

McCullough, M. E., Emmons, R. A., & Tsang, J.-A. (2002). The grateful disposition: A conceptual and empirical topography. *Journal of Personality and Social Psychology, 82*(1), 112–127.

McGrath, H., & Noble, T. (2003). Bounce back!: a classroom resilience program: teachers handbook. Deakin University.

Niemiec, R., & Wedding, D. (2014). *Positive psychology at the movies: Using films to build character strengths and well-being*. Hogrefe Publishing.

Noble, T., & Mcgrath, H. (2014). Well-being and Resilience in Education. In S. David, I. Boniwell, & A. C. Ayers (Hrsg.), *Oxford Handbook of Happiness*. Oxford University Press.

Nowak, M. A., & Roch, S. (2007). Upstream reciprocity and the evolution of gratitude. *Proceedings of the Royal Society B: Biological Sciences, 274*(1610), 605–610.

Norrish, J. M. (2015). *Positive education: The geelong grammar school journey*. Oxford University Press.

Overwalle, F. V., Mervielde, I., & Schuyter, J. D. (1995). Structural modelling of the relationships between attributional dimensions, emotions, and performance of college freshmen. *Cognition & Emotion, 9*(1), 59–85.

Pluess, M., Boniwell, I., Hefferon, K., & Tunariu, A. (2017). Preliminary evaluation of a school-based resilience-promoting intervention in a high-risk population: Application of an exploratory two-cohort treatment/control design. *PLoS ONE, 12*(5), e0177191.

Peterson, C. (2006). *A primer in positive psychology*. Oxford University Press.

Rasfeld, M., & Breidenbach, S. (2014). *Schulen im Aufbruch – eine Anstiftung*. Kösel.

Reznitskaya, A., & Sternberg, R. J. (2004). Teaching students to make wise judgments: The „teaching for wisdom" programme. In P. A. Linley & S. Joseph (Hrsg.), *Positive psychology in practice* (S. 181–196). Wiley.

Salovey, P., Caruso, D., & Mayer, J. D. (2004). Emotional intelligence in practice. In P. A. Linley & S. Joseph (Hrsg.), *Positive psychology in practice* (S. 447–463). Wiley.

Schubert, E.-F., Saalfrank, W.-T., & Leyhausen, M. (2015). *Praxisbuch Schulfach Glück: Grundlagen und Methoden*. Beltz.

Seligman, M. E. P., Steen, T., Park, N., & Peterson, P. (2005). Positive psychology progress: Empirical validation of interventions. *American Psychologist, 60*, 410–421.

Seligman, M. E., Ernst, R. M., Gillham, J., Reivich, K., & Linkins, M. (2009). Positive education: Positive psychology and classroom interventions. *Oxford review of education, 35*(3), 293–311.

Tomoff, M. (2011a). *Der Dankbarkeitsbrief*. http://goo.gl/X3KZeR. Zugegriffen: 18. Sept. 2015.

Tomoff, M. (2011b). *Kennen Sie diese 30 Wege, Dankbarkeit zu zeigen?* http://goo.gl/9ye1vX . Zugegriffen: 9. März 2016.

Tomoff, M. (2011c). *Komplimente machen (glücklicher)*. http://goo.gl/sPllBO. Zugegriffen: 9. März 2016.

Tomoff, M. (2012). *Zufällige Aktionen der Freundlichkeit (random acts of kindness)*. http://goo.gl/nCePPy. Zugegriffen: 9. März 2016.

Tomoff, M. (2016). *Sorgen den Wind aus den Segeln nehmen*. http://goo.gl/unaa8k. *Zugegriffen: 9. März 2016.*

Penn Resilience Program and PERMA Workshops. (2015). *Penn Resilience Program and PERMATM Workshops | Positive Psychology Center*. University of Pennsylvania. https://bit.ly/3OiykVq. Zugegriffen: 3. Aug. 2023

Peterson, C., & Seligman, M. E. P. (2004). Character strengths and virtues: A handbook and classification. Oxford University Press; American Psychological Association.

Watkins, P. C. (2004). Gratitude and subjective well-being. In R. A. Emmons & M. E. McCullough (Hrsg.), *The psychology of gratitude* (S. 167–192). Oxford University Press.

6

Positive Psychologie und Gesundheit

> **Mythos**
> **Die Positive Psychologie nimmt nur gesunde Menschen in den Blick. Negativ behaftete Themen wie Krankheit und Tod werden dabei als wenig nützlich ausgeblendet, auch wenn sie zum Leben dazugehören.**

Wenn man einen Gesunden nach seinen Wünschen fragt, hat er tausende. Fragt man hingegen einen kranken Menschen, hat er meist nur einen Wunsch: wieder gesund zu werden. Der Gesundheitssektor, der Medikamente, langfristige Therapien und Kuren umfasst, ist ein Milliardenmarkt. Gesundheit gilt als unser kostbarstes Gut, denn ohne sie verliert jeder Luxus seinen Wert und wird mehr zur Last als zum Genuss.

Die Positive Psychologie nähert sich dem Thema Gesundheit eher aus einer präventiven und verbessernden Perspektive als aus einer reparierenden und wiederherstellenden. Eine Auflistung gesundheitsfördernder Interventionen würde meiner Ansicht nach lediglich eine Wiederholung der in den vorherigen Kapiteln besprochenen Punkte darstellen. Denn unabhängig davon, ob eine Intervention Ihr Lernverhalten oder die Kommunikation mit Ihrem Partner verbessert, Ihre Dankbarkeit steigert oder angenehme

M. Tomoff, *Positive Psychologie - Erfolgsgarant oder Schönmalerei?*,
https://doi.org/10.1007/978-3-662-68397-2_6

Emotionen fördert – sie wirkt sich indirekt positiv auf Ihr subjektives Wohlbefinden und Glücksgefühl aus. Sowohl psychisch als auch physisch.

Viele Aspekte der Psychologie sind miteinander verknüpft und beeinflussen sich gegenseitig. Daher profitieren Sie bei der Umsetzung einer positiven Intervention oft nicht nur *in einem Bereich,* sondern in mehreren. Beispielsweise kann eine emotionale Hochphase positive Auswirkungen auf Ihren Körper haben, während eine einwöchige Bettlägerigkeit aufgrund einer Operation Ihre geistige Dynamik beeinträchtigen könnte.

Dennoch möchte ich Ihnen einige Gesundheitsthemen und möglicherweise neue Perspektiven aus der Positiven Psychologie vorstellen. Schließlich ist es nie zu früh, sich um die eigene Gesundheit zu kümmern und zu erkunden, welche der zahlreichen Optionen uns am meisten anspricht und motiviert, für unser Wohl zu sorgen.

Die Grundannahme der Positiven Psychologie ist einfach, aber wesentlich: Die Abwesenheit von Stress und Krankheit ist nicht gleichbedeutend mit Glück und Erfüllung. Könnte eine ähnliche Annahme in Bezug auf das körperliche und geistige Wohlbefinden gemacht werden, nämlich, dass das Fehlen von Symptomen und Krankheiten nicht dasselbe ist wie Gesundheit und Vitalität? Absolut.

Diese Ansicht wurde bereits 1946 in der ursprünglichen Verfassung der Weltgesundheitsorganisation verankert und gilt bis heute:

„**Gesundheit** ist ein Zustand des vollständigen körperlichen, geistigen und sozialen Wohlergehens und nicht nur das Fehlen von Krankheit oder Gebrechen." (Weltgesundheitsorganisation, 2014)

Obwohl diese Definition – nach meiner Einschätzung – nicht viel mehr als ein prägnanter Slogan zu sein scheint, könnte man argumentieren, dass die Gesundheitsversorgung immer noch ein wenig in der „Krankheitsbehandlungsära" feststeckt, mit nur gelegentlichen Ausflügen in die sonnigeren Gefilde der Prävention und Gesundheitsförderung. Trotz der verstärkten Bemühungen vieler Unternehmen, den Fokus auf die Gesundheitsförderung zu legen, scheint der allgemeine Trend immer noch eine Reduzierung von Risikofaktoren für Krankheiten zu sein.

Die Positive Psychologie wurde in der Vergangenheit oft kritisiert, da sie angeblich das menschliche Leid ignoriert (Abschn. 2.3) und als eine Art „rosarote Brille" angesehen wird, die die wirklich wichtigen Themen, um die sich Individuen und die Gesellschaft kümmern sollten, übergeht. Doch diese Kritik verliert zunehmend an Boden, da die Vertreter der Positiven Psychologie erkannt haben, dass die Erkennung und Nutzung von Stärken bzw. Ressourcen ein überaus effektiver Weg ist, Menschen bei der Bewältigung ihrer Probleme zu unterstützen.

Wie betrachtet die Positive Psychologie Aspekte wie psychische und physische Gesundheit oder Krankheit?

Die Positive Psychologie versteht Gesundheit, ganz im Einklang mit der Gesundheitsdefinition der WHO, als weit mehr als nur die Abwesenheit von Krankheit. Tatsächlich beginnt hier ihre wahre Forschungsreise, ein tiefgründiger Blick in die Facetten des Wohlbefindens.

Natürlich ist die Psychologie schon lange vor dem Aufstieg des jungen Wissenschaftszweigs der Positiven Psychologie auf den Zug der Ressourcenforschung aufgesprungen. Schon seit Jahrzehnten widmet sich die *Arbeitspsychologie* der Untersuchung verschiedener Ressourcen: Zeit, körperliche „Rohstoffe", wie Muskeln oder Organe (die beispielsweise im Arbeitsschutz eine Rolle spielen), psychische und emotionale Aspekte, wie Stress oder Resilienz, sowie soziale Ansätze, die die Leistungsunterschiede zwischen Team- und Einzelarbeit beleuchten.

Allerdings wurden diese Aspekte meist mit dem Ziel der Leistungssteigerung und der Förderung des Erreichens persönlicher und beruflicher Ziele betrachtet (selbst die Erhaltung der Gesundheit der „Arbeitskraft" dient letztendlich dem Unternehmen).

In den 1980er Jahren brachte der Medizinsoziologe Aaron Antonovsky frischen Wind in die Diskussion mit der Prägung des Begriffs *Salutogenese* (aus dem Lateinischen *salus* für „Gesundheit", „Wohlbefinden" und *-genese*, also „Entstehung der Gesundheit"). Dieses Rahmenkonzept bezieht sich auf die Einflüsse und dynamischen Wechselwirkungen, die zur Entstehung und Erhaltung von Gesundheit beitragen. Nach diesem Modell ist Gesundheit nicht als statischer Zustand, sondern als fortlaufender Prozess zu sehen, bei dem Ressourcen als menschliche Potenziale verstanden werden, die genutzt werden können.

Doch die Positive Psychologie geht noch einen Schritt weiter und zeigt besonderes Interesse an Individuen, deren Gesundheitsindikatoren sich von denen des „Otto Normalverbrauchers" unterscheiden, beispielsweise durch seltene und mildere Beschwerden, eine schnellere (Wund-)Heilung, verbesserte Erholung und höhere physiologische Reserven.

Denken Sie an jene Menschen aus Ihrem Umfeld oder den Medien, die noch nie einen Arbeitstag verpasst haben, oder jene, die körperlich aktiv bleiben, lange nachdem ihre Altersgenossen den ersten Schaukelstuhl erworben haben. Denken Sie an Persönlichkeiten, die trotz schwerer Krankheiten ein erfülltes Leben führen, wie Stephen Hawking oder Earvin „Magic" Johnson, oder, um es medizinisch auszudrücken, Menschen, die mit ihren physiologischen Fähigkeiten jedem Arzt Freudentränen in die Augen treiben. Sind solche Menschen nur seltene Ausnahmen oder verbirgt sich dahinter ein nachvollziehbares Prinzip?

Mit diesem erweiterten Verständnis im Gepäck lade ich Sie zu einer kleinen Exkursion ein, die eine Auswahl aktueller oder dauerhafter Gesundheitsstörer beleuchtet und Ihnen Mittel aus der Positiven Psychologie vorstellt, die als potenzielle Gegenmittel dienen könnten.

6.1 Was macht uns eigentlich krank? – Stress und seine Auswirkungen

Es ist fast ein wenig peinlich, aber auch dieses Buch kann nicht ohne das omnipräsente Modewort „Stress" auskommen. Tatsächlich ist Stress der Übeltäter hinter vielen Krankheiten und Beschwerden. Oftmals wird ein Leiden erst durch den Ausbruch einer Krankheit so präsent, dass wir es wahrnehmen. Ähnlich wie bei der hedonistischen Tretmühle gewöhnen wir uns allzu oft an Dinge, die uns eigentlich schaden. Wann haben Sie sich zuletzt eine neue Matratze oder ergonomische Schuhe gegönnt? Wann haben Sie das letzte Mal Ihre technischen Geräte wie Handy, Laptop, Funkwecker, Tablet oder Router daraufhin überprüft, ob sie die Ursache Ihrer Kopfschmerzen sein könnten?

Bitte missverstehen Sie mich nicht: Wir sind wahre Anpassungskünstler, eine Fähigkeit, die uns über Millionen von Jahren das Überleben gesichert hat. Doch für viele Leser dieses Buches ist das bloße Überleben nicht mehr die oberste Priorität und unsere Anpassungsfähigkeit dient weit mehr als nur dem Ertragen und Durchhalten.

Definition

Den Begriff **Stress** (lat. *stringere*: in Spannung versetzen) wurde 1936 vom österreichischen Biochemiker Hans Selye geprägt, der an der McGill University in Montreal, Kanada, tätig war. Er definierte Stress als einen körperlichen Zustand

unter Belastung, der durch Anspannung und Widerstand gegen äußere Reize (Stressoren) gekennzeichnet ist.
Laut Wiktionary.org bedeutet Stress:

Antonovsky (1987) *Psychologie:* anhaltende geistige, seelische oder körperliche Anspannung durch Überbeanspruchung oder schädliche Reize; seelischer Druck

Barton et al. (2012) *umgangssprachlich:* Ärger, Druck

Baumeister (2005) *Geologie:* einseitig gerichteter Druck, zum Beispiel bei Gesteinsumwandlung

Baumeister et al. (2002) *Biologie:* Reaktion eines Organismus auf die Einwirkung übermäßiger oder widersprechender Reize chemischer, physikalischer oder auch sozialer Art

Angenommen, ich würde einen Test mit der reißerischen Überschrift „Wie gestresst sind Sie wirklich?" für eine Gesundheitszeitschrift konzipieren. Meine Absicht dahinter wäre, ein wenig Betroffenheit zu wecken und vielleicht sogar einige Abonnements für Medikamente zu generieren. Dann könnten Sie sich auf folgende pikante Auswahlmöglichkeiten zur Frage freuen, welchen stressenden Faktoren Sie täglich ausgeliefert sind: Ein Zuviel an …

- … Aufgaben, Wünschen oder Optimierungspotenzial bei zu wenig Zeit,
- … Vergleichen mit und Druck von außen bei mangelnden Gegenleistungen,
- … Lärm, Tempo und Geschwindigkeit bei zu wenig Ruhe,
- … Bedauern über verpasste Chancen und gemachte Fehler, statt Vergebung und Lernen aus dem Erlebten,
- … kurzfristigen und schnellen Veränderungen, dafür zu wenig Kontinuität und Vorhersehbarkeit,
- … Zucker, Fett, Alkohol, Rauch, chemischen Zusätzen bei zu wenig Grünzeug,
- … sitzenden Tätigkeiten bei zu wenig körperlichem Ausgleich und frischer Luft,
- … geringer Wertschätzung und Bestätigung für die Hilfe, die man anderen hat zuteilwerden lassen,

- … kurzen Nächten und zu wenig Ruhepausen, Stille, Alleinzeit und Achtsamkeit,
- … technischer Überflutung und Multitasking und zu wenig Fokus.

Haben Sie bei mehr als zwei Punkten genickt? Dann könnte das Risiko für (*bitte Krankheit hier einfügen*) erhöht sein. Ein Gespräch mit Ihrem/Ihrer Arzt/Ärztin oder Apotheker*in wäre ratsam. Oder, und jetzt wird es geschäftstüchtig, buchen Sie ein Coaching bei mir.

Zurück zur beschwingten Ernsthaftigkeit: Schauen wir uns die Faktoren an, die sich hinter dem allumfassenden Begriff „Stress" verbergen und die das Potenzial haben, Ihr Leben ein wenig schwerer zu machen, als es sein sollte.

6.1.1 Perfektionismus: Extrem hohe Ansprüche an sich selbst

Der Perfektionismus, dieser unermüdliche Drang, alles besser, schneller und genauer zu machen, ist ein wahrer Auftragsgenerator für Psychotherapeuten. Die Idee, mal locker zu lassen und sich dem Pareto-Prinzip zu widmen (20 % des Aufwands für 80 % des Ergebnisses), ist etwa so einfach wie „doch mal kreativ zu sein", wenn Ihnen wieder nichts einfällt. Dennoch lohnt sich der Versuch: Senken Sie Ihre Ansprüche an sich und andere. Druck entsteht nämlich häufig durch zu hohe (eigene) Ansprüche und die nicht zur Verfügung stehende Zeit, etwas bis zur Perfektion fertigzustellen.

Führen Sie sich die schlimmstmöglichen Konsequenzen vor Augen, wenn Sie eine Aufgabe nicht hundertprozentig perfekt erledigen. Ihre Freunde finden es eventuell sogar toll, wenn bei Ihnen nicht alles picobello aufgeräumt ist, denn dann sehen sie, dass es auch noch andere mit Wollmäusen in den Ecken gibt. Nicht jeder ist möglicherweise auf Pünktlichkeit so erpicht wie Sie, sodass Sie Ihren Partner nicht stressen müssen, dessen Versuch nach Salonfähigkeit jetzt abzuschließen und in die Puschen zu kommen. Und selbst wenn Ihr Chef Choleriker ist und wegen einer nicht hundertprozentig erledigten Aufgabe einen Anfall bekommen sollte – der geht auch wieder vorbei. Jeder macht Fehler, so schnell wird niemand vor die Tür gesetzt, jedenfalls nicht, solange Sie in wichtigen Angelegenheiten zuverlässig bleiben.

Apropos Wichtigkeit.

6.1.2 Fehlende Disziplin bei den Ihnen wirklich wichtigen Themen

Neben der Schwierigkeit, wichtig von unwichtig zu unterscheiden, stehen laut repräsentativen Forsa-Studien der letzten Jahre *Stressvermeidung oder -abbau* seit langem auf Platz eins der Neujahrsvorsätze. Und das gaben immerhin 62 % der Deutschen im Jahre 2015 an (Forsa, 2015). Mehr Zeit für Familie oder Freunde zu haben folgt dicht danach auf Platz zwei (61 %).

Interessant ist, dass es seit mehreren Jahren keine relevanten Veränderungen in Reihenfolge und Ausmaß gibt, was darauf schließen lässt, dass es für die meisten von uns schwierig ist, diesen Vorsatz auch wirklich umzusetzen.

Das liegt mit Sicherheit nicht nur an der wenig hilfreichen Formulierung dieses Ziels (negativ, unkonkret, wenig inspirierend), sondern auch an der Bequemlichkeit, bei ungenügendem Leidensdruck alles beim Alten zu lassen und sich damit zu arrangieren.

Dabei ist mit dem Wissen, was *nicht* funktioniert, schon ein wichtiger Schritt getan. Es geht also „nur" noch darum, festzuhalten und nachzuverfolgen, was unternommen werden sollte, um den Vorsatz in die Tat umzusetzen. Denn tun wir das nicht, sind wir am Ende des Tages unzufrieden mit uns und unserem ausbleibenden Erfolg bei unserer Zielerreichung.

Wie oft ärgern Sie sich über all die Dinge (= stressen), die Sie eben *nicht* geschafft haben, anstatt sich über die geschafften Tagesziele zu freuen?

Die nötige Disziplin können Sie erlernen und trainieren, wie Ihren Kaumuskel beim täglichen Durchbeißen. Putzen Sie beispielsweise täglich mit Ihrer schwachen Hand die Zähne und durchbrechen Sie damit diszipliniert jeden Tag ein Stück weiter die alte Routine (Tomoff, 2011).

Oder bleiben Sie bei *einer* Sache, anstatt sich mit zu vielen Dingen zu erschöpfen. Nicht nur das Abarbeiten mehrerer Aufgaben verursacht viel Stress, sondern auch das häufige Abschweifen von einer Aufgabe.

Bevor ich jetzt die Weisheiten von tausenden Zeitmanagementbüchern komprimiere und Sie mit dem Eisenhower-Prinzip, SMARTen Zielen oder der Pomodoro-Technik verrückt mache, konzentrieren Sie sich besser auf das, worüber Sie bereits in diesem Buch gelesen haben: Ihre Stärken und deren Ausbau. Schauen Sie auf das, was Ihnen *wirklich* wichtig ist, wie beispielsweise Ihre Werte (Tomoff, 2012), oder das, was Sie auf der Grabrede Ihrer Beerdigung über sich hören möchten. Dann haben Sie schon eine gute Vorstellung von den wichtigen Aufgaben Ihres Tages.

6.1.3 Sorge und Angst

Negatives Denken – sei es in Form von Ängsten, Selbstzweifeln oder Pessimismus – kann sich anfühlen wie ein ständiges Rauschen im Hintergrund, das uns daran hindert, das Lied des Lebens in vollen Zügen zu genießen. Es schmälert unsere Fähigkeit, beeinträchtigt uns darin, positive Signale wahrzunehmen und positive Veränderungen in Gang zu bringen.

Stresst Sie zum Beispiel der Gedanke, bei einer bevorstehenden Präsentation schlecht abzuschneiden? Wenn Sie sich nur fünf Minuten Zeit nehmen, um die negativen Gedanken beiseite zu schieben und stattdessen über etwas nachzudenken, das Ihr Herz wirklich erwärmt – sei es Ihre Kinder, Ihr bester Freund oder Ihr Lieblingshobby –, könnten Sie Ihre Leistung um bis zu 15 % steigern.

Und jetzt eine kleine Atempause für alle Perfektionisten und Sorgenträger da draußen: 85 % der Dinge, über die wir uns den Kopf zerbrechen, enden entweder positiv oder zumindest neutral. Und selbst *wenn* unsere Sorgen Wirklichkeit werden, sagen 80 % von uns hinterher, dass wir mit der Situation besser umgegangen sind, als wir vorher angenommen hatten (Wadlinger & Isaacowitz, 2006).

Aber lassen Sie uns nicht vergessen, dass Angst auch ihre dunklen Seiten hat. Sie kann uns lähmen und sogar krank machen. Ein bisschen Angst kann gesund sein – sie hält uns auf Trab und schützt uns vor Gefahren. Aber wenn sie das Ruder übernimmt, kann sie uns in einen Strudel des Aktionismus ziehen, in der Hoffnung, dass „mehr tun" uns vor potenziellen Katastrophen schützt. Das ist so, als würde man versuchen, ein Leck im Boot mit einem Löffel zu stopfen, während man gleichzeitig versucht, schneller zu rudern. Und das Ergebnis? Ein stressbedingter Schaden von 135 Mrd. EUR pro Jahr in Deutschland, laut einer Studie von Janson aus dem Jahr 2009. Das sind eine Menge Löffel.

Wovor fürchten sich die Menschen also? Vor dem Urteil anderer? Vor dem Alleinsein? Oder vielleicht vor dem Mut, aufzustehen und für das zu kämpfen, was richtig ist? Angst mag manchmal ein nützlicher Begleiter sein, aber oft ist sie ein schlechter Berater.

Hierzu zwei Fragen, die Sie sich selber stellen können:

1. Was würden Sie tun, wenn Sie wüssten, dass Sie nicht versagen könnten?
2. Wer wären Sie ohne Ihre Angst?

Möglicherweise wären Sie jemand, der …

- … mehr öffentliche Reden gehalten hätte, um Wissen und Erfahrungen zu teilen,
- … klarer kommuniziert hätte, um Grenzen zu setzen und sich selbst zu schützen,
- … verschiedene Kulturen erlebt und die Welt mit offenen Augen bereist hätte,
- … mutig eingegriffen hätte, als jemand Unrecht widerfuhr,
- … sich nicht gescheut hätte, seine Meinung zu äußern, selbst wenn die Umgebung nicht zustimmend war,
- … neue Fähigkeiten erlernt hätte, um sich persönlich und beruflich weiterzuentwickeln,
- … seiner wahren Leidenschaft gefolgt wäre, auch wenn sie nicht den traditionellen Vorstellungen von Erfolg entsprach.

Sie bekommen ein Bild? Gut. Denn das Fantastische ist: Sogar, *wenn* Sie die eine oder andere Gelegenheit verpasst haben, es ist noch Zeit, einen neuen Weg einzuschlagen und vieles zu ändern, was Sie in der Vergangenheit aus Angst nicht getan haben!

> Wie können Sie Ihre Angst überwinden und dadurch Stress und Krankheiten vermeiden?

Hier sind fünf Ansätze, um der Angst ins Auge zu blicken und sich dadurch mehr Möglichkeiten und Freiheit zu eröffnen:

6.1.3.1 Wissen und Planung als Schlüssel

Denken Sie an vergangene Ängste. Wie oft waren diese wirklich begründet? Nehmen wir die Angst vor Krankheiten als Beispiel. Ein Blick in die Statistik zeigt oft, dass die tatsächliche Gefahr weit geringer ist als befürchtet. Dieses Wissen allein kann beruhigend wirken. Wenn die Angst wieder hochkommt, konzentrieren Sie sich auf die Fakten. Bei bevorstehenden Herausforderungen kann ein gut durchdachter Plan Wunder wirken. Wenn die Sorgen mal überhandnehmen, reservieren Sie ihnen eine feste Zeit – vielleicht 15 min täglich. Danach dürfen die Sorgen bis morgen warten…

6.1.3.2 Den wahren Ursachen auf der Spur

Oft haben wir gute Ausreden, die uns zurückhalten und uns dazu veranlassen, der Angst nachzugeben. Damit verdecken wir das, was tatsächlich dahintersteckt. Die meisten Gründe oder Situationen, die für Ihre Angst verantwortlich waren, sind lange vorbei und irrelevant.

Nutzen Sie z. B. die Fünf-Mal-Warum-Methode, um der Sache auf den Grund zu gehen:

Formulieren Sie Ihr Problem schriftlich. Beispielsweise „Ich bringe das derzeitige Projekt nicht zu Ende und prokrastiniere ständig!". Fragen Sie sich: „Warum ist das so?" Schreiben Sie nun eine Antwort zur ersten Warum-Frage auf (z. B. „Mir kommt immer wieder etwas dazwischen.") und versuchen Sie, mit jeder weiteren Warum-Schleife tiefer in das Problem einzudringen. „Warum kommt mir immer wieder etwas dazwischen?"

Wenn Sie ehrlich zu sich sind, kommen Sie schnell weg von ersten oberflächlichen Antworten und gelangen schnell zu tiefergehenden Antworten wie „Weil ich die Befürchtung habe, dass mein Chef Nein sagen wird!". Probieren Sie es doch einmal aus.

6.1.3.3 Netzwerken mit Gleichgesinnten

Es gibt immer Menschen, die bereits das erreicht haben, wovor Sie zurückschrecken. Suchen Sie den Kontakt zu diesen Personen. Ihr Wissen, ihre Erfahrungen und ihre Unterstützung können unschätzbar wertvoll sein. Sie haben vielleicht bereits die Ängste überwunden, die Sie gerade spüren, und können Ihnen wertvolle Tipps geben.

6.1.3.4 Zählen Sie Ihre Tage

Wissen Sie, wann Sie sterben? Wahrscheinlich nicht. Es sei denn, Sie kommen wie Alf ebenfalls vom Planeten Melmac und kennen den genauen Zeitpunkt (Tomoff, 2013). Aber auch, wenn dem nicht so ist: Zu realisieren, dass die Zeit auf Erden endlich ist, hat eine außerordentlich mächtige Wirkung. Denn wer möchte am Sterbebett sagen, er hätte 40 Jahre aus Angst den selben (miesen) Job gemacht?

Und wenn der Gedanke an den Tod bei Ihnen ungefähr 30 Sekunden lang Unwohlsein auslöst und dann wieder ins Unbewusste gedrückt wird, hilft vielleicht ein Countdown, mit dem Sie das Ziel von 84 Jahren ins Visier nehmen (statistisch eine durchaus realistische Zahl) und sehen, wie viel Zeit Sie bis dahin noch haben.

Kraftvoll, wenn man sieht, wie viele Tage Sie (möglicherweise) noch haben und wie überschaubar die Zahl meist schon ist ...

6.1.3.5 Setzen Sie Grenzen

Möglicherweise stresst Sie bereits der Gedanke, sich selbst und insbesondere den anderen Grenzen zu setzen. Sie möchten vielleicht die Harmonie nicht zerstören. Allerdings schleicht sich hier ein Denkfehler ein: Es anderen recht zu machen und über kurz oder lang seine eigenen Grenzen zu missachten, führt vielleicht zu weniger Streit, aber nicht zu innerer Harmonie mit sich selbst.

Sicherlich haben Sie in Ihrem Leben bereits festgestellt, dass es gewisse Muster gibt, die wiederholt für Missstimmung sorgen. Nehmen wir z. B. den hypothetischen Fall, dass Ihr Partner stets dann anruft, wenn Sie in einem Meeting oder in einem dringenden Projekt stecken. Wenn Sie dann genervt ans Telefon gehen, ist Ihr Partner verstimmt, weil Sie sich gefühlt nur selten melden. Und zack! – schon haben Sie noch weniger Ambitionen, das nächste Gespräch zu führen.

Oder was ist mit dem Kollegen, der wie ein unangekündigter Schneesturm in Ihr Büro stürzt und Ihnen großzügig seine mentalen Wolkenfronten hinterlässt? Ein bisschen wie das Wetter, nicht wahr? Unvorhersehbar und manchmal stürmisch. Aber mit dem richtigen Schirm lässt sich auch der heftigste Niederschlag abwehren.

Treffen Sie eine Vereinbarung mit beiden: keine Anrufe während der Arbeitszeit von Ihrem Partner (außer in Notfällen); anklopfen oder kurz vorher eine E-Mail schicken, wenn Ihr Kollege wieder Redebedarf hat.

Falls Sie denken: „Das ist leichter gesagt als getan!“, dann erinnern Sie sich daran: Sie sind nur ein handgeschriebenes Schild von einer „Lästerfreien Zone“ entfernt. Wenn Sie also das nächste Mal nicht den Mut finden, einen abladenden Kollegen direkt zu unterbrechen, lassen Sie einfach das Schild für sich sprechen. Ein wenig Humor kann manchmal die wirksamste Verteidigung sein.

Wer weiß? Vielleicht wird Ihr Büro zum neuen Trendsetter in Sachen Kommunikationsetikette.

6.1.4 Fehlende Sinnhaftigkeit, Zugehörigkeit, Entscheidungsfreiheit oder Selbstwirksamkeit

Haben Sie das Gefühl, dass Ihr Leben sinnvoll ist? Welchen Zweck erfüllt es? Warum tun Sie, was Sie tun, und wohin geht Ihre Reise? Diese Fragen können allein bereits eine Herausforderung sein. Und doch sind es grundlegende Fragen, die sich Menschen im Laufe der Geschichte immer wieder gestellt haben, um Antworten über den Sinn und Zweck des Lebens zu finden.

Wenn Sie diese Frage mit „Nein" beantworten, sind Sie nicht allein. Laut Tatjana Schnell von der Universität Innsbruck gehören Sie zur Gruppe der „Existenziell Indifferenten" – was bedeutet, dass Sie weder von einem überbordenden Lebenssinn erfüllt sind, noch in einer Sinnkrise stecken (Schnell, 2010). Überraschenderweise fühlten sich 35 % der Befragten ebenso, während 61 % ihr Leben als sinnerfüllt betrachteten und nur 4 % in einer tiefen Sinnkrise steckten.

Das Konzept der **„Sinnhaftigkeit"** *(meaning)* wurde von verschiedenen Denkern definiert – sei es als Gefühl von Ordnung im eigenen Leben (Antonovsky, 1987), als Verständnis der Beziehungen zwischen Menschen und Dingen (Baumeister & Vohs, 2002), als Streben nach lohnenswerten Zielen (Frankl, 1963) oder schlichtweg als das Gefühl, dass das Leben Bedeutung hat (Yalom, 1980).

Man könnte argumentieren, dass man nicht unbedingt den Sinn des Lebens erkunden müsse, um glücklich zu sein oder wenig Stress zu haben. Seit Viktor Frankl (1963) behauptete, dass der Mensch einen angeborenen Antrieb habe, Sinn und Bedeutung zu finden, um das Leben und seine Entbehrungen besser ertragen zu können, sind Sinnfragen nicht nur für die Philosophie relevant, sondern auch Teil psychologischer Untersuchung.

Die Psychologie wartet mittlerweile mit wegweisenden Theorien und Studien auf, die darauf hindeuten, dass die erfolgreiche Sinnsuche durchaus zu erhöhtem Wohlbefinden und weniger Stress beiträgt und sinnerfüllte Aktivitäten inspirieren, motivieren, die positive Stimmung stabilisieren, glücklicher machen, das Selbstbewusstsein und unsere Fähigkeit stärken, die Herausforderungen des Lebens zu meistern (siehe z. B. Baumeister, 2005).

Ein zufriedenstellendes Arbeitsleben? Auch das geht Hand in Hand mit dem Gefühl, etwas Sinnvolles zu tun. Es erinnert an die Worte von Kurt Hahn:

> Wir vermögen mehr, als wir glauben. Wenn wir das erleben, werden wir uns nicht mehr mit weniger zufrieden geben.

Wie Ryan und Deci (2000) in ihrer Selbstbestimmungstheorie gezeigt haben, gibt es drei grundlegende menschliche Bedürfnisse, deren Beachtung auch entscheidend für das Wohlbefinden (und für den Lernerfolg) ist: die selbst gewählte Herausforderung *(Selbstbestimmung)*, mit der wir unsere Kompetenz und deren Wahrnehmung erweitern *(Kompetenzerleben),* also wachsen. Sowohl die Entscheidungsfreiheit als auch das Anwachsen der eigenen Fähigkeiten führen zur Erfahrung von *Sinn* bzw. *Zugehörigkeit* und automatisch auch zu Situationen höchster Intensität (Flow, s. Csikszentmihalyi, 1997). Sind diese Voraussetzungen nicht gegeben, fehlen nicht nur Sinn oder Zugehörigkeitsempfinden – der subjektive Stress steigt ebenfalls enorm an.

6.1.5 Fehlende Kontrolle

Das Gefühl, das Ruder in der Hand zu haben, sowohl im beruflichen als auch im privaten Bereich, ist ein starker Antriebsfaktor für unser Wohlbefinden und unsere Leistungsfähigkeit. Wer sich an seinem Arbeitsplatz als Kapitän seines eigenen Schiffes fühlt, sticht nicht nur mit mehr Eifer in See, sondern ist auch zufriedener mit seiner Route (Sparr & Sonnentag, 2008). Wie der Dalai Lama treffend bemerkte:

> Es gibt nur zwei Tage im Jahr, an denen man nichts tun kann. Der eine ist gestern, der andere ist morgen. (Dalai Lama)

Eine Untersuchung von 2002, durchgeführt mit fast 3000 Angestellten, zeigte, dass ein stärkeres Kontrollgefühl im Beruf mit Zufriedenheit in fast allen Lebensbereichen korreliert: Familie, Beruf, Beziehungen und noch einige andere (Thompson & Prottas, 2005). Aber hier kommt der Clou: Psychologen fanden heraus, dass diese Steigerung von Produktivität, Glück und Gesundheit weniger damit zu tun hat, wie viel Kontrolle wir *tatsächlich* haben, sondern damit, wie viel Kontrolle wir *glauben* zu haben.

Dies erinnert an Julian Rotters Konzept von 1966: Die „internale Kontrollüberzeugung" (internal locus of control). Menschen, die dieser Denkweise folgen, glauben, dass ihre Handlungen direkten Einfluss auf ihre Umstände haben. Im Gegensatz dazu schieben Menschen mit „externer Kontrollüberzeugung" die Verantwortung auf externe Faktoren wie Zufall.

Das für mich spannendste Experiment zum Thema Wahrnehmung der Kontrolle kommt aus dem Bereich der Altenpflege. In einer für mich erstaunlichen Studie fanden Forscher heraus, dass mehr Kontrolle über einfache und alltägliche Aufgaben für eine Gruppe von Pflegeheimbewohnern einen großen Effekt hatte. So gaben die Forscher ihnen die Verantwortung über die Wässerung der eigenen in der Wohnung befindlichen Pflanzen, was zur Folge hatte, dass nicht nur das Wohlbefinden der Bewohner signifikant stieg, sondern auch ihre Sterblichkeitsrate gegenüber der Kontrollgruppe auf die Hälfte sank (Rodin & Langer, 1977). Ein beeindruckendes Beispiel dafür, wie ein kleines Stück Kontrolle Großes bewirken kann!

Erschreckenderweise kann der empfundene Kontrollverlust, vielleicht durch einen mikromanagenden Vorgesetzten, gravierende negative Auswirkungen haben. Selbst unsere Sprache kann diesen Kontrollverlust widerspiegeln. Wer hat nicht schon einmal den englischen Begriff „Deadline" verwendet oder sich mit einem „Muss" aus der Verantwortung gezogen?

- „Ich muss jetzt auflegen. Wir hören uns morgen!"
- „Ich muss jetzt los, mein Zug geht gleich."
- „Ich muss noch aufräumen, bevor die Gäste kommen. Das Leben ist schließlich kein Ponyhof!"
- „Ich muss noch Oma besuchen, bevor ich vorbeikommen kann. Wird später."
- „Ich muss einfach den richtigen Mann finden ..."

Weshalb kann das Wort „Muss" das Kontrollgefühl reduzieren?

Es gibt eine Anzahl nachvollziehbarer Gründe, die uns zu einer Sache treiben. Aussagen mit einem „Muss" nehmen Ihnen jedoch die Freiheit, nach außen zu sagen, wofür Sie sich aus welchen Gründen *bewusst entschieden* haben, was für Sie Priorität und einen Wert hat.

„Achtung: Ihr Tag kann Spuren von müssen enthalten." (Verfasser unbekannt).

Stellen Sie sich vor, Sie müssten wirklich alles tun, was Sie glauben zu müssen. Sie wären bald völlig ausgebrannt von den Aufgaben anderer, von den Wünschen und Erwartungen, die auf Sie einwirken, denen Sie folgen „müssen".

Müssen Sie ein „guter" Bruder sein? Oder eine gute Tochter? *Müssen* Sie Kinder kriegen? Oder *müssen* Sie nett sein zu Ihren Kollegen und Nachbarn?

Oft spielt soziale Erwünschtheit eine große Rolle bei den Dingen, die wir uns aufbürden und als „Muss" sehen. Wir glauben, dass andere von uns erwarten, nett zu sein, hilfsbereit und ein guter Vater. Es ist gesellschaftlich akzeptiert und gewünscht. Jeder, der sich dem widersetzt, wird höchstwahrscheinlich schräg angeschaut (s. auch Abschn. 4.4 über das Verständnis, Kinder zu lieben und trotzdem ein „schlechter" Elternteil sein zu dürfen).

Es geht nicht darum, ein kompletter Egoist zu werden und alle Brücken hinter sich abzureißen. Es geht zunächst ausschließlich um die Frage, was *Sie* wollen. Erst im zweiten Schritt geht es dann darum, was *andere* von Ihnen wollen, und welche Kosten für Sie in Ordnung sind, wenn Sie sich dem nicht beugen. Denn wie bereits in Abschn. 4.1.2 geschrieben: Haben Sie keine Ressourcen mehr übrig, können Sie anderen auch nichts Gutes mehr tun.

Drei gute Fragen sind:

1. *Will* ich das?
2. Will *ich* das?
3. Will ich *das*?

Hier ein paar Beispiele für alternative Formulierungen, ohne Abgabe von Kontrolle oder Verantwortung:

- „Ich gehe jetzt, um meinen Zug zu bekommen. Ich freue mich auf ein Glas Wein mit meiner Frau."
- „Ich möchte das Gespräch jetzt beenden, da ich mich müde fühle und Ihnen nicht mehr meine volle Aufmerksamkeit schenken kann. Können wir morgen weiter sprechen?" oder auch „Ich fahre jetzt los. Mein Mann erwartet mich."

Es mag sich zunächst ungewohnt anhören, doch eine derart klare Kommunikation ist ehrlich, transparent und zeigt Verantwortungsbewusstsein. Und für eine etwas längere Übersicht, was Sie alles *nicht* müssen, lege ich Ihnen „Du musst gar nix!" von *Die Sterne* ans Herz. Eine wunderbare Erinnerung an Ihre Autonomie und Freiheit!

6.1.6 Fehlende Anerkennung und Wertschätzung

Es gibt viele Aspekte, die unseren Arbeitsalltag bereichern können: ein gelungenes Projekt, ein inspirierendes Gespräch oder der tägliche Kaffeeplausch mit Kollegen. Doch was uns wirklich erfüllt, ist das Gefühl, einen Unterschied gemacht zu haben – und das auch gespiegelt zu bekommen. Nichts stärkt unsere Motivation mehr als echte Wertschätzung.

Tower Watson (2012) kam in seiner Global Workforce Study zu dem Schluss, dass Anerkennung nicht nur die Laune hebt, sondern auch das Engagement steigert. Im Mindestfall fühlen wir uns durch Wertschätzung sicher und geborgen – eine solide Grundlage, um effektiv und mit Freude zu arbeiten. Im Idealfall entfalten wir unser volles Potenzial und bestätigen, dass die Anerkennung verdient war.

Doch wenn unsere Werte und unser Selbstwertgefühl auf dem Prüfstand stehen, kann es vorkommen, dass wir uns auf die Unterschiede zwischen unseren Werten und denen anderer konzentrieren. Diese Ablenkung kann unsere Leistung beeinträchtigen und unser Selbstbild ins Wanken bringen – und ehe man es sich versieht, schleicht sich der Stress ein[1].

Echte Wertschätzung zu zeigen, ist oft leichter gesagt als getan. Schließlich müssten wir alle viel öfter loben, wenn es so einfach wäre. Oft liegt der Schlüssel in der Selbstwertschätzung. Finden Sie es herausfordernd, Ihre eigenen Erfolge zu erkennen und sich dafür zu loben? Dann starten Sie Ihre Reise zur Wertschätzung bei sich selbst.

Am Ende eines Arbeitstages könnten Sie sich fragen: „Worauf bin ich heute besonders stolz?". Und denken Sie daran: Es sind nicht nur die abgeschlossenen Aufgaben, die zählen. Oft liegt der wahre Wert in den Dingen, die wir angefangen oder bewusst gelassen haben.

6.1.7 Ständige berufliche Erreichbarkeit

Selbst ein auf dem Tisch liegendes Mobiltelefon kann die Qualität eines Gesprächs stören (Tomoff, 2015). Dennoch sind Handys heute nicht nur beim Essen normale Gegenstände, sondern bei der Arbeit, im Zug oder sogar im Auto immer häufiger anzutreffen. Nicht nur aufgrund der einzigartigen Möglichkeiten für Ablenkung, sondern natürlich auch aufgrund der Erreichbarkeit des Besitzers.

Die Wahrscheinlichkeit, dass Beschäftigte im Homeoffice abends oft nicht abschalten können, liegt bei 45 %, und ist damit mehr als doppelt so hoch wie bei Beschäftigten, die nie zu Hause arbeiten. Dies deutet auf eine erhöhte digitale Erreichbarkeit hin, die über reguläre Arbeitszeiten hinausgeht (Hans-Böckler-Stiftung, 2023). Laut IAG Report (2012) sind 88 % der Berufstätigen außerhalb ihrer Arbeitszeiten per Handy oder via E-Mail für Kollegen und Kolleginnen, Vorgesetzte oder Kunden und Kundinnen erreichbar.

Der Deutschland-Index der Digitalisierung 2023 berichtet, dass etwa 80 % der Befragten täglich online sind. Obwohl dies nicht direkt die digitale Erreichbarkeit außerhalb der Arbeitszeit misst, deutet es auf eine hohe allgemeine Online-Präsenz hin, die möglicherweise auch die digitale Erreichbarkeit außerhalb der Arbeitszeiten beeinflusst (ÖFIT, 2023).

Wer für Kollegen erreichbar ist, weiß jedoch auch, dass er selbst „schnell mal nachfragen" kann, ist stets auf dem neuesten Stand, kann auch während

[1] Tipps vom Autor selbst, um ein niedriges Selbstwertgefühl zu stärken: https://bit.ly/4647SWW.

des Urlaubs die anfallende E-Mail-Last für die Rückkehr an den Arbeitsplatz reduzieren und anfallende Aufgaben ortsunabhängig bearbeiten – als Pendler bereits auf dem Weg zur Arbeit oder auf dem Nachhauseweg.

„Arbeitnehmer, die ständig erreichbar sind, fühlen sich gehetzter, depressiver und haben mehr Schlafprobleme", schreibt auch Psychologin und Autorin Ilona Bürgel (2015). Das liegt auch daran, dass die Arbeit immer näher an den Schlaf heranrückt, und selbst im Bett noch kurz die E-Mails gecheckt werden. Keine guten Voraussetzungen für einen gesunden und erholsamen Schlaf.

6.1.8 Einfluss der Medien

Die ständige Verfügbarkeit von Medien ist eine Quelle für subjektiven Stress. Doch nicht nur die reine Zugänglichkeit, sondern auch die Art der vermittelten Informationen kann zu Unbehagen führen. Betrachtet man die Medienlandschaft, ist es oft so, dass negative Schlagzeilen dominieren. Anstatt über die 25.000 Flugzeuge zu berichten, die problemlos den europäischen Luftraum durchqueren, liegt der Fokus oft auf dem einen tragischen Unfall mit weitreichenden Folgen (nicht nur für die direkten Opfer, sondern auch für ihre Familien und Freunde). Dieses Ungleichgewicht in der Berichterstattung kann zu einer verzerrten Wahrnehmung der Realität und somit zu zusätzlichem Stress und Sorgen führen.

> Begreift man den Journalismus in idealtypischer Weise und unter dem Gebot der Neutralität als Abbild der Wirklichkeit, muss entweder die Welt überwiegend negativ sein (was hier als Hypothese bezweifelt wird) oder, naheliegender: Der Journalismus erfüllt sein Ideal nicht, sondern verzerrt die Wahrnehmung in negativer Weise, und zwar mit – wie noch zu zeigen sein wird – erheblichen negativen Folgen. (Fink, 2015, S. 7)

Die Tendenz zu negativen Schlagzeilen mag aus unserer menschlichen Neugier auf skandalöse, peinliche und tragische Geschichten herrühren. Oliver Haas und sein Team haben in ihrem Ausbildungsprogramm „Corporate Happiness" (Haas, 2015) eine interessante Beobachtung gemacht: Bei einem Vergleich von Zeitungen und Online-Medien hinsichtlich positiver, neutraler und negativer Berichte stellten sie fest, dass die negativen Nachrichten fast immer dominieren – selbst wenn man großzügig Beiträge als „positiv" oder „neutral" einstuft.

Vor diesem Hintergrund ist es kaum verwunderlich, dass einige Menschen dazu übergehen, individuell angepasste Nachrichtenquellen zu nutzen. Sie abonnieren nur bestimmte Online-Kategorien, meiden das Fernsehen oder hören Radio nur noch per Streaming. Viele können sich aber nicht von den klassischen Nachrichtenquellen lösen, oft aufgrund der unbegründeten Angst, nicht mehr informiert zu sein (das sog. „fear of missing out" – FOMO).

Lassen Sie mich Ihnen versichern: Wesentliche Informationen finden *immer* ihren Weg zu Ihnen. Ihr geistiges Wohlbefinden wird es Ihnen danken, wenn Sie sich von einem konstanten Strom ungefilterter Nachrichten befreien. Ehrlich gesagt, ist es im Gespräch viel spannender, nach den Stärken Ihres Gegenübers zu fragen, anstatt über die morgige Wettervorhersage für Süddeutschland zu plaudern.

6.1.9 Zu wenig oder schlechter Schlaf

Schlaf ist ein wunderbares, aber oft vernachlässigtes Bedürfnis. Für manche ist es pure Lust, sich in die Kissen zu kuscheln, während andere ihn als lästige Notwendigkeit betrachten, die Zeit verschwendet, weil man sie produktiver nutzen könnte. Lassen Sie uns klarstellen: Schlaf ist wie ein Zaubertrank gegen Stress. Mehr Verlangen, weniger (chronische) Schmerzen, geringeres Risiko für Unfälle (insbesondere Autounfälle), bessere Laune, bessere Gedächtnisleistungen und ein stärkeres Immunsystem (weniger Krankheitstage und Unfälle) sind positive Auswirkungen von gesundem Schlaf.

Auf der anderen Seite haben zahlreiche Studien bewiesen, dass es eine Verbindung von ungenügendem Schlaf und einigen ernst zu nehmenden gesundheitlichen Problemen gibt, wie z. B. Herzerkrankungen, Diabetes und Fettleibigkeit.

Die Wissenschaft des Schlafs ist noch jung, aber bereits jetzt unglaublich faszinierend. Ob wir träumen, um zu erinnern oder zu vergessen, ist noch nicht ganz klar, aber die Tatsache, dass wir ein Drittel unseres Lebens schlafend verbringen, lässt uns über seine Bedeutung staunen. Für die über Schlaf forschenden Wissenschaftler sind jedoch noch viele Fragen offen, im Hinblick darauf, weshalb wir eigentlich schlafen. Ein paar interessante Fakten trotzdem:

- Wenn wir sterben, haben wir ungefähr ein Drittel unseres Lebens geschlafen, was bei der momentanen Lebenserwartung in Deutschland von rund 79 Jahren (Männer) bzw. 83 Jahren (Frauen) einem Durchschnitt von 27 Jahren entspricht.
- Teenager brauchen genauso viel Schlaf wie Kinder (ungefähr zehn Stunden), während die über 65-Jährigen am wenigsten Schlaf benötigen (ca. sechs Stunden). Für den durchschnittlichen Erwachsenen im Alter von 25 bis 55 Jahren werden acht Stunden als optimal angesehen.

- Ein Neugeborenes „raubt" den Eltern während des ersten Jahres typischerweise 400 bis 750 h (16–30 Tage) Schlaf.
- Träume kommen nicht nur – wie man lange annahm – in den REM-Phasen des Schlafs vor, sondern auch in Nicht-REM-Phasen (aber in geringerem Ausmaß). Es ist möglich, dass wir nicht einen einzigen Moment unseres Schlafes traumlos sind.

Aber was, wenn Sie zu jenen gehören, die ihre Schlafqualität sabotieren wollen? Hier einige (nicht ernst gemeinte) Tipps?

- Kämpfen Sie mit Schlaflosigkeit? Einfach im Bett bleiben und weiter grübeln.
- Lust auf einen Schlummertrunk? Ein Gläschen Alkohol, Kaffee oder eine Zigarette kurz vor dem Schlafengehen sind genau das Richtige.
- Für eine unruhige Nacht sorgen? Einfach in einem zu lauten, zu kalten, zu warmen oder zu hellen Raum nächtigen.
- Verwandeln Sie Ihr Schlafzimmer in eine Technikzentrale. Denn wer braucht schon Schlaf, wenn man ständig unterhalten wird?
- Mehr Arbeit = weniger Schlaf. Logisch, oder?
- Keine Auszeit vor dem Schlafen? Direkt vom stressigen Alltag ins Bett zu springen, ist sicher der Schlüssel zu einer ruhigen Nacht.
- Stetige Schlafenszeiten sind für Langweiler. Variieren Sie Ihre Schlafenszeiten – nicht, dass Sie von Ihren Freunden bald als Spießer beschrieben werden, weil Sie immer pünktlich um 22 Uhr die Augenpflege beginnen!

So, nachdem wir diesen humorvollen Exkurs abgeschlossen haben, kehren wir zurück zum Ernst des Lebens. Es ist an der Zeit, die stressbedingten Faktoren hinter uns zu lassen und uns auf Wege zu konzentrieren, wie wir ein stressärmeres Leben und mehr Wohlbefinden erlangen können.

6.2 Was kann man tun, um gesund zu bleiben? – Steigerung des Wohlbefindens

Die Überschrift betont, dass wir viele Aspekte unserer Gesundheit und unseres Wohlbefindens selbst in der Hand haben. Egal, ob es um leidenschaftliche Aufgaben, konstruktiven Umgang mit der Umwelt oder Selbstwertschätzung geht (Abschn. 4.1), wir haben die Werkzeuge für ein besseres Leben bereits bei uns. Manchmal braucht es Disziplin und Hartnäckigkeit, manchmal die Hilfe von anderen.

6.2.1 Soziale Netzwerke und Verbindungen

Forscher haben es uns seit Jahren verkündet, doch das Echo ihrer Stimme bleibt unvermindert relevant: Unsere sozialen Verbindungen beeinflussen sowohl unser körperliches als auch unser seelisches Wohlgefühl in erstaunlichem Maß. Die Anzahl und Qualität Ihrer Beziehungen könnten Ihr Krankheitsrisiko erhöhen oder senken, genauso wie ein gut oder schlecht ausbalanciertes Frühstück (Cohen et al., 1997). Sollten Sie in Ihrer Ehe oder Partnerschaft z. B. ständig den Blues haben, steigt die Erkrankungswahrscheinlichkeit um geschmeidige 35 % an und verkürzt Ihr Leben im Schnitt um vier Jahre (Gottman, 2014).

Erschreckend: Die gesundheitlichen Folgen sozialer Isolation stehen denen des Rauchens oder Übergewichts in nichts nach (Kiecolt-Glaser et al., 2002), was wiederum die Abhängigkeit des Menschen von sozialen Verbindungen zeigt.

Trotz seiner Tücken bietet das Internet eine verlockende Spielwiese für soziale Interaktionen (s. auch Abschn. 4.3.3.4), ist es doch auch ein guter Startpunkt, um soziale Unterstützung zu bekommen. Es ermöglicht uns, niedrigschwellig Unterstützung zu finden und zu geben, und das zu jeder Tages- und Nachtzeit.

6.2.2 Bedeutung und Sinnhaftigkeit

Bedeutung und Sinnhaftigkeit im Leben zu finden, macht ein glückliches Leben wahrscheinlicher. Doch viele Menschen setzen sich mit diesem Thema gar nicht erst auseinander (s. Abschn. 6.1.4, existenzielle Indifferenz). Ein klares Verständnis für die eigene Bedeutung zu haben, wirkt sich unmittelbar und mittelbar auf unsere Gesundheit aus (was Bedeutsamkeit und Sinn für Unternehmen bedeuten können, lesen Sie in Abschn. 8.9.3).

Eine *direkte* Folge von höherer Bedeutsamkeit im Leben besteht z. B. in einem besser funktionierenden vegetativen Nervensystem und einer niedrigeren durchschnittlichen Herzfrequenz. Darüber hinaus geht das Finden von Sinn im Leben mit einer geringeren Verkalkung der Aorta einher, wie eine repräsentative Stichprobe von Frauen mittleren Alters aus Chicago belegte.

Indirekt kann ein Gefühl von Sinn dazu führen, dass man sich klarere Richtlinien setzt und motivierter ist, die eigenen Ziele zu erreichen.

Hier einige Möglichkeiten, wie Sie einen Sinn in Ihrem Leben finden können.

6.2.2.1 Orientierung: Wer nicht fragt, bleibt dumm

Beginnen Sie den Tag mit einer „*Sinn-Orientierung*“. Fragen Sie sich, welche Handlung Sie heute näher zu einem Ihrer wichtigen Ziele bringt. Wenn es darum geht, die Beziehung zu Ihrem Patenkind zu stärken, laden Sie es zum Mittagessen ein. Ähnlich können Sie den Tag ausklingen lassen: Haben Sie heute etwas Sinnvolles getan? Wenn die Antwort „Nein“ lautet, ist es vielleicht Zeit, Ihre Tagesagenda zu überdenken (siehe „Werte“ Abschn. 8.3).

6.2.2.2 Was will ich durch diese Aktion erreichen?

Denken Sie an eine Aufgabe, die Teil Ihrer täglichen Routine ist und die Sie stresst, weil Sie z. B.das Gefühl haben, dass sie zu viel Zeit in Anspruch nimmt. Vielleicht ist es eine sportliche Aktivität (damit haben die meisten Menschen ihre Schwierigkeiten), die Präsenz in Ihrer Familie oder auch die tägliche Meditation. Die Wahrscheinlichkeit, dass Sie dranbleiben, ist wesentlich höher, wenn Sie sich ins Gedächtnis rufen können, was Sie durch diese tägliche Aktion erreichen möchten (wie z. B. den Körper zu stärken, verbundener mit Ihrem Partner oder mehr im Hier und Jetzt zu sein).

Wenn Sie sich klarmachen können, welchen Nutzen diese Aktivität hat, wird die mit ihr verbrachte Zeit plötzlich zu einer Investition statt einer Last.

6.2.2.3 Was kann ich in die Aktion hineinpacken?

Fehlt Ihnen der tiefere Sinn bei einigen täglichen Aktivitäten, ist das Vorausdenken in die Zukunft übrigens ebenfalls eine hilfreiche Sache. Beobachten Sie leidenschaftlich gerne Menschen? Dann beobachten Sie doch Ihre Kinder oder Enkelkinder und schreiben Sie diese Beobachtungen immer mal wieder auf. Als Geschenk verpackt ist das nicht nur eine schöne Routine für Sie, sondern auch ein wunderbares und wahrscheinlich bedeutsames Geschenk für Ihre Nachkommen.

Auch (zumindest für viele Menschen) extrem langweilige Aufgaben, wie das Eintippen von Daten oder das Erledigen von Hausarbeiten, können Sie mit mehr Sinn belegen. Versuchen Sie es einmal so: Sie können es zu Ihrer kleinen, persönlichen Mission machen, jemandem zu helfen (wenn einer Ihrer Werte vielleicht Hilfsbereitschaft ist), während Sie Ihre Einkäufe erledigen. Sie könnten einen Freund anrufen, während Sie die Wäsche zusammenlegen (Wert Freundschaft), oder sich auf ein schönes Musikalbum freuen (falls Ihnen Kunst/Musik wichtig ist), das Sie während des Staubsaugens über Kopfhörer genießen werden.

Letzteres wird vielleicht nicht Ihr gesamtes Leben verändern, könnte aber zur Folge haben, dass Ihnen die ungeliebte Aufgabe mehr Spaß macht und Sie die Bedeutung von vielleicht vernachlässigten Gebieten in Ihrem Leben wieder bewusster wahrnehmen.

6.2.2.4 Helfen Sie anderen

Es ist nicht zwingend notwendig, anderen zu helfen, um Ihre Aktivitäten sinnvoller zu gestalten. Aber wenn Sie es tun, wird es Ihr Wohlbefinden erheblich steigern. Die Konzentration auf die Bedürfnisse anderer lenkt uns von unseren eigenen Sorgen ab und stärkt unser Selbstwertgefühl (Grant & Sonnentag, 2010).

Ein weiterer Tipp: Versüßen Sie sich Aufgaben, indem Sie sie zusammen mit einer besonderen Person angehen. Erledigen Sie Ihre Einkäufe mit einem geschätzten Kollegen, gehen Sie mit Ihrem besten Freund ins Fitnessstudio oder kochen Sie zusammen mit Ihrer Tochter. Das Wunderbare an dieser Übung: Sie erledigen Ihre Aufgaben und bauen gleichzeitig eine Beziehung zu den Menschen auf, die Ihnen wichtig sind.

6.2.2.5 Kritik an Interventionen zur Sinnhaftigkeit

Eines muss man der Positiven Psychologie lassen: Sie hat ein Händchen für Optimismus. Aber wenn es darum geht, abstrakte Konzepte wie „Sinn“ oder „Bedeutung“ in greifbare Zahlen zu verwandeln, stößt die Disziplin an ihre Grenzen. Das Problem liegt nicht nur bei der Sinnhaftigkeit. Es erstreckt sich auch auf andere weiche Faktoren, wie die Förderung positiver Stimmungen, neuer Denkmuster oder gar Spiritualität. Das Ergebnis? Ein Mangel an objektiver Klarheit darüber, ob diese Interventionen tatsächlich das halten, was sie versprechen. Es ist, als würden wir versuchen, Wolken zu wiegen und dabei feststellen, dass sie doch nicht so fluffig sind, wie sie aussehen.

Weiterhin werden viele der aus dem klinischen Bereich stammenden Interventionen für krisengeschüttelte Menschen genutzt, um ihnen wieder auf die Beine zu helfen und ihrem Leben einen neuen Sinn zu geben. Die Übungen sind zwar durchaus hilfreich und verschaffen oft mehr Wohlbefinden und Lebensqualität, sie sind aber oft auf spezielle Stressoren begrenzt. Zudem unterscheidet sich Bedeutsamkeit im traumatischen Kontext von Bedeutsamkeit unter normalen Lebensbedingungen.

Last, but not least basieren die meisten Bemühungen dieser Intervention auf Frankls Logotherapie aus den späten 1920er-Jahren. Sie nimmt den geistigen Kontext des Menschen ins Visier und sein lebensnotwendiges Streben nach Sinn wird als wesentliche Motivationskraft betrachtet. Die Logotherapie, obwohl hoch kompatibel mit der Positiven Psychologie, wurde nicht dafür entwickelt, spezifische therapeutische Werkzeuge und Techniken bereitzustellen. Hier besteht Forschungsbedarf (Wong, 2010).

6.2.3 Realistischer Optimismus

» **Mythos**
Optimisten sind naive Träumer, die auf rosa Wolken der Illusion schweben, weit entfernt von der harten Realität.

Zuerst eine klärende Aussage: Wenn in der Positiven Psychologie von „Optimismus" die Rede ist, dann ist damit keineswegs gemeint, dass Sie Ihre Tage in einer rosaroten Blase verbringen sollten. Nein, Sie dürfen durchaus realistisch oder sogar zynisch sein und trotzdem als Optimist durchgehen. Es geht vielmehr um „erlernten Optimismus" (Seligman, 2006), also die Fähigkeit, negative Ereignisse und Rückschläge nicht nur wahrzunehmen, sondern auch realistisch zu bewerten und dann die Perspektive zu wechseln bzw. den Fokus auf positive Möglichkeiten zu legen.

Obwohl es natürlich auch zahlreiche andere Vorteile gibt, die aus einer optimistischen Einstellung entstehen, möchte ich vornehmlich auf die eingehen, die den Stress betreffen: Durch eine optimistischere Sichtweise und die damit verbundene Zuversicht in ihre Taten, gehen Optimisten im

Allgemeinen aktiver gegen Stress vor und bleiben fokussierter bei ihren Lösungsversuchen. Trotzdem akzeptieren Optimisten leichter, dass die stressauslösende Situation Realität ist, und scheinen gewillt, aus dieser das Beste zu machen (Scheier & Carver, 1992).

Nes und Segerstrom (2006) fanden z. B. heraus, dass Optimisten Strategien gegen Stress aktiv mit dem Ziel angehen, die Stressoren entweder zu beseitigen, zu mindern oder besser mit ihnen bzw. mit den dazugehörigen Emotionen umzugehen, anstatt sie zu vermeiden, zu ignorieren oder sich komplett aus den Stress verursachenden Situationen zurückzuziehen.

Wie lernt man, Optimismus zu kultivieren?

Nicht jedem fällt es leicht, positive Gedanken an die Zukunft zu hegen oder die positive Seite einer stressreichen Situation wahrzunehmen. Manche Menschen möchten möglicherweise ihre liebgewonnene pessimistische Art auch beibehalten, weil sie in der Vergangenheit hilfreich schien. Für alle jene, die ein Interesse an den zahlreichen Vorteilen von (realistischem) Optimismus haben, gibt es gute Neuigkeiten: Man kann Optimismus erlernen (oder Pessimismus verlernen).

Die Basis des erlernten Optimismus ist das ABC-Modell von Albert Ellis, dem die Erkenntnis zugrunde liegt, dass bestimmte wahrgenommene Reize (unbewusst) bewertet werden und jene Bewertungen die Ursache für das daraus entstehende Verhalten sind – **A**ktivierendes Ereignis, Glaube (**B**elief) und Konsequenzen (**C**onsequences).

Martin Seligman fügte noch zwei Buchstaben hinzu: das D für **D**isput, also das Infragestellen der irrationalen Überzeugung, und das E für **E**ffekt, also die kognitive Umstrukturierung, eine andere, positivere Denkweise.

Das Unterbrechen negativer Gedankenspiralen ist natürlich keine Kleinigkeit. Hier kann das Erkennen der Konsequenzen („C") ein guter Ausgangspunkt sein. Haben Sie gemerkt, dass Ihr Puls in die Höhe schnellt, wenn Sie sich über den langsamen Autofahrer vor Ihnen ärgern? Wie wäre es dann, Ihre Gedanken ein wenig umzulenken („D") und sich zu fragen, was hinter diesem Fahrstil stecken könnte: Hohes Alter? Die Folge eines Autounfalls als Kind? Ist der Fahrer vielleicht einfach ein Bewunderer der Landschaft? Das mag Ihnen vielleicht anfangs albern vorkommen (schließlich fährt der Idiot dadurch auch nicht schneller!), es verschafft Ihnen aber mehr Ruhe und möglicherweise Verständnis für diesen Menschen.

Aber Achtung: Ein Anstieg Ihres Optimismuspegels kann sich positiv auf Ihre Widerstandsfähigkeit auswirken. Also, warum nicht einfach mal die rosarote Brille aufsetzen und die Welt aus einer neuen Perspektive betrachten?

6.2.4 Resilienz

Sie müssen nicht weit suchen, um Geschichten von unerschütterlicher Resilienz zu finden. Ob es sich nun um Athleten handelt, die trotz verlorener Gliedmaßen weiterhin an Wettkämpfen teilnehmen, oder um Kriegsüberlebende und Flüchtlinge, die sich aus dem Nichts ein neues Leben aufgebaut haben – das Phänomen der Resilienz ist allgegenwärtig. Selbst Menschen, die die schrecklichsten Ereignisse überlebt haben, wie etwa den Holocaust, führen ein erfülltes Leben. Werfen Sie einen Blick in Ihre unmittelbare Umgebung: Auch dort gibt es sicherlich jemanden, der trotz aller Widrigkeiten seinen Lebensmut nicht verloren hat. Überraschend? Nicht wirklich. Die Forschung zeigt, dass Resilienz inmitten von Herausforderungen, seien sie nun groß oder klein, eher die Regel als die Ausnahme ist.

Resilienz oder auch *psychische Widerstandsfähigkeit* ist die Fähigkeit, Krisen nicht nur zu bewältigen, sondern sie zudem als Anlass für Entwicklungen zu nutzen – ein wenig wie das kräftige Zusammendrücken eines Luftballons und die Erkenntnis, dass er sich vollständig wieder aufgeblasen hat (oder sogar noch praller geworden ist).

Das Thema Resilienz ist momentan in aller Munde und hat direkten Einfluss auf Stress und Gesundheit. Kein Wunder also, dass die Wissenschaft sich dieses Themas angenommen hat. Bislang hat die Forschung sieben Schlüsselstrategien identifiziert, die zur Stärkung der persönlichen Resilienz beitragen können (Warner, 2009):

1. Setzen Sie sich bedeutungsvolle Ziele (Abschn. 8.1).
2. Verwenden Sie Ihre einzigartigen Stärken (Abschn. 5.1). Nicht nur im Unterricht, sondern natürlich auch im Job und dem Rest Ihres Lebens.
3. Vermeiden Sie negative Auslöser (beispielsweise ständig lästernde Kollegen oder das Sie stressende monatliche Familientreffen).
4. Schaffen Sie positive Emotionen (s. auch die Broaden-and-build-Theorie in Abschn. 2.9).

5. Seien Sie realistisch optimistisch (Abschn. 6.2.3).
6. Bleiben Sie hartnäckig, aufgeschlossen und flexibel.
7. Strecken Sie die Hand nach anderen aus (sowohl, um Hilfe zu holen, als auch, um Hilfe zu geben).

Die Implementierung der sieben Schlüsselstrategien fördert sowohl die Aktivierung Ihrer sozialen Netzwerke als auch die Entwicklung effektiver Bewältigungsmechanismen. Darüber hinaus trägt sie zur Verstärkung Ihres Meisterschaftsgefühls in spezifischen Bereichen bei und bewirkt eine generelle Steigerung Ihres Wohlbefindens. In der Summe erhalten Sie dadurch die notwendigen Fähigkeiten und das erforderliche Selbstvertrauen, um künftige Herausforderungen erfolgreich zu bewältigen.

Es mag überraschend sein, dass gerade Rettungskräfte – eine Berufsgruppe, die regelmäßig extremen physischen und psychischen Belastungen ausgesetzt ist – Einblicke in die Mechanismen der Resilienz bieten können. Forscher wie Luca Pietrantoni und Gabriele Prati (2009) fanden heraus, dass Humor eine erheblich schützende Rolle gegenüber traumatischem Stress spielt.

Humor kann nicht nur die Ausschüttung von Stresshormonen minimieren, sondern auch die natürliche "Kampf-oder-Flucht"-Reaktion modulieren. Weiterhin ermöglicht Humor eine Verschiebung des Fokus von stresserzeugenden zu weniger stressbelasteten Aspekten, was zu einem ruhigeren Gemütszustand und einer effektiveren Problemlösung führt.

6.2.5 Meditation und Achtsamkeit

Atmen Sie.

> Was wir „Ich“ nennen, ist nur eine Schwingtür, die sich bewegt, wenn wir einatmen und ausatmen. (Suzuki, 2007, S. 31)

Mist. Da ist er wieder. Der ultimative Tipp, ohne den kein Mensch leben kann … Er ist aber deshalb ein Klassiker, weil er wirkt, und zwar in wenigen Sekunden. Wenn Sie diese angeborene Fähigkeit üben und täglich mehrere Mal *bewusst* anwenden (z. B. 10 s vor der ersten Gabel einer Mahlzeit), dann werden Sie schnell merken, wie groß und nachhaltig die Effekte sind.

Physiologisch gesehen ist das Atmen etwas, das unserem Körper das Signal gibt, dass alles in Ordnung ist. Das hat ebenfalls eine direkte Auswirkung auf unsere geistige Verfassung und erzeugt Ruhe. Außerdem ist die

Konzentration auf den Atem eines der effektivsten Mittel, die umherschweifenden Gedanken einzufangen und auf einen Punkt zu fokussieren.

Forschungsarbeiten von Matt Killingsworth zeigen, dass ein wandernder Geist ein unglücklicher Geist ist – insbesondere, wenn Menschen ihre Gedanken in Richtung neutraler oder sogar unangenehmer Themen abschweifen lassen (an ein schönes Thema oder die gerade ausgeführte Aktivität zu denken, hatte keine Auswirkung auf das Wohlbefinden). Im Schnitt waren die Teilnehmer von Killingsworths Experimenten zu 46,9 % der Zeit mit den Gedanken ganz woanders. Wir befinden uns also mental in außerordentlichem Maße nicht in der Gegenwart (Killingsworth & Gilbert, 2010).

Achtsam beim Atmen (und in möglichst vielen weiteren Situationen) zu sein, ist auch eine der Übungen aus der *Mindfulness-Based Stress Reduction* (MBSR; Kabat-Zinn 2003), die von achtsamer Meditation bis hin zur Achtsamkeit in stressenden Situationen reicht. Regelmäßig angewendet können Übungen aus der MBSR die Verarbeitung von Stress immens erleichtern und beschleunigen - sowohl in Situationen, die als nur leicht stressend empfunden werden, als auch bei außergewöhnlichem Stress (Grossman et al., 2004). Indem wir uns auf den jetzigen Augenblick konzentrieren und störende und zerstörerische Gedanken wie „Alles wird schiefgehen" als das wahrnehmen, was sie sind (nämlich erst einmal nur Gedanken), können wir uns gleichzeitig von ihnen distanzieren, sie wieder gehen lassen und dadurch ihren negativen Effekt verringern.

Die regelmäßige Anwendung dieser Übungen führt zu systematischen Veränderungen im Gehirn, im Verhaltensrepertoire und in der Erfahrungswelt. All das benötigt lediglich Ihren Geist und einige wenige Minuten Ihrer Zeit.

Neben dem Klassiker *Zen-Geist, Anfänger-Geist* (Suzuki, 2007) ist das von dem Google-Ingenieur Chade-Meng Tan geschriebene Buch *Search Inside Yourself: Optimiere dein Leben durch Achtsamkeit* (Tan, 2015) eine humorvolle und praktische Einführung in die Themen Achtsamkeit und Meditation, inklusive nützlicher Anleitungen und Arbeitsbeispiele.

6.2.6 „Fauler" Sport

Sie haben richtig gelesen. Ich werde Ihnen hier nicht davon berichten, dass wir früher – zu Zeiten der Steinschleuder und des Faustkeils – mehr als 10 km am Tag gelaufen sind und heute oft nicht einmal mehr einen Kilometer zustande bringen, wenn wir clever parken und keine Treppen um„gehen". Wir alle kennen die Schwierigkeiten, den gut gemeinten, aber vagen Neujahrsvorsatz „Mehr Sport treiben" in die Tat umzusetzen.

Körperliche Betätigung reduziert immer noch Stress und hält gesund. Deshalb schlage ich Ihnen eine subtilere Form der körperlichen Betätigung vor, die ich als „faulen Sport" bezeichne. Sie können auch stärker, fitter, glücklicher und sogar schlauer werden, ohne dabei in Schweiß auszubrechen. Ernsthaft! Wenn Sie nicht sitzen, stillstehen oder liegen und gleichzeitig für fünf Minuten aufhören, etwas zu essen, können Sie die Kunst des „faulen Sports" meistern.

Fauler Sport ist ein Weg, um heimlich mehr körperliche Aktivität in Ihren Alltag einzubauen, ohne ein Fitnessstudio zu besuchen. Ein faules Workout könnte so simpel sein wie …

- für fünf Sekunden vom Stuhl aufzustehen und zu zappeln,
- nur einen einzigen Schritt weg vom Schreibtisch zu tun,
- nach draußen zu gehen und dem nächsten Baum ein *high-five* zu geben,
- zu Ihrem Lieblingslied zu tanzen (haben Sie die CD aus Abschn. 5.5.4 etwa immer noch nicht auf Spotify erstellt?!).

Forschungsergebnisse deuten darauf hin, dass für viele Menschen der Hauptstolperstein der sitzende Lebensstil ist. Ein aktiveres Leben würde mehr Energie, ein gesünderes Herz, eine verbesserte Stimmung, einen niedrigeren Cholesterinspiegel und weniger Körpergewicht mit sich bringen. Mehr als eine Stunde am Stück zu sitzen oder zu liegen hat nachweislich negative Auswirkungen auf unseren Geist und nahezu jeden Bereich unseres Körpers.

Am Stück für mehr als eine Stunde zu liegen oder zu sitzen hat negative Auswirkungen auf unseren Geist und praktisch jeden Teil unseres Körpers. Wir sind weniger in der Lage, Fett zu verbrennen, unser Blutdruck steigt, wir fühlen uns schneller gestresst und ängstlich. Wir sind sogar stärker erschöpft, als würden wir stehen!

Die Lösung dafür ist denkbar einfach: Betätigen Sie sich jede Stunde ein wenig. Schon ein einziger Schritt – oder sogar nur kurzes Aufstehen und Hinsetzen – reicht aus, um den sesshaften Zyklus zu unterbrechen.

Wie Sie vermutlich wissen, ist es recht gesund, viel Wasser zu trinken. Hier ein Trick, der bei mir gut funktioniert: Stellen Sie sich eine mit Wasser gefüllte Flasche auf den Tisch und markieren Sie sie von oben mit Zeitstrichen, z. B. beim ersten Viertel mit „10 Uhr", auf die Hälfte schreiben Sie „12 Uhr" und unten, nahe dem Boden, vermerken Sie beispielsweise „14 Uhr" (auffüllen nicht vergessen!). Das erinnert Sie daran, immer einmal wieder einen Schluck von diesem Lebenselixier zu nehmen. Ich verspreche Ihnen, Sie werden dann automatisch die nötigen Schritte tun, um das getrunkene Wasser auch wieder wegzubringen …

Wenn Ihre Blase robust ist und sich auch nach zwei Stunden nicht meldet, stellen Sie sich einen Wecker oder den Timer Ihres Smartphones und stehen Sie die letzte Minute einer Stunde. Telefonieren Sie aufrecht (das klingt ohnehin am anderen Ende energetischer), diskutieren Sie mit einem Kollegen im doppelten Sinne auf Augenhöhe (dann wird die Diskussion sicherlich auch kürzer) oder halten Sie bei einem Brainstorming Ihre Ideen an einer Post-it-Wand fest, anstatt auf dem PC oder Tablet. Nutzen Sie den entferntesten Drucker und WC. Stehen Sie bei Werbepausen auf oder wenn Sie ein Kapitel in Ihrem Buch beendet haben. Es mag anfangs albern erscheinen, aber wenn Gesundheit Priorität hat, sind die Möglichkeiten vielfältig.

Welche Vorteile hat der „faule Sport"?

Nach einem kurzen Aktivitätsschub – fünf Minuten genügen bereits – sinkt unser Blutdruck für etliche Stunden. Und zehn Minuten tägliches Schwitzen verringern nicht nur das Risiko für Herz-Kreislauf-Erkrankungen, sondern heben auch die Laune und dämpfen den Appetit. Jeder einzelne Schritt – und das ist wörtlich gemeint – wirkt sich positiv auf Taille und Cholesterinspiegel aus (McGonigal, 2011).

Das Ganze ins Freie zu verlagern, potenziert die positiven Effekte. Schon fünf Minuten Bewegung an der frischen Luft steigern unsere Stimmung und Energie, als hätten wir uns aktiv eine halbe Stunde in Innenräumen bewegt. Dabei kann die Aktivität von Spaziergängen, Radfahren und Tanzen über Treppensteigen und Frisbeespielen bis hin zum Aufsammeln und Entsorgen von Müll reichen. Solange Sie nicht sitzen oder liegen, ist alles erlaubt – sogar Aktivitäten, die man nicht unbedingt als Sport bezeichnen würde. In Gesellschaft zu sein, steigert diese Vorteile zusätzlich (Barton et al., 2012).

Sie werden feststellen, dass es enormen Spaß macht, sich diese fünf bis zehn Minuten täglicher Aktivität quasi "faul" zu erschleichen, anstatt an den oft ärztlich empfohlenen 30 min täglicher Bewegung zu scheitern.

Doch solang wir leben,
Kommt das Glück zu denen,
Die es mit Anlauf Volley nehmen
Die Zeit ist jetzt, die Zeit ist immer jetzt

Wenn du die Wahl hast
Ob du steh'n bleibst oder tanzt
Dann hoff' ich, dass du tanzt
(Roger Cicero: Wenn du die Wahl hast)

6.2.7 Was wäre, wenn ... ich wieder 55 wäre?

Ich komme nicht umhin zu glauben, dass wir weniger Stress empfanden, als wir jünger waren. Eines meiner Lieblingsexperimente aus dem Bereich der Positiven Psychologie hat zwar nicht den direkten Beweis dafür erbracht, bietet aber eine fantastische Möglichkeit, dem Stress ein Schnippchen zu schlagen. Ellen Langer (2009) kreierte ein einwöchiges Experiment, zu dem sie eine Gruppe von 75-jährigen Männern einlud.

Als diese am Ort des Experiments ankamen, wurden sie instruiert, in der nächsten Woche *so zu tun,* als wäre es 1959 – also das Jahr, in dem die nun 75-Jährigen noch knackige 55 Jahre jung waren. Außerdem sollten sich die Herren so anziehen wie damals und Ausweise mit ihren 55 Jahre jungen Konterfeis bei sich führen, die man ihnen aushändigte. Sie sollten ferner über die Themen, Erlebnisse und Ereignisse diskutieren, die damals in den Tageszeitungen standen (welche jetzt auf den Kaffeetischen auslagen). All jene Männer, die zu dieser Zeit einen Job hatten, sollten über diesen in der Gegenwart sprechen – ganz so, als wären sie nie in den Ruhestand getreten.

Zusammengefasst: Ellen Langer drehte für die Versuchspersonen die Zeit zurück, und zwar in allen Bereichen. Sie wollte zeigen, dass die Vorstellung über uns selbst einen direkten Einfluss auf unseren physischen und wahrlich objektiven Alterungsprozess hat. Eine gewagte These!

Doch genau dies wies Langer nach.

Vor dem Experiment wurden diverse Altersindikatoren gemessen: körperliche Stärke, Haltung, Wahrnehmung, Kognition und Kurzzeitgedächtnis. Nach nur einer Woche hatten sich die meisten Männer in allen Kategorien verbessert! Sie waren körperlich agiler, hatten eine verbesserte Haltung und sogar eine gesteigerte Griffkraft. Ihr Kurzzeitgedächtnis und ihre Sehfähigkeit hatten sich im Durchschnitt um fast 10 % verbessert. Über die Hälfte zeigte sogar signifikante Verbesserungen in der Intelligenz, einer Eigenschaft, die lange als unveränderbar galt! Als man Menschen, die nichts vom Experiment wussten, Vorher-Nachher-Fotos zeigte, schätzten diese die Männer auf den Nachher-Fotos im Durchschnitt drei Jahre jünger ein.

Langers Studie demonstriert nicht nur die Macht der Einstellung, sondern zeigt sogar, dass physiologische Alterungsaspekte durch eine veränderte Denkweise beeinflussbar sind! Ähnlich verhält es sich mit subjektivem Stress. Durch einen Perspektivwechsel können wir die Wahrnehmung über ihn verändern. Stellen Sie sich vor, 20 Jahre älter zu sein, und fragen Sie sich, welche der heutigen stressauslösenden Situationen dann noch eine Rolle spielen würden.

6.2.8 Umdeutung: Stress als Freund

» Mythos
Stress ist schädlich für die Gesundheit und muss vermieden werden!

Die Gesundheitspsychologin der Stanford University, Kelly McGonigal, stellt in ihrem vielbeachteten TED-Talk „How to make stress your friend" (McGonigal, 2013) verblüffende Erkenntnisse der Stressforschung vor. Eine Langzeitstudie (Keller et al., 2012) beobachtete 30.000 erwachsene Amerikaner über acht Jahre hinweg. Die zentralen Fragen:

Fragen

„Wie viel Stress fühlten Sie sich letztes Jahr ausgesetzt?"
„Glauben Sie, dass Stress gesundheitsschädlich ist?"

Verblüffendes Ergebnis: Nur diejenigen, die Stress als gesundheitsschädlich ansahen, hatten ein 43 % höheres Sterberisiko. Wer viel Stress hatte, ihn aber nicht als schädlich ansah, hatte sogar das niedrigste Sterberisiko der Studie! Eine veränderte Einstellung zu Stress ändert folglich die Reaktion des Körpers auf Stress (Keller et al., 2012).

Wenn Sie Ihr schnell schlagendes Herz, feuchte Hände oder einen schnelleren Atem nicht als Stress, sondern stattdessen als Zeichen sehen könnten, dass Ihr Körper voller Energie ist und Sie nun auf eine Herausforderung vorbereitet sind (schnellere Atmung versorgt das Gehirn mit mehr Sauerstoff), würde dies den Stress reduzieren. Bei einer typischen Reaktion des Körpers auf Stress erhöht sich die Herzfrequenz, die Adern ziehen sich zusammen. Passiert das andauernd, kann Stress zu Herz-Kreislauf-Erkrankungen führen. Menschen, die ihre Stressreaktion als hilfreich einstufen, reagieren physiologisch anders und gesünder. Ihr Herz schlägt in einem viel gesünderen Ausmaß und die Blutgefäße bleiben entspannt – ähnlich wie in Momenten der Freude oder des Mutes.

> In einem Leben geprägt von Stress, kann diese eine biologische Änderung den Unterschied ausmachen zwischen einem stress-induzierten Herzinfarkt mit 50 und einem guten Leben bis zum Alter von 90 Jahren. (McGonigal, 2013)

Weiterhin zeigt Kelly McGonigal, dass Stress uns sozial macht, und zwar mithilfe des „Kuschelhormons“ Oxytocin. Dieses Hormon schärft die sozialen Instinkte und fördert empathisches Verhalten, was wiederum die sozialen Bindungen stärkt.

Oxytocin ist aber auch – ähnlich wie Adrenalin – ein Stresshormon. Es hilft Ihnen in stressreichen Zeiten, die Hilfe der Menschen zu suchen, die um Sie besorgt sind und Ihnen helfen möchten. Oxytocin ist zudem auf der körperlichen Ebene ein natürlicher Entzündungshemmer. Es hilft Ihren Blutgefäßen, ähnlich wie der Glaube an Stress als Freund, in Stressphasen entspannt(er) zu bleiben. Wenn Sie in einer Stresssituation jemandem helfen oder selbst Hilfe suchen, setzt Ihr Körper mehr Oxytocin frei, Ihre Stressantwort wird gesünder und Sie erholen sich schneller vom Stress.

Die Art und Weise, wie wir über Stress denken und wie wir handeln, beeinflusst also unsere Stresserfahrung. Indem wir Stress als hilfreich ansehen, kreieren wir eine „Biologie des Mutes“. Wenn wir in Stresssituationen soziale Unterstützung suchen, stärken wir unsere Resilienz und erholen uns schneller von Stressbelastungen.

6.2.9 Buddies for Life

Aus Kap. 4 wissen wir bereits, dass soziale Beziehungen eine wichtige Ressource für unser Wohlbefinden sind, besonders in stressigen Zeiten. Vertrauen, Lachen und das Gefühl der Zugehörigkeit sind essenziell für unsere Gesundheit. Was passiert also, wenn wir all diese Elemente bündeln, um in herausfordernden Situationen einen sicheren Hafen zu haben? Hier kommt das Konzept des "Buddys" ins Spiel.

Selbst, wenn Sie noch nie getaucht sind, können Sie es sich bestimmt vorstellen: Es macht einfach mehr Laune, neben sich eine vertraute Person durch das Wasser gleiten zu wissen, die nicht nur mit Ihnen Korallen, Schildkröten oder (in manch heimischen Gewässern) die Hand vor Augen bestaunt, sondern Ihnen auch zur Hilfe eilt, wenn Sie Probleme mit Ihrem Equipment, mit dem Druck auf den Ohren oder der Hand vor Augen haben.

Einen Buddy an der Seite zu haben, macht den großen Unterschied. Er steht für eine kraftvolle soziale Beziehung, für volles Vertrauen. Diese Person bringt Sie zum Lachen, und – das ist beinahe am wichtigsten – Sie haben die Möglichkeit, sie oft zu sehen oder zu sprechen, idealerweise mindestens einmal alle zwei Wochen.

Welche positiven Auswirkungen hat es im Alltag, einen Buddy zu haben?

Die Wissenschaft untermauert die Bedeutung solcher Beziehungen. Hunderte von Studien zeigen, dass *mindestens zwei enge soziale Beziehungen* große positive Auswirkungen auf Gesundheit und Zielerreichung haben können. Diese Beziehungen sind durch vier Schlüsseleigenschaften gekennzeichnet:

1. *Positivität:* Sie fühlen sich gut, wenn Sie die andere Person sehen und haben danach meist mehr Energie als vorher.
2. *Ehrlichkeit:* Sie können ehrlich und aufrichtig miteinander über Probleme und Herausforderungen in Ihrem Leben reden.
3. *Unterstützung:* Sie fühlen sich wohl dabei, sich gegenseitig um Hilfe zu bitten.
4. *Nähe:* Sie finden Zeit füreinander, sehen oder sprechen sich mindestens alle zwei Wochen.

Erkennen Sie diese vier Eigenschaften in einer Ihrer Beziehungen, dann haben Sie einen guten „Buddy" gefunden.

Und noch einmal die magische Zahl vier, denn solche einflussreichen, positiven sozialen Beziehungen unterstützen Sie auf vier Arten, sowohl kurzfristig als auch langfristig (Umberson & Montez, 2010):

1. *Stärkung des Immunsystems:* Der soziale Support von mindestens zwei Personen hat einen großen Effekt auf die Funktion Ihres Immunsystems. Wunden heilen schneller, wir holen uns seltener eine Erkältung und selbst der Kampf gegen bösartige Krankheiten wie Krebs wird effektiver!
2. *Verringerung des Stresslevels:* Positive soziale Interaktionen verringern das Niveau des Stresshormons Cortisol im Körper.
3. *Kardiovaskuläre Auswirkungen:* Zeit mit den Menschen zu verbringen, die wir gerne mögen, senkt den Blutdruck und verringert die Herzfrequenz (Birmingham et al., 2009).
4. *Soziale Ressourcen:* Verbündete helfen uns, die Ressourcen zu sammeln, die wir für das Erreichen unserer Ziele benötigen. Egal, ob das Mut, Selbstvertrauen, Zuspruch oder einfach erfolgreiche Beispiele aus der Vergangenheit sind, an die wir uns nicht mehr erinnern können.

Sie sehen auch hier wieder direkte und indirekte Auswirkungen auf Körper und Geist. Das Schönste hierbei ist: Es funktioniert in beide Richtungen. Jedes Mal, wenn Sie sich mit einem Buddy treffen oder aussprechen, stärken Sie auch diese(n) Menschen.

Es ist natürlich nicht zwingend notwendig, Freunde fürs Leben zu werden. Haben Sie allerdings eine Person an der Seite, die Sie schon Ewigkeiten kennen, und diese Freundschaft hält auch weiterhin, ist der Effekt besonders positiv. Besonders langjährige Freundschaften haben einen großen positiven Effekt und können sogar die Lebenserwartung erhöhen (Holt-Lunstad et al., 2010).

Beispiel

Die Liste der Faktoren, die uns Stress bereiten und langfristig unsere Gesundheit beeinträchtigen können, ist umfangreich. Oft sind es hausgemachte Belastungen, die uns zusetzen. Vielleicht haben Sie beim Lesen des vorherigen Abschnitts gemerkt, dass einige Punkte auf Sie zutreffen. Zu hohe Selbstansprüche oder mangelnder Schlaf sind beispielsweise weitverbreitete Stressfaktoren. Wenn Sie sich in einem dieser Punkte wiederfinden, warum nicht einfach eine konkrete Änderung für die kommende Woche planen? Ob es darum geht, eine Stunde früher als normal ins Bett zu gehen oder ein sich in einem Dankbarkeitstagebuch selbst mal zu loben, anstatt auf die Wertschätzung anderer zu warten – kleine Schritte können große Wirkungen haben

Viele Wege führen zu körperlicher und mentaler Gesundheit
Es gibt unzählige Wege, um sowohl die körperliche als auch die mentale Gesundheit zu verbessern. Der Vorteil: Die meisten der hier vorgestellten Methoden haben nicht nur positive Auswirkungen auf Ihre Gesundheit, sondern auch auf Ihr allgemeines Wohlbefinden. Diese Methoden sind zudem zentrale Forschungsthemen der Positiven Psychologie und basieren auf empirisch fundierten Studien. Selbst wenn Sie sich aktuell gesund und fit fühlen, können Sie von diesen Interventionen profitieren. Methoden zur Stärkung von sozialen Netzwerken, zur Förderung von Sinnhaftigkeit, Optimismus, Resilienz und Achtsamkeit können wertvolle Beiträge zu einer nachhaltigen Lebensqualität leisten.

Literatur

Antonovsky, A. (1987). *Unraveling the mystery of health: How people manage stress and stay well.* Jossey-Bass.

Barton, J., Griffin, M., & Pretty, J. (2012). Exercise-, nature- and socially interactive-based initiatives improve mood and self-esteem in the clinical population. *Perspectives in Public Health, 132*(2), 89–96.

Baumeister, R. F. (2005). *The cultural animal: Human nature, meaning, and social life*. Oxford University Press.
Baumeister, R. F., & Vohs, K. D. (2002). The pursuit of meaningfulness in life. In C. R. Snyder & S. J. Lopez (Hrsg.), *Handbook of positive psychology* (S. 608–618). Oxford University Press.
Cohen, S., Doyle, W. J., Skoner, D. P., Rabin, B. S., & Gwaltney, J. M. (1997). Social ties and susceptibility to the common cold. *JAMA, 277*(24), 1940–1944.
Csikszentmihalyi, M. (1997). *Finding flow: The psychology of engagement with everyday life*. Basic Books.
Fink, C. (2015). Positiver Journalismus – einführende Gedanken. In P. Journalismus (Hrsg.), *Deutscher Fachjournalisten-Verband* (S. 7–17). UVK-Verlag.
Forsa. (2015). Vorsätze für das Jahr 2016. http://goo.gl/kK6PKv. Zugegriffen: 11. März 2015.
Frankl, V. E. (1963). *Man's search for meaning: An introduction to logotherapy*. Washington Square Press.
Gottman, J. (2014). *Die 7 Geheimnisse der glücklichen Ehe*. Ullstein.
Grant, A. M., & Sonnentag, S. (2010). Doing good buffers against feeling bad: Prosocial impact compensates for negative task and self-evaluations. *Organizational Behavior and Human Decision Processes, 111*(1), 13–22.
Grossman, P., Niemann, L., Schmidt, S., & Walach, H. (2004). Mindfulness-based stress reduction and health benefits: A meta-analysis. *Journal of Psychosomatic Research, 57*(1), 35–43.
Haas, O. (2015). *Corporate Happiness als Führungssystem*. Schmidt.
Hans-Böckler-Stiftung. (2023, 17. März). Studien zu Homeoffice und mobiler Arbeit. https://www.boeckler.de/de/auf-einen-blick-17945-Auf-einen-Blick-Studien-zu-Homeoffice-und-mobiler-Arbeit-28040.ht. Zugegriffen: 21 Nov. 2023.
Institut für Arbeit und Gesundheit der Deutschen Gesetzlichen Unfallversicherung (IAG). (2012). Ständige Erreichbarkeit: Wie belastet sind wir? Ursachen und Folgen ständiger Erreichbarkeit. https://d-nb.info/1037798317/34. Zugegriffen: 17. Apr. 2024.
Janson, S. (2009). *Die 110-%-Lüge: Wie Sie mit weniger Perfektion mehr erreichen*. Redline Wirtschaft.
Keller, A., Litzelman, K., Wisk, L. E., Maddox, T., Cheng, E. R., Creswell, P. D., & Witt, W. P. (2012). Does the perception that stress affects health matter? The association with health and mortality. *Health Psychology, 31*(5), 677–684.
Kiecolt-Glaser, J. K., McGuire, L., Robles, T. F., & Glaser, R. (2002). Emotions, morbidity, and mortality: New perspectives from psychoneuroimmunology. *Annual Review of Psychology, 53*(1), 83–107.
Killingsworth, M. A., & Gilbert, D. T. (2010). A wandering mind is an unhappy mind. *Science, 330*(6006), 932–932.
Langer, E. J. (2009). Counterclockwise. Random House Digital, Inc.
McGonigal, K. (2011). Brief bouts & baby steps. http://goo.gl/YL0Pqh. Zugegriffen: 24. März 2015.

McGonigal. K. (2013). *How to make stress your friend.* In TEDGlobal. Edinburgh, Schottland: TEDGlobal 2013. http://goo.gl/2Zqf02.

Nes, L. S., & Segerstrom, S. C. (2006). Dispositional optimism and coping: A meta-analytic review. *Personality and social psychology review: An official journal of the Society for Personality and Social Psychology, Inc, 10*(3), 235–251.

ÖFIT. (2023, 2. November). Vorstellung des Deutschland-Index der Digitalisierung 2023. https://www.cio.bund.de/SharedDocs/kurzmeldungen/Webs/CIO/DE/startseite/2023/06_deutschland_index.html. Zugegriffen: 21. Nov 2023.

Pietrantoni, L., & Prati, G. (2009). Resilience among first responders. *African health sciences, 8*(3), 14-20.

Rodin, J., & Langer, E. J. (1977). Long-term effects of a control-relevant intervention with the institutionalized aged. *Journal of Personality and Social Psychology, 35*(12), 897–902.

Ryan, R. M., & Deci, E. L. (2000). Self-determination theory and the facilitation of intrinsic motivation, social development, and well-being. *American Psychologist, 55*(1), 68.

Scheier, M. F., & Carver, C. S. (1992). Effects of optimism on psychological and physical well-being: Theoretical overview and empirical update. *Cognitive Therapy and Research, 16*(2), 201–228.

Schnell, T. (2010). Existential indifference: Another quality of meaning in life. *Journal of Humanistic Psychology, 50*(3), 351–373.

Seligman, M. (2006). *Learned optimism: How to change your mind and your life.* Vintage.

Suzuki, S. (2007). *Zen-Geist Anfänger-Geist.* Theseus Verlag.

Tan, C.-M. (2015). *Search Inside Yourself: Optimiere dein Leben durch Achtsamkeit.* Goldmann.

Thompson, C. A., & Prottas, D. J. (2005). Relationships among organizational family support, job autonomy, perceived control, and employee well-being. *Journal of Occupational Health Psychology, 10*(4), 100–118.

Tomoff, M. (2011). 12 wissenschaftlich belegte Tipps für bessere Selbstkontrolle und Disziplin. http://goo.gl/df9wwo. Zugegriffen: 20. Nov 2015.

Tomoff, M. (2012). Wie finde ich meine Werte? http://goo.gl/Sx6e0j. Zugegriffen: 14. März 2016.

Tomoff, M. (2013). Jetzt neu: Wir kennen unseren Sterbetag! http://goo.gl/btjI5f. Zugegriffen: 22. Januar. 2015.

Tomoff, M. (2015). iPhone-Effekt – Wie Handys unsere Gespräche beeinflussen. https://goo.gl/SMR0k3 Zugegriffen: 14. Sept. 2016.

Tower Watson. (2012). Engagement at risk: Driving strong performance in a volatile global environment. https://goo.gl/Yk0wRL. Zugegriffen: 15. März 2014.

Umberson, D., & Montez, J. K. (2010). Social relationships and health: A flashpoint for health policy. *Journal of Health and Social Behavior, 51*(1 Suppl), S54–S66.

Weltgesundheitsorganisation. (2014). Verfassung der Weltgesundheitsorganisation. https://goo.gl/AZpXvt. Zugegriffen: 10. März 2015.

Wadlinger, H. A., & Isaacowitz, D. M. (2006). Positive mood broadens visual attention to positive stimuli. *Motivation and Emotion, 30*(1), 87–99.

Warner, R. (2009). Seven principles of building personal resilience: Practical ways of growing through adversity. http://goo.gl/vxjPo2. Zugegriffen: 2. Feb. 2016.

Wong, P. T. P. (2010). Meaning therapy: An integrative and positive existential psychotherapy. *Journal of Contemporary Psychotherapy, 40*(2), 85–93.

Yalom, I. D. (1980). *Existential psychotherapy*. Basic Books.

7

Positive Psychologie im Umgang mit Geld

» Mythos
Geld macht nicht glücklich.

Kernaussagen:

- Es besteht nur ein geringer Zusammenhang zwischen Geld und Wohlbefinden in Industrieländern, sobald Grundbedürfnisse erfüllt sind.
- Für Menschen mit geringem Einkommen hat Geld eine größere Bedeutung, da es existenzielle Notlagen abmildern kann.
- Erfahrungen und Erlebnisse bringen langfristig mehr Glück als materielle Dinge.
- Das Ausgeben von Geld für andere macht glücklicher.

Das Thema Geld fasziniert viele, insbesondere im Kontext von Glück und Zufriedenheit. Vermutlich ist das so, weil Geld ein leicht messbares und vergleichbares Gut ist, dessen Menge man zudem beeinflussen kann.

Steht die volkstümliche Annahme, Geld allein schaffe kein Glück, noch immer? Jeder kennt Menschen, die mehr Geld besitzen, als sie jemals ausgeben könnten, und dennoch unglücklich sind. Viele von uns haben auch auf Fernreisen in weniger wohlhabende Länder extrem glückliche Menschen getroffen, obwohl ihnen die Mittel für ein – aus europäischer Sicht – „erfülltes Leben" fehlten.

M. Tomoff, *Positive Psychologie – Erfolgsgarant oder Schönmalerei?*,
https://doi.org/10.1007/978-3-662-68397-2_7

Und doch scheint der Glaube, dass Geld einen wesentlichen Einfluss auf die Lebenszufriedenheit hat, tief verwurzelt zu sein (Ahuvia, 2008).

Was sagt die Forschung dazu: Wie stark beeinflusst Geld die Lebenszufriedenheit wirklich?

In Industrieländern gibt es nur einen geringen, aber verlässlichen Zusammenhang zwischen Wohlbefinden und Geld, wenn die Grundbedürfnisse gedeckt sind (Diener & Biswas-Diener, 2002). Trotzdem widmen Menschen einen großen Teil ihrer Zeit und Energie dem Geldverdienen.

Menschen mit sehr geringem Einkommen stehen jedoch vor ernsthaften Herausforderungen, wie der Gefahr, die Wohnung zu verlieren, in kriminalitätsbelastete Gegenden ziehen zu müssen, im Krankheitsfall nicht angemessen behandelt zu werden oder gar zu wenig Nahrung zu haben. Hier sind die Grundbedürfnisse klar nicht erfüllt.

Für die Ärmeren in der Gesellschaft hat Geld daher eine größere Bedeutung als für die Wohlhabenden. Schon eine kleine Einkommenssteigerung kann ernsthafte Notlagen abmildern oder verhindern (Smith et al., 2005). Deshalb arbeiten Menschen unermüdlich, um die Ressource Geld zu sichern – oft auf Kosten von Freizeit und Familie.

Doch warum jagen selbst jene dem Geld hinterher, auf deren Wohlbefinden es keinen so großen Effekt hat?

Lara Aknin und ihr Team (2009) sehen die Ursache in einer Überschätzung des Einflusses von Geld auf das Wohlbefinden. Sie baten Menschen unterschiedlicher Einkommensklassen:

a) ihr eigenes Wohlbefinden und das *der anderen* zu bewerten und
b) das Wohlbefinden von Menschen *anderer* Einkommensklassen einzuschätzen.

Die Auswertung zeigte, dass die Teilnehmer recht genaue Einschätzungen des Wohlbefindens bei höheren Einkommen (90.000 US$ und darüber) abgaben, während sie den Einfluss des Einkommens auf das Wohlbefinden von Geringverdienern (55.000 US$ und darunter) *stark überschätzten*. Sie unterschätzten somit das Wohlbefinden der Niedrigverdiener und assoziierten fälschlicherweise ein niedriges Einkommen mit niedriger Lebenszufriedenheit.

Gibt es eine Grenze, ab der sich das Wohlbefinden nicht mehr mit dem Einkommen erhöht?

In einer Studie von 2010 untersuchten Kahneman und Deaton, wie sich das Einkommen auf das Glücksgefühl auswirkt. Sie nutzten einfache Fragen zu den Erfahrungen der Teilnehmer am vorherigen Tag. Ihre Ergebnisse zeigten, dass das Glück mit steigendem Einkommen zwar zunimmt, aber nur bis zu einem bestimmten Punkt. Nach Erreichen dieses Punktes bleibt das Glücksgefühl gleich, unabhängig davon, wie viel mehr Geld die Teilnehmer verdienen. Dieses Muster wurde als „Abflachungsmuster" bezeichnet.

Jebb, Tay, Diener und Oishi führten 2018 eine weitere Studie über den Zusammenhang von Einkommen und Wohlbefinden durch. Sie fanden einen globalen Sättigungspunkt bei 95.000 US$ für die Lebensbewertung und zwischen 60.000 und 75.000 US$ für das emotionale Wohlbefinden heraus. Das Forscherteam bemerkte jedoch, dass die Sättigungspunkte nach Regionen variierten und in wohlhabenderen Gebieten später auftraten.

Diese Studie zeigt die Komplexität der Beziehung zwischen Einkommen und Wohlbefinden und wie regionale wirtschaftliche Bedingungen die Wahrnehmung des Wohlbefindens beeinflussen können (Jebb et al., 2018).

Im Jahr 2021 führte Killingsworth eine weitere Studie durch, in der er eine detailliertere Methode zur Erfassung der Erfahrungen der Teilnehmer verwendete. Im Gegensatz zu der früheren Studie von Kahneman und Deaton zeigte seine Analyse, dass das Glück kontinuierlich mit dem Einkommen stieg, ohne einen Stillstand zu erreichen. Dies wurde als „linear-logistisches Muster" bezeichnet.

Angesichts der widersprüchlichen Ergebnisse beschlossen die Autoren, eine gemeinsame Analyse durchzuführen, um eine kohärente Interpretation zu finden. Sie überprüften die Daten von Killingsworth erneut und fanden heraus, dass das Abflachungsmuster nur für die am wenigsten glücklichen Menschen zutraf. Bei glücklicheren Menschen stieg das Glück stetig mit dem Einkommen. Der Anstieg beschleunigte sich sogar bei den glücklichsten Menschen.

Eine wichtige Erkenntnis der gemeinsamen Analyse war, dass sich mit steigendem Einkommen auch die Art und Weise verändert, wie Menschen

Glück erleben. Dieser Aspekt wurde in beiden Studien nicht berücksichtigt, was zu einigen Fehlinterpretationen führte.

> **Geld führt nicht annähernd zu so großem Wohlbefinden, wie Menschen denken**
>
> Es mag sein, dass Menschen hart arbeiten, um ihr Einkommen zu stabilisieren oder zu erhöhen, weil sie den negativen Einfluss von niedrigen Einkommen auf die Zufriedenheit überschätzen. Doch auch höhere Einkommen können ab einem bestimmten Punkt das Glücksgefühl langfristig nicht mehr steigern.

Dennoch ist es ein Mythos, dass Geld nicht glücklich macht. Es kommt allerdings darauf an, *wofür* Sie es ausgeben…

7.1 Wofür sollte man sein Geld ausgeben? – Materielles versus Erlebnisse

Das *Easterlin-Paradox,* benannt nach Richard Easterlin, stellt eine (nicht unumstrittene) Theorie über den Zusammenhang zwischen Einkommen und Glück dar. Easterlin fand in seinen Vergleichen *zwischen verschiedenen Nationen* einen schwächeren Zusammenhang zwischen subjektivem Glück und Einkommen als er es bei Vergleichen *innerhalb verschiedener Länder* tat. Zudem stellte er über einen Zeitraum von 24 Jahren für US-Amerikaner fest, dass trotz Einkommenssteigerungen keine Zunahme des Glücksgefühls verzeichnet werden konnte – selbst nach Berücksichtigung aller anderen möglichen negativen Einflüsse auf das Wohlbefinden nicht (Easterlin, 2001).

Obwohl das Durchschnittseinkommen in vielen Ländern über die Jahre hinweg drastisch stieg, blieb das Niveau des Wohlbefindens in Industrieländern weitgehend konstant (Easterlin, 1995).

Eine faszinierende Deutung dieses ungewöhnlichen Befundes liefert der Ökonomie-Professor Robert Frank (2004), der argumentiert, dass Menschen dazu neigen, ihren größeren Reichtum in materielle Güter zu investieren, welche kaum zu anhaltendem Wohlbefinden beitragen.

Zum Beispiel kaufen viele Menschen teure Konsumgüter wie Smartphones, Tablets, gehobene Kleidung oder Autos, die zwar kurzzeitig das Wohlbefinden steigern, aber in den meisten Fällen keine wiederkehrenden Freudenschreie auslösen. Sobald ein neueres Modell des technischen Geräts auf den Markt kommt oder die Kleidung aus der Mode gerät, verfliegt die Freude rasch.

Eine wachsende Anzahl von Studien unterstreicht, dass es vor allem Erlebnisse und Erfahrungen sind, die uns glücklich machen (Van Boven & Gilovich, 2003). Natürlich existiert oft nur eine feine Linie zwischen materiellen Gütern und Erlebnissen. So kann die Investition in ein Paar Funkboxen, die jeden Tag hunderte Lieder in die eigenen vier Wände streamt, kontinuierlich für gute Laune sorgen. Die neue Spielkonsole kann sowohl das Kind in Ihnen als auch Ihre erwachsenen Freunde über viele gemeinsame Abende hinweg begeistern.

Es scheint so, dass jene unter uns, die die Fähigkeit kultiviert und zur Perfektion gebracht haben, aus Dingen Erfahrungen zu generieren, die Glücklichsten sind. Dennoch ist es auch für die weniger fähigen Glücksjäger eine gute Strategie, anstelle von in Güter in Erfahrungen zu investieren, wie z. B. in das gaumenfreudige Candle-Light-Dinner, den Besuch des Konzerts des Lieblingskünstlers oder die Befreiung von langer und anstrengender Pendelei zwischen zu Hause und der Arbeitsstelle.

Warum haben Erfahrungen und Erlebnisse einen höheren Stellenwert für unser Wohlbefinden als materielle Dinge?

Hier sind zehn Gründe, um diese Frage zu beantworten:

1. Im Gegensatz zu uns selbst verändern sich die meisten Dinge über die Zeit nicht, wodurch wir uns rascher an sie gewöhnen (Lyubomirsky, 2013).
2. Erlebnisse werden häufig im sozialen Kontext mit anderen geteilt, gemeinsam voller Vorfreude erwartet oder im Nachhinein erneut durchlebt. Ein geselliger Abend beim Bowling mit Freunden zementiert die Freundschaften stärker als das stolze Präsentieren der neuesten Apple Watch. Dies deutet darauf hin, dass Erlebnisse höhere Bedürfnisse erfüllen, wie das Bedürfnis nach sozialer Verbundenheit und Vitalität (Howell & Hill, 2009).
3. Erlebnisse bieten besseren Gesprächsstoff als Dinge, da sie oft die soziale Interaktion verbessern und die Möglichkeit bieten, eine tiefere Verbindung zum Gegenüber herzustellen (van Boven, 2005).
4. Wir neigen dazu, unsere Erfahrungen weniger mit denen anderer zu vergleichen; größtenteils, weil es viel Fantasie erfordert, die Flitterwochen

der Freunde auf den Malediven mit den eigenen Abenteuerreisen durch Südostasien zu vergleichen. Die Geschmäcker sind hier ohnehin verschieden, und wer gönnt seinen Freunden nicht ihre Strandferien, wenn man selbst möglicherweise kein Freund von Sand zwischen den Zehen ist?

5. Erfahrungen sind weniger anfällig für den „Was-hätte-sein-können"-Vergleich (Carter & Gilovich, 2010), der einen oft heimsucht, wenn man den gekauften (und völlig zufriedenstellenden) Laptop mit dem jetzt 200 € günstigeren Modell vergleicht, das einen Monat später im Schaufenster steht. Eine preiswertere, aber inhaltlich identische Reise wäre einen Monat später vielleicht aufgrund einer Urlaubssperre oder einsetzenden Monsunregens nicht mehr möglich gewesen, daher stellt man sich solche Fragen hier erst gar nicht.
6. Während Dinge mit der Zeit veralten und uninteressant werden, bis sie von der neuesten Version ersetzt werden, können Erlebnisse mit der Zeit sogar positiver erscheinen oder noch mehr Freude bereiten. So sind die Erinnerungen an den Skiurlaub voller positiver Momente. Wir vergessen, wie stressig die Planung, An- und Abreise waren, und dass es die meiste Zeit geregnet hat (Mitchell et al., 1997). Die fabelhaften Fotos lassen den Urlaub immer etwas schöner erscheinen und es ist auch wahrscheinlicher, dass wir unsere vergangenen Erlebnisse mental häufiger besuchen als längst vergessene Einkäufe (van Boven & Gilovich, 2003).
7. Erlebnisse machen uns glücklicher als Dinge, da wir uns wahrscheinlicher mit ihnen identifizieren („Ich bin, was ich tue, nicht was ich habe.") und sie nicht eintauschen wollen. Wenn wir etwas besitzen, befindet es sich außerhalb von uns – im Regal, im Wohnzimmer oder im Keller. Erlebnisse hingegen sind Teil von uns und bleiben als Erinnerungen erhalten.
8. Wir schätzen Herausforderungen und Abenteuer, sodass das Gefühl, einen Berg erklommen oder eine schwierige Lektion gelernt zu haben, uns ein höheres Maß an Glück vermitteln kann als materielle Dinge (Lyubomirsky, 2013). Es sei denn, Sie haben tatsächlich ein Kuscheltier aus einem dieser Greifautomaten auf einem Jahrmarkt angeln können … Chapeau!
9. Der Fokus auf materielle Güter statt auf erlebte Erfahrungen verlangt einen höheren Tribut: Materialisten berichten von weniger Zufriedenheit und Sinnhaftigkeit in ihrem Leben, haben oberflächlichere Beziehungen, sind unsicherer und genießen weniger Sympathie von anderen als jene, die weniger Wert auf Materielles legen (Lyubomirsky, 2013).

Außerdem zeigen Materialisten im Verhältnis zu Nichtmaterialisten seltener eine für das Wohlbefinden extrem wichtige Eigenschaft: Dankbarkeit (Tsang et al., 2014).

10. Menschen mit höherem Einkommen erzeugen mit höherer Wahrscheinlichkeit ein größeres Wohlbefinden durch die Investition in Erlebnisse im Vergleich zu niedriger Verdienenden, die wiederum mehr Glück aus materiellen Einkäufen ziehen (van Boven & Gilovich, 2003). Dieser letzte Befund ließ Howell und Hill (2009) spekulieren, dass erlebnisreiche Investitionen die psychologischen Bedürfnisse der Mehrverdiener befriedigen, während das Anhäufen materieller Besitztümer den grundlegenden physiologischen Bedürfnissen der Niedrigverdiener entgegenkommt.

Eine bemerkenswerte Beobachtung hinsichtlich des Sammelns von Erfahrungen stellten Bhattacharjee und Mogilner (2014) fest: Das Alter beeinflusst, was uns glücklich macht. Mit zunehmendem Alter scheinen Menschen mehr Zufriedenheit aus den alltäglichen Erlebnissen zu ziehen, im Gegensatz zu den aufregenden Abenteuern. In ihrer Studie befragten die Forscher über 200 Menschen im Alter von 19 bis 79 Jahren über ihre glücklichen Erlebnisse – sowohl die alltäglichen als auch die außergewöhnlichen.

Das Ergebnis macht Hoffnung für die späteren Jahre: Über alle Altersgruppen hinweg konnten die Teilnehmer Glücksgefühle aus einer Vielzahl von Erlebnissen ziehen – sowohl aus den gewöhnlichen als auch aus den besonderen, wie dem Ausleben ihrer Hobbys, dem Aufenthalt in der Natur, Reisen, Essen oder Verliebtsein. Doch vor allem die älteren Menschen konnten mehr Zufriedenheit aus den relativ normalen Erfahrungen schöpfen. Sie empfanden mehr Freude, wenn sie Zeit mit ihrer Familie verbrachten, das Gesicht einer anderen Person betrachteten oder im Park spazieren gingen.

Jüngere Menschen hingegen definierten sich eher über außergewöhnliche Erfahrungen.

7.2 Für wen gibt man sein Geld am besten aus? – das Helper's High

Dunn et al. (2008) von der Universität Berkeley entdeckten, dass die Art, *wie* wir unser Geld ausgeben, mindestens ebenso wichtig ist, wie die Höhe unseres Einkommens. Insbesondere das Ausgeben von Geld *für andere* anstelle für sich selbst führte in ihrer Studie zu einem höheren Wohlbefinden.

Mitarbeiter eines Unternehmens wurden in Dunns Studie gebeten, ihren allgemeinen Glückspegel vor und nach dem Erhalt ihres Jahresbonus zu berichten. Unabhängig von der Höhe des Bonus berichteten Mitarbeiter, die in den nachfolgenden 6–8 Wochen mehr davon für andere Menschen ausgaben oder spendeten, über ein höheres allgemeines Glückslevel als diejenigen, die mehr Geld für sich selbst ausgaben.

In einem weiteren Experiment fanden Dunn und Kollegen heraus, dass Teilnehmer, die angewiesen wurden, einen kleinen Geldbetrag (entweder 5 oder 20 US$) für andere auszugeben, größere Glücksgefühle erlebten als diejenigen, die den gleichen Geldbetrag für sich selbst ausgaben. Auch hier spielte die Höhe des Betrags keine Rolle.

Dunns Beispiel verdeutlicht, dass selbst die Verwendung einer vorgegebenen Summe für andere immer noch das Gefühl des Glücks hervorrufen kann – selbst, wenn der tatsächliche Wert gering ist.

Psychologen bezeichnen dieses Phänomen als das **Helper's High.** Neurowissenschaftliche Studien (Harbaugh et al., 2007) zeigen, dass das Geben und Handeln zum Vorteil anderer die Belohnungs- und Sinnzentren in unserem Gehirn aktiviert, die uns wiederum Glücksgefühle vermitteln und ein Gefühl von Bedeutung hervorrufen.

Wie die Bezeichnung des Phänomens ahnen lässt, wurden diese Forschungsergebnisse – wie so häufig – in den USA erbracht.

Gilt das Helper's High in verschiedenen kulturellen Kontexten oder nur in den USA?

Lara Aknin und ihre Kollegen (2013) untersuchten genau diese Frage. Sie fanden heraus, dass Menschen weltweit einen emotionalen Vorteil daraus ziehen, ihre finanziellen Mittel für die Unterstützung anderer einzusetzen. Sie analysierten Daten aus 136 Ländern. Die positive Korrelation zwischen prosozialem Ausgeben und höherem Wohlbefinden war in allen Ländern festzustellen.

Bis zu 20 € für andere Menschen auszugeben, kann bei eher selbstbezogenen Personen, die extrinsische Ziele (wie das Anhäufen von Geld oder anderen materiellen Besitz) verfolgen, einen großen Effekt erzielen. Indem sie anderen durch das Teilen persönlicher Ressourcen bewusst helfen oder zu deren Wohlbefinden beitragen, können diese Personen ihren tief verwurzelten Glaubenssatz infrage stellen, dass Glück eher das Resultat des Nehmens als des Gebens ist.

Ein echter Experte zum Thema „Geben und Nehmen" ist Adam Grant, einer der zur Veröffentlichung seines ersten Buches jüngsten und bestbewerteten Professoren der USA (Wharton School der University of Pennsylvania). In seinem gleichnamigen Bestseller über Reziprozität zeigt er eindrucksvoll die Auswirkungen des Gebens (Grant, 2013).

Beispielsweise berichtet Grant von einer faszinierenden Studie von Arthur Brooks (2007), in der die Beziehung zwischen Einkommen und Spendenverhalten bei über 30.000 Amerikanern untersucht wurde. Brooks berücksichtigte dabei Faktoren wie Ausbildung, Alter, Rasse, religiöse Beteiligung, politische Überzeugung, materiellen Status und ebenso die Anzahl der freiwilligen Spenden.

Wie Brooks in seiner Hypothese voraussagte, führte ein höheres Einkommen zu mehr Geberverhalten: Mit jedem zusätzlichen Dollar Einkommen stieg das Spendenverhalten um 0,14 US$. Doch etwas noch Interessanteres passierte: Mit jedem zusätzlichen Dollar war das Einkommen ein Jahr später um satte 3,75 US$ höher. Das Geben schien die Gebenden tatsächlich reicher zu machen!

Doch bevor Sie nun – wie viele Menschen in den 1980er-Jahren und „leider Gottes" immer noch – all Ihr Geld als „Saatgut" an im Fernsehen predigende „Tele-Evangelisten" schicken und auf eine reiche „Ernte" hoffen, lesen Sie lieber noch weiter, denn es gibt einen Haken am Zusammenhang zwischen Einkommen und Spendenverhalten.

Was hindert Menschen daran, Geld für andere auszugeben?

Ironischerweise stellt *das Nachdenken über den eigenen sozioökonomischen Status* eine wachsende Herausforderung dar. Beispielsweise kann das Potenzial des Geldes, mehr Wohlbefinden zu schaffen, einen negativen Effekt haben. Der bloße Gedanke daran, Geld *zu besitzen,* erhöht die Wahrscheinlichkeit, dass Menschen Kollegen seltener helfen, weniger für den guten Zweck spenden oder weniger Zeit mit anderen verbringen (Vohs et al., 2006). Dadurch tun sie genau das Gegenteil von dem, was mit Glück und Wohlbefinden stark assoziiert ist (Lyubomirsky et al., 2005).

Reiche Menschen geben zwar insgesamt mehr, allerdings stellen diese Spenden nur noch einen Bruchteil ihres jährlichen Einkommens dar. Wenn sich Versuchsteilnehmer als Teil der ökonomischen Mittelschicht sehen, fühlen sie sich zu Spenden in Höhe von 4,65 % ihres jährlichen Einkommens verpflichtet. Stellen sie sich jedoch vor, zur wohlhabenden Oberschicht zu gehören, spenden die Teilnehmer nur noch 2,9 % ihres Einkommens.

Seien Sie großzügig!

Während das Nachdenken über Geld viele Menschen von prosozialem Verhalten abhalten mag, kann Geld gleichzeitig ein mächtiges Mittel zur Erreichung prosozialer Ziele sein. Dunn et al. raten daher, das Einkommen lieber für andere als für sich selbst zu investieren.

Tun Sie es und seien Sie großzügig. Aber denken Sie nicht zu viel darüber nach …! Das Glücksgefühl wird auf Ihrer Seite sein.

Literatur

Ahuvia, A. (2008). If money doesn't make us happy, why do we act as if it does? *Journal of Economic Psychology, 29*(4), 491–507.

Aknin, L. B., Norton, M. I., & Dunn, E. W. (2009). From wealth to well-being? Money matters, but less than people think. *Journal of Positive Psychology, 4*(6), 523–527.

Aknin, L. B., Barrington-Leigh, C. P., Dunn, E. W., Helliwell, J. F., Burns, J., Biswas-Diener, R., Kemeza, I., Nyende, P., Ashton-James, C. E., & Norton, M. I. (2013). Prosocial spending and well-being: Cross-cultural evidence for a psychological universal. *Journal of Personality and Social Psychology, 104*(4), 635.

Bhattacharjee, A., & Mogilner, C. (2014). Happiness from ordinary and extraordinary experiences. *Journal of Consumer Research, 41*(1), 1–17.

Brooks, A. C. (2007). Does giving make us prosperous? *Journal of Economics and Finance, 31*(3), 403–411.

Carter, T. J., & Gilovich, T. (2010). The relative relativity of material and experiential purchases. *Journal of Personality and Social Psychology, 98*(1), 146–159.

Diener, E., & Biswas-Diener, R. (2002). Will money increase subjective well-being? *Social Indicators Research, 57*(2), 119–169.

Dunn, E. W., Aknin, L. B., & Norton, M. I. (2008). Spending money on others promotes happiness. *Science, 319*(5870), 1687–1688.

Easterlin, R. A. (1995). Will raising the incomes of all increase the happiness of all? *Journal of Economic Behavior & Organization, 27*(1), 35–47.

Easterlin, R. A. (2001). Income and happiness: Towards a unified theory. *The Economic Journal, 111*(473), 465–484.

Frank, R. H. (2004). How not to buy happiness. *Daedalus, 133*(2), 69–79.

Grant, A. (2013). *Give and take: A revolutionary approach to success*. Hachette UK.

Harbaugh, W. T., Mayr, U., & Burghart, D. R. (2007). Neural responses to taxation and voluntary giving reveal motives for charitable donations. *Science, 316*(5831), 1622–1625.

Howell, R. T., & Hill, G. (2009). The mediators of experiential purchases: Determining the impact of psychological needs satisfaction and social comparison. *Journal of Positive Psychology, 4*(6), 511–522.

Jebb, A. T., Tay, L., Diener, E., & Oishi, S. (2018). Happiness, income satiation and turning points around the world. *Nature Human Behaviour, 2*(1), 33–38.

Kahneman, D., & Deaton, A. (2010). High income improves evaluation of life but not emotional well-being. *Proceedings of the National Academy of Sciences, 107*(38), 16489–16493.

Killingsworth, M. A. (2021). Experienced well-being rises with income, even above $75,000 per year. *Proceedings of the National Academy of Sciences, 118*(4), e2016976118.

Lyubomirsky, S., King, L. A., & Diener, E. (2005). The benefits of frequent positive affect: Does happiness lead to success? *Psychological Bulletin, 131*(6), 803–855.

Lyubomirsky, S., & Layous, K. (2013). How do simple positive activities increase well-being? *Current Directions in Psychological Science, 22*(1), 57–62.

Mitchell, T. R., Thompson, L., Peterson, E., & Cronk, R. (1997). Temporal adjustments in the evaluation of events: The "rosy view". *Journal of Experimental Social Psychology, 33*(4), 421–448.

Smith, D. M., Langa, K. M., Kabeto, M. U., & Ubel, P. A. (2005). Health, wealth, and happiness financial resources buffer subjective well-being after the onset of a disability. *Psychological Science, 16*(9), 663–666.

Tsang, J.-A., Carpenter, T. P., Roberts, J. A., Frisch, M. B., & Carlisle, R. D. (2014). Why are materialists less happy? The role of gratitude and need satisfaction in the relationship between materialism and life satisfaction. *Personality and Individual Differences, 64*, 62–66.

van Boven, L. (2005). Experientialism, materialism, and the pursuit of happiness. *Review of General Psychology, 9*(2), 132–142.

Van Boven, L., & Gilovich, T. (2003). To do or to have? That is the question. *Journal of Personality and Social Psychology, 85*(6), 1193–1202.

Vohs, K. D., Mead, N. L., & Goode, M. R. (2006). The psychological consequences of money. *Science, 314*(5802), 1154–1156.

8

Positive Psychologie in Arbeit und Beruf

» Mythos
Wenn ich den richtigen Job gefunden habe, bin ich glücklich!

Arbeit nimmt einen zentralen Platz in unserem Leben ein. Sie beansprucht nicht nur den Großteil unserer Wachzeit, sondern bringt uns auch dem Sinn und der Bedeutung unseres Daseins näher. Ihr Einfluss auf unser psychisches Wohlbefinden ist immens. So zeigen Untersuchungen deutlich positive Korrelationen zwischen Arbeit und allgemeiner Lebenszufriedenheit, wohingegen Arbeitslosigkeit oft zu Unzufriedenheit, Depressionen und negativen Emotionen führt (Frey & Stutzer, 2002).

Kein Wunder also, dass Psychologen das Wohlbefinden am Arbeitsplatz erforschen, um Arbeitszufriedenheit, Engagement, Unternehmenskultur, Betriebsklima und andere positive Einflüsse zu verstehen und zu fördern.

Warum ist Arbeit eigentlich so wichtig für unser Wohlbefinden?

Die essenzielle Bedeutung der Arbeit zeigt sich, wenn man die mannigfaltigen Vorteile betrachtet: Sie bietet nicht nur einen strukturierten Zeitvertreib, sondern auch die Möglichkeit, eine soziale Identität zu formen, soziale

M. Tomoff, *Positive Psychologie – Erfolgsgarant oder Schönmalerei?*,
https://doi.org/10.1007/978-3-662-68397-2_8

Interaktionen und Unterstützung zu erleben, Bedeutung zu schaffen (etwa durch das Hinterlassen eines Lebenswerks), sich anspornenden Herausforderungen zu stellen und einen Status zu erlangen, der über das bloße Einkommen hinausgeht.

In Anbetracht dessen legen viele Unternehmen großen Wert auf die Zufriedenheit ihrer Mitarbeiter und nutzen wissenschaftliche Erkenntnisse, um die Arbeitsbedingungen zu verbessern und das Wohlbefinden zu steigern.

Welche Faktoren fördern das Wohlbefinden am Arbeitsplatz?

Im Folgenden gebe ich einen kurzen Überblick über Praktiken und Interventionen, die von mitarbeiterorientierten Organisationen angewendet werden, um ein günstiges Arbeitsumfeld zu schaffen (Henry, 2004):

- **Jobvielfalt:** Hierbei geht es um eine Erhöhung der Vielfalt und Herausforderungen bei der Arbeit, indem Mitarbeiter in der Produktion beispielsweise ein Produkt von Anfang bis Ende begleiten, Gruppen von Arbeitnehmern mit unterschiedlichen Fähigkeiten sehen, welches Werk sie schaffen – und nicht nur einen winzigen Anteil davon. Diese Praxis kann kostspielig sein, sie verringert aber Langeweile und erhöht Flowerleben und Motivation.
- **Intrinsische Motivation:** Trotz des vorhandenen Wissens um die teils zerstörerische Wirkung versuchen Unternehmen immer noch häufig genug, ihre Mitarbeiter durch externale Belohnungen wie Geld oder Status zu motivieren. Mehr und mehr Aufmerksamkeit wird jedoch auch auf die intrinsische Motivation gelegt. Einige Organisationen erhöhen diese, indem sie ihren Mitarbeitern freie Zeit bei der Arbeit gewähren (z. B. 15 % der Arbeitszeit, wie das 3M schon weit vor Google oder Hewlett Packard tat und dieser Strategie viele seiner größten Innovationen verdankt).
- **Vertrauen:** Ein Klima des Vertrauens zu schaffen und positive Einstellungen unter den Mitarbeitern zu fördern, ist essenziell für ein gesundes Arbeitsumfeld.
- **Kreativität:** Unternehmen entfalten ein reiches Potenzial, wenn sie die Kreativität ihrer Mitarbeiter fördern. Durch die gezielte Rekrutierung von kreativen Köpfen und die Pflege der Kreativität bei allen Mitarbeitern entsteht ein Umfeld, in dem Innovationen gedeihen können. Techniken wie Brainstorming, Brainwriting, Mindmapping oder die Visualisierung

von Diskussionen durch Zeichner sind mittlerweile gängige Praktiken. Eine unterstützende Atmosphäre im Unternehmen, die das Verfolgen von Intuitionen und innovativen Ideen fördert, sowie die Bereitstellung von Ressourcen für Vernetzung und gemeinsames Lernen, sind ebenso entscheidend (mehr dazu auch in Kap. 10).

- **Stärkenfokus:** Die Konzentration auf den Aufbau von Stärken, statt ausschließlich die Verbesserung von Schwächen zu fokussieren, ist einer der effektivsten und weitreichendsten Wege, die die Positive Psychologie beleuchtet und in den Arbeitskontext einbringt. Ein Stärkenvokabular legitimiert auch eine positivere Herangehensweise an die Personalentwicklung und erleichtert das Schaffen der richtigen Umgebungsbedingungen für die Mitarbeiter, damit diese sich bestmöglich entfalten können (Linley & Harrington, 2006).
- **Teambuilding:** Teambuilding-Interventionen, oft durch „Offsite"-Maßnahmen, schweißen Teams zusammen und stärken die persönlichen, zwischenmenschlichen und gruppendynamischen Fähigkeiten, was essenziell für eine erfolgreiche Zusammenarbeit ist.
- **Metaperspektive:** Die reife Sichtweise einzunehmen, dass alles eine positive und negative Seite hat und häufig nur kontextabhängig ist, dient ebenfalls der Verbesserung von Arbeitsbedingungen und deren besserem Verständnis. Die Metaperspektive zu pflegen ermöglicht mehr Gleichgewicht, Akzeptanz, Toleranz und Entwicklung des gesamten Menschen (siehe auch Abschn. 8.9.2).
- **Flow:** Csikszentmihalyis Flowkonzept ist natürlich auch bei der Arbeit ein wichtiges Instrument zur Herstellung von Zufriedenheit. Leider sind heutzutage nur verhältnismäßig wenige Arbeitsplätze mit klaren Zielen ausgestattet (insbesondere den eigenen Zielen des Mitarbeiters). Es gibt selten ein ausreichendes Feedback über die Arbeit und die Leistungen des Einzelnen. Es gibt oft auch keine Gelegenheit, individuelle Fähigkeiten zu nutzen. So kann es passieren, dass hoch qualifizierte, leidenschaftliche Berufsanfänger häufig über Jahre hinweg langweilige Aufgaben erledigen müssen. Weiterhin herrscht immer noch ein Mangel an Kontrolle über jeden Schritt bei der Ausführung der eigenen Arbeit (sei es über die Art oder auch den Zeitpunkt der Ausführung). Alle genannten Punkte verhindern oder erschweren das Auftreten von Flow bei der Arbeit.
- **Partizipative Arbeitsmethoden:** Partizipative Arbeitsmethoden bieten Mitarbeitern mehr Kontrolle über den Arbeitsprozess, flexible Arbeitszeiten, Möglichkeiten für Telearbeit oder das Nutzen des Homeoffice und fördern so ein erhöhtes Maß an Zufriedenheit und Engagement.

- **Offenes Klima:** Ein offenes Klima, die Befähigung der Mitarbeiter und deren Selbstorganisation heben partizipative Arbeitspraktiken noch einmal auf eine andere Ebene (siehe auch Abschn. 8.9). Unabhängigkeit, Gleichheit und Vertrauen in den Arbeitsprozess sind grundlegende Faktoren für Arbeitszufriedenheit. Mitarbeiter können Routinen herausfordern, verfügen über Budgets, können über den Anteil der Gewinne entscheiden und integrieren bürokratische Aufgaben in tägliche Arbeitsabläufe, wie beispielsweise die Rekrutierung neuer Kollegen.
- **Bedeutsamkeit:** Die wahrgenommene Bedeutsamkeit der Arbeit ist ebenfalls ein entscheidender Faktor, der nicht nur die Gesundheit fördert (siehe Abschn. 6.2.2), sondern auch Engagement und Wohlbefinden (May et al., 2004). Das Sinnesempfinden ist zugleich eine der größten Ressourcen bei der Arbeit. Soziale Unterstützung, Wertschätzung und Zugang zu Informationen sind weitere wichtige Faktoren, die auch das Engagement positiv beeinflussen – beispielsweise das von Lehrern, wenn sie anspruchsvollen Situationen mit Schülern ausgesetzt waren (Bakker et al., 2007; siehe auch speziell Abschn. 8.2).

Neben diesen Kernfaktoren gibt es eine Fülle weiterer Aspekte, deren Einfluss auf die Zufriedenheit eines Mitarbeiters mal größer, mal kleiner ausfallen kann – alles abhängig von den individuellen Bedürfnissen der betreffenden Person. Viele dieser Einflüsse haben wir bereits in Kap. 6 im Kontext der Gesundheit erörtert. Ob es nun die (wahrgenommene) Kontrolle einer Person über ihr Leben, die Qualität ihrer sozialen Verbindungen oder die erlebte Autonomie ist – einer der wohl bedeutsamsten und am intensivsten erforschten Faktoren für das Wohlbefinden am Arbeitsplatz sind die Ziele. Ziele sind nahezu allgegenwärtig. Wir sind stets in Bewegung, streben etwas an oder möchten uns von bestimmten Situationen entfernen.

8.1 Warum brauchen wir Ziele und wie erreichen wir sie? – persönliche Wegweiser

Laut der Theoretiker, die sich mit Zielen beschäftigen, hängt es immer auch von der Fähigkeit des Menschen ab, zu reflektieren, einen Kurs im Leben anzusteuern, Absichten zu formen und sich auf einem bevorzugten Weg in Richtung eines Ziels zu bewegen (und auch die Absicht, sich *kein* Ziel zu nehmen, ist letztlich ein Ziel). Das, was wir allgemein als persönliche Ziele im Leben bezeichnen, sind die uns motivierenden Dinge, die unserem Leben als Wegweiser dienen.

Wenn wir uns bewusst Gedanken über unsere Lebensziele machen, wissen, warum wir sie verfolgen und wie gut sie mit unseren Werten übereinstimmen, kann das unser Wohlbefinden steigern (Boniwell, 2012).

Warum sind Ziele wichtig für unser Wohlbefinden?

Die Forschung im Bereich Ziele und Zielsetzung verfolgt zwei Hauptrichtungen. Erstens untersucht sie den *Prozess der Zielverfolgung,* also wie effektiv eine Person bei der Verfolgung ihrer Ziele ist. Zweitens betrachtet sie den *Inhalt und die Qualität dieser Ziele,* also was die Ziele sind und warum sie verfolgt werden.

Im Laufe der Jahre haben sich verschiedene Konzepte entwickelt, aus denen heraus Ziele betrachtet werden können. Dazu gehören:

- selbst- oder fremdfokussierte Ziele (Salmela-Aro et al., 2001),
- extrinsische Ziele (wie finanzieller Erfolg, Image, Ruhm) versus intrinsische Ziele (wie persönliches Wachstum, Beziehungen, gesellschaftliches Engagement) (Kasser & Ryan, 2001)
- und die Kongruenz der Ziele mit den eigenen Werten (Oishi et al., 1999).
- Diese verschiedenen Perspektiven ermöglichen es, die Komplexität von Zielen und deren Auswirkungen auf das individuelle Wohlbefinden besser zu verstehen.

8.1.1 Eigenschaften „guter" Ziele

» Mythos
Gute Ziele müssen einfach nur SMART (spezifisch, messbar, attraktiv, realistisch, terminiert) sein.

Die meisten von uns haben vermutlich schon von SMARTen Zielen gehört. Das ist *eine* Herangehensweise. Nicht alle Ziele sind jedoch gleich. Sonja

Lyubomirsky (2008) hat verschiedene Voraussetzungen für „gute“ Ziele gesammelt, die dazu beitragen können, das eigene Wohlbefinden zu fördern:

- **Intrinsisch:** Die Ziele sollten intrinsisch motiviert sein, das bedeutet, sie sollten aus innerem Antrieb heraus verfolgt werden, weil sie intrinsisch befriedigend sind, und nicht aufgrund externer Motivation wie Geld oder Status (Deci & Ryan, 2000). Wenn wir intrinsische Motivation kultivieren, bewegen wir uns in Richtung Authentizität und Selbstverwirklichung.
- **Authentisch:** Ziele sollten mit unseren Werten übereinstimmen, die unsere tiefsten Überzeugungen reflektieren. Werte können sich im Laufe der Zeit wandeln und bilden das Fundament unserer Handlungen. Sie helfen uns, Prioritäten zu setzen (mehr dazu auch in Abschn. 8.3).
- **Annähernd:** Wir sollten lieber etwas *tun,* anstatt etwas zu vermeiden (also besser „gesund essen“ anstatt „nicht dick sein“).
- **Harmonisch:** Manchmal können Ziele miteinander in Konflikt geraten, wie beispielsweise „mein Unternehmen aufbauen“ und „mehr Zeit mit der Familie verbringen“. Ziele, die sich ergänzen und harmonisieren, sind hilfreicher als solche, die einander behindern. Ein Beispiel für harmonische Ziele wäre, das eigene Kajakunternehmen in Fluss zu bringen und dabei gleichzeitig die Möglichkeit zu schaffen, mehr Qualitätszeit mit der Familie zu schaffen.
- **Flexibel und veränderbar:** Ziele sollten flexibel und anpassbar sein, da sie sich im Laufe der Zeit und mit dem Alter ändern können.
- **Aktivitäten:** Um das eigene Glück zu fördern, ist es sinnvoller, Aktivitäten (wie dem Beitritt zu einem Verein, ehrenamtliche Arbeit, dem Erleben neuer Erfahrungen und dem Schaffen neuer Möglichkeiten) nachzugehen, anstatt z. B. einen neuen Flachbildfernseher anzuschaffen. Wir erinnern uns: Erlebnisse statt Materialismus (Abschn. 7.1).

Die Forschung zu Zielen hat gezeigt, dass der Fortschritt in Richtung eines Ziels das Wohlbefinden fördert und nicht zwangsläufig das Erreichen des Ziels dafür verantwortlich ist (Brunstein, 1993). Pham und Taylor (1999) führten eine Studie durch, in der sie zeigten, dass Studenten, die sich bildlich vorstellten, wie sie für einen Test lernten, bessere Ergebnisse erzielten als ihre Kommilitonen, die sich das erfolgreiche Bestehen des Tests vorstellten. Diejenigen, die sich auf den Fortschritt konzentrierten, lernten tatsächlich mit größerer Wahrscheinlichkeit, was wiederum den größten Einfluss auf das Ergebnis hatte.

Das bedeutet, dass Ihr Glück weniger dadurch wächst, dass Sie passiv die erwünschten Umstände herbeisehnen, sich diese intensiv genug vorstellen oder das Universum darum bitten, sondern indem Sie durch Ihnen wichtige Aktivitäten auf Ihre Ziele hinarbeiten und auf den Fortschritt fokussieren.

Auch Edwin Locke und Gary Latham haben über Jahrzehnte hinweg Ziele unter die Lupe genommen. In zahlreichen Studien (z. B. Locke & Latham, 2006) fanden sie heraus, dass die erfolgreichsten Ziele jene sind, die sowohl *herausfordernd* als auch *spezifisch*, folglich messbar sind (also lieber „Ich möchte ab dem 1. März jeweils montags und mittwochs vor der Arbeit 30 min joggen." als „Ich möchte ein bisschen mehr Sport machen."). Darüber hinaus sind *konkrete* Ziele im Hinblick auf unser Wohlbefinden effektiver als abstrakte Ziele (Rudd et al., 2014). Zum Beispiel ist es besser, sich vorzunehmen, „heute jemanden zum Lächeln zu bringen", anstatt „heute jemanden glücklich zu machen". Letzteres Ziel ist vage.

Bruce Headey zeigt schließlich, dass *nicht kompetitive* Ziele (wie die Verpflichtung, anderen zu helfen) stärker zu unserem Wohlbefinden beitragen als *wettbewerbsfähige* Ziele (wie die Karriereleiter zu erklimmen oder mehr Geld zu verdienen). Letztere können schädlich für unser persönliches Glück sein.

Welche Hilfsmittel können bei der Zielerreichung nützlich sein?

Es gibt zahlreiche Methoden, um Ihren Zielen näherzukommen, und der Erfolg hängt sicherlich von Ihren persönlichen Vorlieben, Stärken und Charaktereigenschaften ab. Dennoch möchte ich Ihnen einige Ideen und Impulse geben, die Sie möglicherweise noch nicht ausprobiert haben.

8.1.2 Nutzen positiver Emotionen und der verborgene Schatz

Sich zu sorgen und sich auszumalen, wie man bei seinen Zielen scheitert, ist nicht nur Ihrer Gesundheit abträglich, sondern auch für die Zielerreichung nicht hilfreich. Das nächste Mal, wenn Sie also ein wichtiges Meeting, eine große Präsentation oder ein umfangreiches Projekt stemmen wollen, sorgen Sie sich nicht über ein mögliches Versagen, sondern konzentrieren Sie sich auf zwei Schätze. Erstens, auf Ihre *Ressourcen:* Machen Sie eine Liste der Menschen und Dinge, die Ihnen zur Verfügung stehen, um Ihrem

Ziel näherzukommen. Dies kann Unterstützung von Kollegen, Fachwissen, Werkzeuge oder andere Ressourcen umfassen.

Zweitens, auf den im Ziel *verborgenen Schatz:* Stellen Sie sich die zahlreichen Meilensteine vor, die Sie erfolgreich erreichen, und wie Sie am Ende Ihren Erfolg feiern werden. Freuen Sie sich auf dieses Gefühl. Es wird das Ziel zwar nicht automatisch abhaken (und Sie wissen ja jetzt aus dem vorherigen Abschnitt, dass der Prozess dorthin mindestens genauso wichtig ist), aber es wird Ihnen einen Schub an Motivation geben, der Ihnen den Anfang erleichtert. Jede noch so lange Reise fängt bekanntlich mit dem ersten Schritt an.

8.1.3 Mentale Entführer entlarven

Ich bezeichne „Mentale Entführer" als jene Einstellungen oder Gewohnheiten in unserem Leben, die unser allgemeines Wohlbefinden dämpfen und uns von unserem Erfolgspfad ablenken. Nehmen Sie sich etwas zum Schreiben und identifizieren Sie drei bis fünf Trigger, die konsequent zu kontraproduktivem oder gar destruktivem Verhalten führen.

Beispiele gefällig? Checken Sie als Erstes bei der Arbeit Ihre E-Mails, anstatt die wichtigste Aufgabe des Tages zu beginnen? Stellen Sie am Wochenende zu Hause noch vor dem Frühstück den Fernseher an, was Sie bereits am frühen Morgen ins Hintertreffen bringt?

Um diesen „Mentalen Entführern" entgegenzuwirken, können Sie Strategien wie Priorisierung, Selbstdisziplin, effektives Zeitmanagement, Selbstreflexion und Selbstbelohnung anwenden. Diese Maßnahmen helfen uns dabei, produktiver zu sein und unser allgemeines Wohlbefinden zu steigern. Wenn Sie das nicht alleine machen wollen, lassen Sie einen Coach oder einen Therapeuten unterstützen.

8.1.4 Der geistige Vorsprung

Wenn Sie eine Liste von Dingen erstellen, die Sie während des Tages erledigen wollen, stellen Sie sicher, dass Sie einige Aufgaben hinzufügen, die Sie *bereits erledigt* haben. Als Bonus fügen Sie *drei Aufgaben* hinzu, die Sie ohnehin erledigen werden. Dieser kleine Trick verändert Ihre Wahrnehmung auf einfache, aber effektive Weise, indem er Ihre Aufmerksamkeit auf die Zielerreichung lenkt, statt auf die verbleibende Distanz zum Ziel. Ansonsten gilt für mich als Feinschmecker der immer noch sehr hilfreiche Tipp: Eat that frog (Tracy, 2007)! Packen Sie - wenn organisatorisch machbar - die für den Tag unangenehmste Aufgabe direkt bei den Hörnern und erledigen Sie diese zuerst. Das wird viel Energie freisetzen und nicht für's Prokrastinieren versenken.

8.1.5 Die Wahrnehmung der Distanz zum Ziel verringern

Die Distanz zum Ziel in den Fokus zu nehmen, wird an anderer Stelle wichtig – nämlich gegen Ende Ihres Weges, und das ist bei langfristigen Zielen sehr effektvoll. Marathonläufer erfahren beispielsweise einen Energieschub, wenn sie die Ziellinie sehen und laufen auf den letzten Metern sogar noch schneller. Gleiches geschieht im echten Leben: Je mehr (näher) wir den Erfolg wahrnehmen, desto schneller bewegen wir uns darauf zu. Unser Gehirn versorgt uns mit einem kräftigen Energieschub, wenn wir das Ziel fast erreicht haben.

Diesen Reflex können wir ausnutzen, indem wir die Ziellinie näherbringen und erkennen, dass das Erreichen des Ziels nicht nur möglich, sondern wahrscheinlich ist. Durch Setzen kleinerer, inkrementeller Ziele (z. B. das 50%-Ziel) erhöhen wir die Häufigkeit dieser Endorphinschübe und verbessern die Wahrscheinlichkeit, das eigentliche Ziel pünktlich oder sogar schneller zu erreichen (Achor, 2013).

8.1.6 Schaffen Sie sich Championmomente

Das nächste Mal, wenn Sie sich einer großen persönlichen Herausforderung gegenübersehen (wie z. B. dem Beenden einer Ihnen Kummer bereitenden Beziehung oder der Rückzahlung eines Kredites), halten Sie Ihre „Championmomente" fest. Bevor Sie sich an Ihre herausfordernde Aufgabe begeben, schreiben Sie drei Situationen auf, die ähnlich waren und die Sie schon erfolgreich gemeistert haben. Oder machen Sie es sich einfach und befragen Ihr persönliches, AI-gestütztes Tagebuch nach diesen hoffentlich schon festgehaltenen Momenten (Rosebud hilft, siehe Abschn. 4.1.4.2). Das wird Ihre grauen Zellen daran erinnern, dass Sie – aufgrund vergangener Erfolge – höchstwahrscheinlich wieder erfolgreich abschneiden werden. Das wird Ihr Ziel (zu Recht) leichter erreichbar erscheinen lassen.

Diese Championmomente sind generell eine clevere Sache, denn zu leicht vergessen wir unsere schönen und erfolgreichen Momente. Ein „Erfolgstagebuch" kann, genau wie das Sammeln von drei schönen Dingen am Tag, eine sehr positive Gewohnheit darstellen, die Ihnen hilft, tägliche Erfolge zu erkennen und zu schätzen.

8.1.7 Kreieren Sie eine gemeinsame Erzählung

Erstellen Sie eine Erzählung, ein Bild oder ein Video von einem Triumph oder einer gemeinsam erlebten Herausforderung. Egal, ob es sich um einen gemeinsamen Roadtrip handelt, um ein Konzert zu besuchen, oder um das epische Wochenende, an dem Sie mit der Familie den Keller ausgemistet haben – lassen Sie die *positive und negative* Emotionen einfließen und verbinden Sie sie mit Ihren Werten oder dem für Sie dahinterstehenden Sinn. Gestalten Sie eine richtige Geschichte daraus – mit einem Konflikt, einem Höhepunkt und einer Lösung – und teilen Sie sie mit anderen.

Eine solche Erzählung (egal ob durch Worte oder Bilder) ist nicht nur ein verbindendes Element innerhalb eines Teams, einer Familie oder einer Freundschaft, sondern kann auch für viele Jahre ein Quell erneuerbarer Positivität sein (Achor, 2013).

8.2 Wie kann man Motivation und Engagement am Arbeitsplatz fördern? – glückliche Arbeitnehmer

Bevor ich auf fördernde Interventionen für die eigene Motivation und das Engagement bei der Arbeit eingehe, an dieser Stelle die Frage nach der Definition von Motivation und Engagement. Womit haben wir es eigentlich zu tun, wenn wir über diese zwei Begriffe sprechen?

Definition

Der Begriff **Motivation** bezieht sich generell auf das Ingangsetzen, Steuern und Aufrechterhalten von körperlichen und psychischen Aktivitäten (vgl. Zimbardo, 1995, S. 407). Dabei werden spezifische Motive aktiviert und in Handlungen umgesetzt, wodurch menschliches Verhalten eine Richtung, Intensität und Ablaufform erhält. Die Motivation einer Person hängt von verschiedenen Faktoren ab, darunter situative Anreize, persönliche Präferenzen, die oft durch Erziehung oder sozialen Einfluss geprägt sind, sowie deren komplexe Wechselwirkungen.
In der Psychologie unterscheidet man zwischen Inhalts- und Prozesstheorien. *Inhaltstheorien,* vertreten durch Forscher wie Maslow, Herzberg, McClelland und McGregor, beschäftigen sich mit den Inhalten, die Menschen motivieren, wie z. B. Bedürfnisse, Werte und Ziele. *Prozesstheorien,* wie Vrooms Erwartungstheorie, Adams Theorie zum Gleichheitsprinzip der Gerechtigkeit und Skinners Verstärkungstheorie, befassen sich dagegen mit dem psychologischen Mechanismus und den Prozessen, die das Verhalten steuern und motivieren.

Engagement bei der Arbeit wird definiert als eine positive Arbeitshaltung (Bakker & Demerouti, 2008), die durch drei Faktoren charakterisiert wird: Elan, Hingabe und Absorption (Schaufeli et al., 2002). Mitarbeiter mit hohem Arbeitsengagement zeichnen sich durch mehr Energie, Hingabe und Enthusiasmus bei der Arbeit aus (Larson et al., 2013).

Motivation hat also wiederum mit der Verfolgung von Zielen zu tun und Ziele sind stark verknüpft mit der Selbstbestimmungstheorie (*self-determination theory*=SDT), einer Theorie aus der Positiven Psychologie der Motivation, auf die ich näher eingehen und fokussieren möchte.

8.2.1 Selbstbestimmungstheorie (SDT)

Definition

Die **Selbstbestimmungstheorie** besagt, dass Menschen danach streben, ihr Verhalten eigenverantwortlich zu steuern und selbst zu initiieren. Das bedeutet, dass sie ihr Verhalten willentlich und absichtlich ausführen, anstatt von äußeren Faktoren oder Umständen gesteuert zu werden (Wehmeyer & Little, 2009). In dieser Theorie geht es nicht nur um die Motivation für bestimmte Aufgaben oder Aufgabenbereiche, sondern auch um die motivationsbestimmenden Faktoren, die jedes Individuum beeinflussen.
Zum einen ist das die *Kontrollüberzeugung* (s. auch Abschn. 6.1.5), die angibt, ob eine Person im Allgemeinen die Ursache für das eigene Verhalten bei sich oder bei anderen, bei den äußeren Umständen oder dem Zufall sieht.
Darüber hinaus unterscheidet die Selbstbestimmungstheorie zwischen *extrinsischer* Motivation, die von äußeren Belohnungen wie Reichtum oder sozialer Anerkennung angetrieben wird, und *intrinsischer* Motivation, bei der das Verhalten aufgrund innerer Motive (wie persönliche Entwicklung oder Zugehörigkeit zu einer Gruppe) ausgeführt wird. Diese Unterscheidung ist wichtig, da intrinsisch motiviertes Verhalten oft als eigenverantwortlicher und nachhaltiger angesehen wird.

Ursprünglich war das Forschungsinteresse von Richard Ryan und Edward Deci (z. B. Ryan & Deci, 2000) darauf ausgerichtet, die Bedingungen zu verstehen, unter denen intrinsische Motivation gefördert wird. Im Verlauf ihrer jahrzehntelangen Forschungsarbeit kamen sie zu dem Schluss, dass das soziale Umfeld einen erheblichen Einfluss auf die Förderung intrinsischer Motivation und die Befriedigung grundlegender menschlicher Bedürfnisse hat, insbesondere auf Autonomie, Verbundenheit und Kompetenz.

Intrinsisch motivierte Menschen benötigen keine äußeren Aufforderungen, Versprechungen oder Drohungen, um sich mit einer Tätigkeit zu beschäftigen, die sie von sich aus intrinsisch motiviert. Sie fühlen ein intrinsisches Verlangen, diese Aktivitäten auszuführen, und erleben durch die Ausübung der Tätigkeit selbst Befriedigung und zusätzliche Motivation.

Die Forschung von Ryan und Deci hat gezeigt, dass intrinsische Motivation das Wohlbefinden steigert, das Engagement erhöht und schließlich zu größerem Erfolg führt. Im Gegensatz dazu beinhalten extrinsische Ziele die Aussicht auf externe Belohnungen, die von der Handlung selbst getrennt sind.

Was aber, wenn wir Dinge tun sollen, für die wir keine intrinsische Motivation aufbringen können?

Insbesondere im Erwachsenenalter „müssen" wir bestimmte Dinge tun oder würden einen hohen sozialen (und wahrscheinlich auch gesundheitlichen) Preis zahlen, wenn wir sie nicht täten: Hausarbeit, Rechnungen zahlen, einkaufen, den Schutzgelderpresser pünktlich bezahlen und so weiter. Was passiert, wenn wir dazu *keine* intrinsische Motivation aufbringen können?

Ryans und Decis Selbstbestimmungskontinuum (Abb. 8.1) nimmt sich dieser Frage an und zeigt sechs Typen von Motivation auf dem Weg zur Selbstbestimmung, die einen jeweils unterschiedlichen Grad an Autonomie aufzeigen.

1. **Demotivation:** Eine Person hat absolut keine Motivation, das zu tun, worum sie gebeten wurde, und wird es höchstwahrscheinlich auch nicht tun.
2. **Externe Regulierung:** Die Person hat keine Selbstbestimmung, sondern ist von externen Einflüssen fremdbestimmt. Sie wird ihre Aufgabe wahrscheinlich ausführen, weil sie jemand „dazu zwingt" (ahoi, Schutzgelderpresser!). Für die erste und zweite Stufe gelten häufig Karotte und Peitsche (also Belohnung, Strafe, Verführung, Zwang, äußerer Druck).
3. **Introjizierte Regulierung:** Sie tritt auf, wenn eine Person aufgrund von Schuldgefühlen oder Angst motiviert ist. Diese Gefühle entstehen, wenn diese Person ihre Aufgabe nicht erledigen würde. Sie ist also eher von einer *„Weg-von"-Motivation* getrieben und meist fremdbestimmt.
4. **Identifizierte Regulierung:** Eine Person ist motiviert von dem Wissen, dass das Ziel persönlich bedeutungs- und wertvoll ist. Taten werden ausgeführt, weil die Person weiß, dass es in ihrem besten Interesse ist. Diese Art von Motivation ist bereits eher autonom als fremdbestimmt.

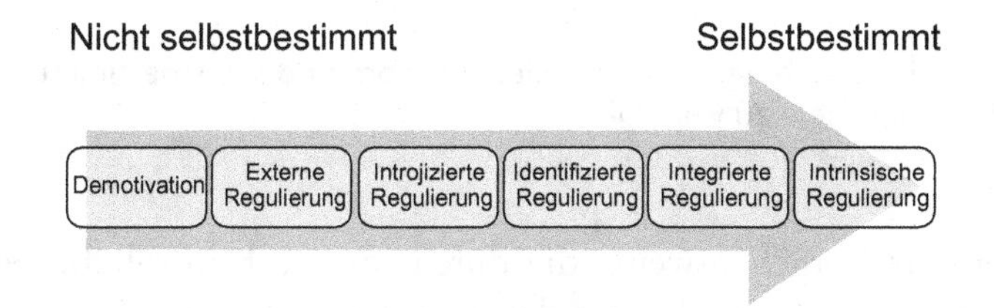

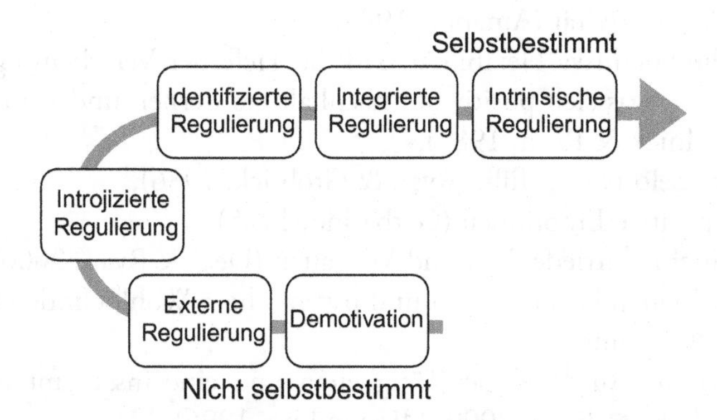

Abb. 8.1 Selbstbestimmungskontinuum. (Vereinfachte Darstellung nach Ryan & Deci, 2000, S. 72, Abb. 1)

5. **Integrierte Regulierung:** Sie ist vorhanden, wenn die Person sich für ein Ziel einsetzt, das mit dem übereinstimmt, wer sie ist oder wofür sie sich hält. Die Aufgabe wird aber immer noch nicht einfach nur zum Selbstzweck ausgeführt.
6. **Intrinsische Regulierung:** Die Handlung selbst bereitet Freude oder ist so interessant, dass die Person sie völlig freiwillig und autonom ausübt. Wenn Sie also gerne an der frischen Luft sind, mit Menschen zu tun haben, spannende Diskussionen und kreative Ausreden mögen, mit Vergnügen überzeugende Argumente nutzen, teamfähig sind und einen familiären Umgang mögen – dann könnte sich Ihre Motivation wortwörtlich schlagartig von der linken Seite des Kontinuums auf die rechte ändern, wenn Sie vom Schutzgelderpressten zum Schutzgelderpresser werden (ein zukunftssicherer Job, der all diese Interessen intrinsisch bedienen dürfte).

Deci und Ryan sagen also, dass man natürlich nicht allzeit intrinsisch motiviert sein kann, sich aber umso autonomer (und demnach auch glücklicher) fühlt, je weiter man sich rechts auf dem Kontinuum befindet.

Was hat es darüber hinaus für Vorteile, autonom und selbstbestimmt zu agieren und so seine Ziele zu verfolgen?

Eine autonome Vorgehensweise, die durch interne Kontrollüberzeugungen gekennzeichnet ist, bietet im Vergleich zu kontrolliertem, von außen bestimmtem Verhalten zahlreiche Vorteile: Sie…

- fördert die Kreativität (Amabile, 1983),
- steigert die kognitive Flexibilität und die Tiefe der Verarbeitung von Informationen, was sich positiv auf nachhaltiges Lernen und Erinnern auswirkt (Grolnick & Ryan, 1987),
- erhöht das Selbstwertgefühl (Ryan & Grolnick, 1986),
- verstärkt positive Emotionen (Garbarino, 1975),
- führt zu mehr Zufriedenheit und Vertrauen (Deci & Ryan, 2000),
- trägt zu höherem körperlichem und psychischem Wohlbefinden bei (Deci & Ryan, 2000) und
- sie fördert die Ausdauer bei Tätigkeiten und eine insgesamt effektivere Leistung (Deci & Ryan, 2000; Miserandino, 1996).

Eine erstaunliche Aufzählung, die sowohl bei der Ausführung von Aufgaben als auch bei der Zielerreichung hilfreich sein kann – und das bereits bei Kindern (als auch bei Erwachsenen). Nicht überraschend ist, dass externe sowie introjizierte Regulation das Wohlbefinden reduzieren. Das werden Sie schnell merken, wenn Sie Ihrem Kind fünf Euro für das Rasenmähen geben, Ihrem Mitarbeiter einen Bonus für eine erledigte Aufgabe schenken oder Ihre Freundin mit den Worten „weil du mich das letzte Mal eingeladen hast" dieses Mal die Restaurantrechnung bezahlt. Die Aktivität hätte nur noch den Charme einer von außen kontrollierten Aufgabe, die intrinsische Motivation würde sinken und die Aktivität würde sogar *noch* weniger gerne ausgeführt werden, würden Sie – wie in den drei vorangegangenen Beispielen – das Geld beim nächsten Mal nicht bezahlen.

Verwandeln Sie also Spiel nicht in Arbeit oder Verpflichtung, indem Sie sich oder anderen zeigen, dass ein Ziel nur aufgrund externer Belohnung erreicht werden soll. Oder andersherum formuliert: Der absolut schnellste Weg, Motivation zu zerstören, ist das Androhen negativer Konsequenzen, eine permanente Überwachung und Evaluation der Arbeit in Verbindung mit der Einführung von Fristen (upps, das kommt mir aber sehr ähnlich zum immer noch vorherrschenden Schulsystem in Deutschland vor …).

Es gibt jedoch Möglichkeiten, intrinsische Motivation zu fördern, insbesondere für Eltern, Lehrer und Personen mit Autorität:

- Bieten Sie Möglichkeiten an, denn das befriedigt das Bedürfnis nach Autonomie enorm.
- Bieten Sie informatives und konstruktives Feedback an, das Kompetenz anerkennt und nicht kontrollierend wirkt (und ist).
- Pflegen Sie das Gefühl und die Atmosphäre, dass die Zugehörigkeit einer Person sichergestellt ist, und Sie werden die Basis für eine warme, fürsorgliche Beziehung gelegt haben, die offenes Explorieren der Umgebung zur Folge hat. Das hat positive Auswirkungen auf Ihr Kind, Ihren Mitarbeiter oder Ihre Freundin.

Hintergrundinformation

Mit einem kurzen Schwenk auf die Stärken möchte ich Ihnen einen schönen Fund zeigen: Laut Gallup führen viele stärkenbasierte Interventionen zu quantifizierbaren Auswirkungen auf das Engagement der Mitarbeiter, die wiederum einen positiven Effekt auf Leistung, Produktivität, Gewinn sowie Mitarbeiterfluktuation haben.

Eine Metaanalyse von mehr als 300.000 Mitarbeitern demonstrierte Folgendes: Jene Arbeitsplätze, die bei der stärkenbezogenen Frage „Habe ich die Möglichkeit, das zu tun, was ich am besten kann?" im Ergebnis bei den Mitarbeitern über dem Median lagen, wiesen eine 38 % höhere Erfolgswahrscheinlichkeit in der Produktivität und eine 44 % höhere Wahrscheinlichkeit für eine erfolgreiche Kunden- und Mitarbeiterbindung auf (Harter et al., 2002). Der Stärkenansatz wirkt sich nicht nur direkt auf die Mitarbeiter aus, sondern zieht auch weitere Bahnen und beeinflusst ebenfalls die Kunden.

8.2.2 Job-Demands-Resources-Model (JD-R)

» Mythos
Wie glücklich oder unglücklich Sie mit Ihrer Arbeitsstelle sind, hängt überwiegend davon ab, wie hoch die Anforderungen sind, die an Sie gestellt werden.

Das Job-Demands-Resources-Modell (JD-R) von Bakker und Demerouti (2007) bietet eine weitere interessante Perspektive auf Motivation und

Engagement bei der Arbeit, insbesondere im Kontext von Stress und Wohlbefinden. Dieses Modell betrachtet die Arbeitsbedingungen genauer und identifiziert zwei Arten von Faktoren: Jobanforderungen *(job demands)* und Jobressourcen *(job resources)*.

Jobanforderungen sind Stressoren, die das Wohlbefinden der Mitarbeiter negativ beeinflussen können. Beispiele dafür sind enge Fristen, hohe Arbeitsbelastung, fehlendes konstruktives Feedback, emotionale Belastung, Schichtarbeit, Rollenunsicherheit, unklare Ziele und eine ungünstige Arbeitsumgebung.

Auf der anderen Seite stehen *Jobressourcen,* die den Mitarbeitern zur Verfügung stehen, um ihre Arbeit zu bewältigen. Diese Ressourcen können soziale Unterstützung von Kollegen und Vorgesetzten, vielfältige Fähigkeiten, Feedback zur Leistung, Autonomie bei Aufgaben und ausreichende Entwicklungsmöglichkeiten umfassen.

Jobressourcen haben die Fähigkeit, die negativen Auswirkungen von Jobanforderungen und damit verbundenem Stress abzumildern. Sie sind auch zuverlässige Vorhersagen für Arbeitsergebnisse wie Engagement, Freude bei der Arbeit und hohe Motivation. Das JD-R-Modell betont die Bedeutung des Gleichgewichts zwischen Anforderungen und Ressourcen für die Mitarbeitereffizienz.

Ähnlich wie beim Flowerleben zeigt auch das JD-R-Model, dass Mitarbeiter am effizientesten sind, wenn eine Balance zwischen Anforderungen und Ressourcen besteht. Interessanterweise zeigt die Forschung, dass positive Jobressourcen den stärksten Einfluss haben, wenn auch die Jobanforderungen hoch sind (Bakker & Demerouti, 2014). In solchen Situationen können sie dazu beitragen, Gefahren wie Burnout abzuwenden, was wiederum zu weniger Fehlzeiten, geringerer Mitarbeiterfluktuation und höherem Engagement führt.

Bakker und Demerouti (2008) zeigen zwei Wege, wie diese Balance erreicht werden kann: *Jobanforderungen reduzieren* oder *Jobressourcen erhöhen.* Da es oft schwierig ist, externe Anforderungen zu reduzieren, konzentrieren sich die folgenden Empfehlungen auf die Stärkung von Ressourcen. Hier sind zwei positive Interventionen, um Jobressourcen zu erweitern und auf bereits vorhandenen positiven Ressourcen in einem Unternehmen aufzubauen.

8.2.2.1 Finden Sie die Person hinter der Stärke

Gerade in Organisationen kommt dem Geben von Feedback eine besondere Rolle zu. In meiner langjährigen Arbeit mit Personal- und Organisationsentwicklungstools, wie Mitarbeiterbefragungen oder 360-Grad-Feedbacks, ist mir immer wieder etwas bewusst geworden. Auf der einen Seite können solche Tools falsch und kontraproduktiv gebraucht (bis hin verbrannt) werden, auf der anderen Seite ist (und bleibt leider) der Großteil der Mitarbeiterschaft aber trotzdem "durstig" nach einer ehrlichen, aufrichtigen und konstruktiven Art des Feedbacks.

Fernab von Feedbackgesprächen, die danach nicht nur die roten Balken (= Defizite) eines Feedbackbogens bearbeiten, sondern auch die grünen „Da-machen-Sie-einfach-mal-so-weiter"-Balken (= Stärken) in den Fokus rücken und weiterentwickeln, ist der Aufbau der Stärken der Mitarbeiter eine essenzielle Aufgabe für Organisationen, wie eine große Bandbreite an Forschung bereits bestätigt hat (z. B. Peterson & Park, 2006). Stärken zu entwickeln, anstatt Schwächen zu korrigieren und mit viel Aufwand auf ein Mittelmaß zu heben, stärkt die Produktivität (Clifton & Harter, 2003), erhöht das Engagement (Cameron, 2008) und fördert auch das subjektive Wohlbefinden (Seligman, 2002; s. auch Abschn. 5.1).

Stärken aufzuspüren – im Englischen gibt es dafür den wunderschönen Begriff *strengths spotting* – wird häufig als ein inspirierender und Beziehungen stärkender Prozess sowohl beim Feedbackgeber als auch bei seinem Empfänger empfunden. Obwohl diese Art von Feedbackprozess normalerweise in Einzelsettings stattfindet, kann der Austausch der Stärken auch kostengünstig und ohne vorgeschaltetes 360-Grad-Feedback in der Gruppe ausgeführt werden. Dabei ist es egal, ob Sie die Übung mit 12-Jährigen im Klassenzimmer (Weber & Ruch, 2012), mit Führungskräften einer Abteilung oder mit einem Sportteam durchführen. Der wohl größte Nutzen in diesem Setting ist die Chance auf ein enorm gestärktes Gruppengefühl, die engeren und intensiveren Beziehungen zwischen den Gruppenmitgliedern und ein breiteres Wissen um den einzigartigen Beitrag jeder einzelnen Person.

Das Ziel dieser Übung ist es, dass die Teilnehmer ihre Perspektive ändern und ihre Kollegen anhand ihrer Stärken betrachten. Dies fördert ein positives Verständnis für die Fähigkeiten und Beiträge der anderen. In organisatorischen Kontexten kann dieses Wissen genutzt werden, um Aufgaben basierend auf den verschiedenen Stärken aufzuteilen.

Für diese Übung ist es hilfreich, wenn die Gruppenmitglieder sich bereits gut genug kennen, um potenzielle Stärken zu identifizieren. Die Liste der Stärken wird im Rahmen eines dynamischen Gruppenprozesses diskutiert, daher ist es nicht notwendig, dass jeder alle anderen Gruppenmitglieder gut kennt. Andere Mitglieder können fehlendes Wissen über die Stärken einer Person ausgleichen.

Achtung: Nehmen Sie sich genügend Zeit für den letzten Teil der Übung, bei dem die zwei Gruppen zusammenkommen und ihre Antworten austauschen. In dieser Phase sollte, um den größtmöglichen Effekt sicherzustellen, genug Raum vorhanden sein, um im Detail die Gründe für die Wahl der Stärken der Gruppenmitglieder zu erklären. Konkrete Beispiele zu geben ist immer hilfreich in Feedbackprozessen und steigert die Glaubwürdigkeit der Rückmeldung.

Hintergrundinformation

Bilden Sie zwei (oder vier) möglichst gleich große Gruppen (max. 6 Personen pro Gruppe).

Jede Gruppe schreibt sich die Zugehörigkeit der Personen verdeckt auf (also z. B. Person A = Maya, Person B = Mateo etc.)

Gruppe A vergibt für jede Person aus Gruppe B *fünf Stärken* – und andersherum.

Danach werden die anonymen Blätter getauscht. Auf jedem Blatt/auf jedem Flipchart stehen jetzt „Person X" mit fünf zugehörigen Stärken (s. Abb. 8.2).

Jede Gruppe versucht zu identifizieren, wer hinter den genannten Stärken auf dem Blatt der jeweils anderen Gruppe steckt und schreibt den Namen dahinter (Maya: „Also ich glaube, ich könnte Person A sein, weil ich ständig über meine Kinder erzähle, oder? Mateo, du passt zu Person C, finde ich.").

Am Ende: Austausch unter den Gruppen mit möglichst vielen und konkreten Beispielen für die Stärken und die Gründe der Auswahl und die Auflösung, welche Namen hinter welchen Stärken stecken (Felix: „Ja, Maya, wir haben dich hinter Person A, weil du einen extrem starken Sinn für Familie, Zusammengehörigkeit und Harmonie hast. Das sieht man z. B. immer, wenn du …").

Hintergrundinformation

Schöne Zwischenfragen für den Moderator an Einzelne oder die gesamte Gruppe könnten sein:

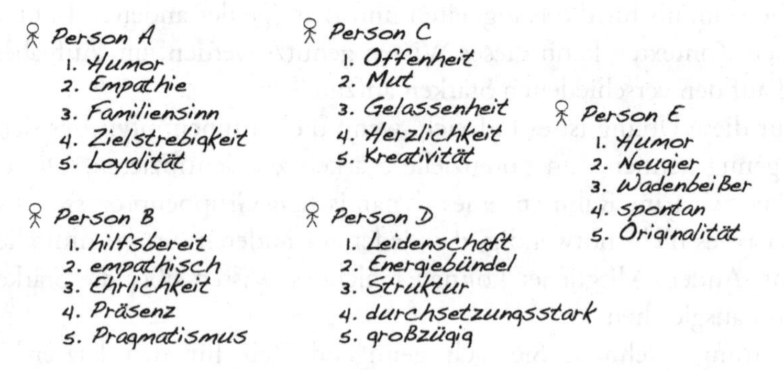

Abb. 8.2 Finde die Person hinter den Stärken

- „Was unterscheidet die Stärke Humor bei Person A und bei Person D?“
- „Hinter welchen Stärken würdest du dich denn gerne sehen?“
- „Wie seid ihr auf die Stärke ‚Familiensinn‘ bei Maya gekommen? Welches Beispiel hattet ihr da im Blick?“

8.2.2.2 Tägliches Bewusstsein der Motivation

Gemäß der Selbstbestimmungstheorie ist die relative Autonomie der Aktivitäten einer Person eine wesentliche Komponente für die Qualität ihrer Motivation. Autonom motiviertes Verhalten ist selbstbestimmt, während gesteuertes Verhalten durch äußeren oder inneren Druck, Kontrolle und Beschränkungen geleitet wird.

Die nächste Übung kann Teilnehmern helfen, das Bewusstsein zu schärfen, in welchem Maße die Motivation der täglichen Aktivitäten durch Autonomie gekennzeichnet ist. Sie ist dann am effektivsten, wenn die Teilnehmer ein grundlegendes Verständnis der Prinzipien der Selbstbestimmungstheorie haben. Mit diesem Wissen können die Teilnehmer ihr Verhalten in Bezug auf die Motivationsorientierung einordnen (intrinsische Motivation und verschiedene Arten von extrinsischer Motivation).

Die Aufgabe kann strukturiert durchgeführt werden, um Ereignisse und Motivation systematisch zu erfassen. Es besteht jedoch auch die Möglichkeit, sie lockerer und weniger strukturiert zu gestalten, z. B. indem die Teilnehmer im Laufe des Tages eine Erinnerung in ihrem Handy setzen und die Übung für sich selbst durchführen.

Hintergrundinformation

Nehmen Sie sich etwas Zeit, um wahrzunehmen, was Sie den Tag über motiviert. Beachten Sie, welche Faktoren diese Motivation beeinflussen. Was begeistert Sie? Wie entscheiden Sie, welchen Aktivitäten Sie im Leben nachgehen? Dies kann Ihnen helfen, ein motivationales Bewusstsein zu entwickeln.

Beantworten Sie über den Tag hinweg zeitlich zu zufälligen Zeitpunkten folgende drei Fragen:

1. Was tue ich?
2. Wofür mache ich das?
3. Wohin führt es mich?

Beachten Sie, ob Sie auf alle drei Fragen fundierte Antworten parat haben. Wenn durch ein Weiterführen der Aktivität positive Folgen entstehen, sollten Sie sie natürlich fortsetzen. Wenn nicht, ist das möglicherweise eine Gelegenheit, einige Aspekte Ihres Lebens zu verändern.

- Datum:
- Aktivität 1:
- Reflexion:
- Aktivität 2:
- Reflexion:
- Aktivität 3:
- Reflexion:

Die Übung wird mit großer Wahrscheinlichkeit zu höherem Engagement bzw. höherer Motivation führen – oder zu einer Veränderung im Verhalten.

8.3 Wie findet man seine Werte und welche Bedeutung haben sie? – auf Erfolgskurs

Ein weiterer, sehr wichtiger Aspekt, um sinnvolle und wichtige Ziele herzustellen und zu verfolgen, sind persönliche Werte.

Definition

Zu Beginn die Definition zum Knabbern: „Ein **Wert** ist eine in einem soziokulturellen Entwicklungsprozess herausgebildete und von der Mehrheit einer soziokulturellen Einheit akzeptierte und internalisierte Vorstellung über das Wünschbare. Wir unterscheiden zum einen ökonomische, politische, soziale und kulturelle Werte und zum anderen moralische Werte" (Lay, 1996, S. 9).
Das Thema Werte ist in der Psychologie äußerst vielschichtig und breit gefächert. Begriffe wie Wertvorstellungen, Wertewandel und Wertekonflikte sind nicht nur in Einzelcoachings relevant, sondern begleiten uns auch in familiären Diskussionen, in geselligen Runden oder in der Organisationsentwicklung. In Unternehmen wird ein gewünschtes Wertesystem oft nach außen hin als Unternehmensleitbild kommuniziert, während es nach innen als Unternehmenskultur erlebt wird. Im Gegensatz dazu findet man bei Einzelpersonen, Familien oder in informellen Gruppen wie Freizeitvereinen eher selten festgelegte oder offizielle Wertvorstellungen oder Leitbilder.
In einfachen Worten ausgedrückt, sind Werte Eigenschaften und Qualitäten, die von Menschen als erstrebenswert und gut angesehen werden. Diese Vorstellungen von Werten beeinflussen unser Verhalten und können auch die Grundlage für bestimmte Bräuche sein. Jeder Mensch hat seine eigene Vorstellung von der Bedeutung bestimmter Werte (Normen), und diese Vorstellungen prägen unsere Denkweise und unser Handeln. Wenn viele Menschen ähnliche Werte teilen, entsteht eine Kultur, die auf diesen gemeinsamen Grundwerten basiert.

Werte können uns Menschen dabei behilflich sein, eine Richtung im Leben zu finden, die mit dem übereinstimmt, was uns wahrlich wichtig ist, und dabei unterstützen, Ziele zu konstruieren, die in diese Richtung führendes Verhalten fördern. Werte sind die Antwort auf die Frage: „In einer Welt, in der Sie wählen könnten, um was sich Ihr Leben dreht – was wäre das?" („In a world where you could choose to have your life be about something, what would you choose?“, Wilson & Murrell, 2004, S. 135).

Als Kinder übernehmen wir viele Werte durch soziale Interaktionen, z. B. mit Familie und Freundeskreis. Ob das der Perfektionismus und Leistungsgedanke des Vaters sind, die Freiheitsliebe der frechen Nachbarin oder auch das Harmoniebedürfnis der sich sorgenden Mama. Ein Großteil dieser (bei etlichen Menschen unbewusst bleibenden) Werte tritt auch Jahrzehnte später noch in vielen Situationen zutage, selbst wenn sich der soziale Kontext längst verändert hat.

Werte hängen ebenfalls eng mit dem zusammen, worauf wir bereits in Abschn. 6.2.2 geschaut haben: Bedeutung und Sinnhaftigkeit. Werte sind zwar per se eine – wie ich finde – abstrakte Angelegenheit (genau wie das bei dem Wert von 100 g Butter der Fall ist, der mit Sicherheit subjektiv von dessen Preis verschieden ist), aber Werte sind leichter als das Sinnempfinden eines Menschen anhand von Verhalten zu beobachten – selbst, wenn Sie sich noch niemals in Ihrem Leben mit der Frage beschäftigt haben, was Ihnen wichtig ist, was den Sinn Ihres Lebens ausmacht, was Sie zufrieden macht oder erfüllt sein lässt.

Werte spielen auch in Unternehmen eine große Rolle (dazu auch mehr in Abschn. 8.6) und deren Übereinstimmung mit den eigenen Werten ist ein gewichtiger Faktor, wenn es um das Engagement und die Motivation bei der Arbeit geht.

Um Ihre eigenen Werte zu entdecken, deren persönliche Bedeutung zu verstehen und dies als Katalysator für mehr Motivation, Engagement und Leidenschaft in Ihrem Leben zu nutzen – und letztendlich Ihre Ziele zu erreichen –, möchte ich Ihnen die folgenden zwei Übungen vorschlagen.

8.3.1 Fünf Schritte, fünf Kernwerte

Hintergrundinformation

Diese Anleitung ist eine verkürzte und leicht abgewandelte Form des Artikels „Wie finde ich meine Werte?“ (Tomoff, 2012) auf meinem Positive-Psychologie-Blog „Was Wäre Wenn“.

1. Nehmen Sie sich 15 bis 30 min Zeit und denken Sie an Ihre *beruflichen* oder *privaten Erfolge* zurück. Holen Sie sich die Situationen so gut wie möglich vor Augen.

   - Was haben Sie genau gemacht?
   - Waren auch andere Menschen bei Ihnen? Wenn ja, welche?
   - Welches Bedürfnis war in dieser Situation befriedigt?
   - Was sonst noch trug zu Ihrem Hochgefühl bei?

2. Schreiben Sie auf, welche *zehn Werte* Sie mit diesen Erfolgen verknüpfen. Unterstützend können Sie sich Folgendes fragen: Warum waren es für Sie Erfolge? Was zeichnet für Sie einen Erfolg aus?
   Wenn Sie Schwierigkeiten haben, entsprechende Werte zu finden, nehmen Sie die unten genannte umfangreiche Wertesammlung[1] als Hilfe.
3. *Reduzieren* Sie die zehn aufgeschriebenen Werte *auf fünf Kernwerte*. Denken Sie daran: Das Wegstreichen eines Wertes heißt nicht, dass er Ihnen nicht wichtig ist. Es bedeutet für diese Übung nur, dass es mindestens fünf Werte gibt, die Ihnen *noch wichtiger* sind.
4. *Ordnen Sie* die fünf Werte so, dass der Ihnen für heute wichtigste ganz oben steht und Sie anlacht!
5. Sind diese Werte wirklich *Ihre Werte?* Hier sind ein paar abschließende Fragen, die Sicherheit über Ihr aufgestelltes Werteset verschaffen werden.

   - Ist einer der Werte nur ein Mittel, um einen anderen zu erreichen? Wenn Ihnen beispielsweise finanzielle Sicherheit wichtig ist, weil Sie damit Freiheit erlangen, ist die Freiheit das, was Sie am meisten wertschätzen.
   - Was bedauern Sie am meisten? Wenn es etwas gibt, das Sie nicht getan haben und bedauern, ist das ein gutes Zeichen für einen Wert, der Ihnen wichtig ist, dem Sie in dieser speziellen Situation aber nicht gefolgt sind.
   - Und die ultimative Frage zum Schluss: Wären Sie stolz, wenn Sie jemandem von dieser Liste erzählen, den Sie respektieren und bewundern?

8.3.2 Mein Grabstein

Es mag ein wenig unpassend erscheinen, in einem Buch über die Positive Psychologie vom Tod zu schreiben, aber es hat einen guten Grund. Einen positiven Grund. Ist es bei Ihnen ähnlich, dass Sie ein mulmiges Gefühl

[1] http://goo.gl/tDh8wD

in der Magengegend bekommen, wenn Sie an den Tod denken? Vielleicht finden Sie in Ihrem Glauben Schutz und Ruhe vor diesem Gedanken, vielleicht ergeht es Ihnen aber auch wie mir.

Ein mir lieber Arbeitskollege fragte mich einmal, ob ich mich an die Zeit vor meiner Geburt erinnern könne. „Nicht? Genauso wird es sein, wenn du tot bist.“, sagte er. Er wuchs bei seinen Großeltern auf, die bereits ein gesundes Verhältnis zum Sterben aufgebaut zu haben schienen und ihm in jungen Jahren wertvolle Weisheiten mitgeben konnten. Ein weiser Tipp, aber trotzdem wollte sich die Angst vor dem Unbekannten, dem Unwissen über das, was da noch kommen mag, nicht vollständig legen.

Ob Menschen Angst vor dem Tod haben, weil sie das Leben lieben, oder aus der Unsicherheit heraus, wie oder ob es weiter geht, ist letztlich egal für die zweite Übung. Der Nutzen ist derselbe. Denn zwei positive Fragen entstehen unabhängig davon aus der Vorstellung an den eigenen Tod:

1. Wie möchte ich meinen Freunden, Bekannten und meiner Familie in Erinnerung bleiben?
2. Was möchte ich nicht bereuen, wenn ich auf meinem Sterbebett liege?

> Nicht den Tod sollte man fürchten, sondern dass man nie beginnen wird zu leben. (Mark Aurel)

Die Vorstellung des eigenen Todes kann uns auch als nützlicher Wegweiser dienen. Eine effektive Methode ist die Vorwegnahme des eigenen Nachrufs (vgl. Tomoff, 2011). Gelegentlich die eigene Sterblichkeit zu reflektieren, kann eine kraftvolle Wirkung haben. Spätestens, wenn uns nahestehende Menschen verlassen, beginnen wir oft über das Leben und den Tod nachzudenken. Viele Menschen, die eine Nahtoderfahrung gemacht haben, berichten von tiefgreifenden Veränderungen in ihren Wertvorstellungen. Solche Erfahrungen führen oft dazu, dass die Wertschätzung für das Leben steigt, der Fokus sich auf das Wohl anderer Menschen richtet (anstatt auf den eigenen Eindruck), die Bedeutung materieller Dinge abnimmt und die Suche nach dem Sinn des Lebens intensiver wird (Ring, 1984).

In einem Versuch, den Effekt einer Nahtoderfahrung zu imitieren, baten Cozzolino und Kollegen (2004) Teilnehmer einer Studie, über den Tod zu reflektieren und eine lebendige und konkrete Fantasie darüber zu entwickeln, wie ihr Leben enden würde. Ihre Studie zeigte, dass diese Vorstellung intrinsisches und uneigennütziges Verhalten erhöhte. Sich den eigenen Tod vorzustellen, kann ein konfrontierendes, provokantes, aber leistungsfähiges Mittel sein, um sich über die intrinsischen inneren Werte bewusst zu werden.

Hintergrundinformation

Stellen Sie sich vor, dass Ihr Leben vorbei ist. Die letzten lieben Worte wurden bei Ihrer Grabrede gesagt, tränenbenetzte Augen wenden sich von Ihrem Grab ab, und nur noch Ihr Grabstein bleibt übrig.

Nutzen Sie einen selbstgemalten Grabstein und fügen Sie diese Worte hinzu:

„Hier liegt [Ihr Name], *[Geburtstag], † [möglicher Sterbetag]“

Schreiben Sie auf den Grabstein einen Spruch oder ein paar Sätze nieder, die beschreiben, welche Antworten Sie auf diese Fragen haben:

- Was möchten Sie später tatsächlich auf Ihrem Grabstein (oder Ihrer Urne) stehen haben?
- Als welcher Mensch möchten Sie in Erinnerung bleiben?
- Wie möchten Sie Ihre Lebenszeit verbracht haben?

Nehmen Sie sich so viel Zeit, wie Sie zur Beantwortung der Fragen und Formulierung der Grabsteinaufschrift benötigen.

Auch aus diesen Worten können Sie Werte und eventuell sogar einen Lebenssinn erkennen.

Wenn Ihnen die Vorstellung des eigenen Grabsteins zu düster erscheint, können Sie stattdessen ein Jubiläum in greifbarer Nähe in Betracht ziehen. Stellen Sie sich vor, dass ein geliebter Mensch Ihnen an diesem besonderen Tag ein paar nette Worte sagt. Was könnte diese Person sagen? Und was würden Sie sich von ihr wünschen? Denken Sie darüber nach, welche Worte und Anerkennung Ihnen wichtig wären. Welche Aspekte Ihrer Persönlichkeit und Ihrer Handlungen würden Sie gerne gewürdigt sehen?

Es ist bemerkenswert, dass Ihre Kernwerte oft in Tätigkeiten oder bei der Verfolgung von Zielen zum Ausdruck kommen, bei denen Sie mit Leidenschaft bei der Sache sind. In solchen Fällen ist Ihre Motivation und Ihr Engagement auf einem sehr hohen Niveau, was Ihnen zusätzliche Energie verleiht, um Ihre Ziele zu erreichen. Die Reflexion über solche Anerkennung und Wertschätzung kann Ihnen helfen, Ihre persönlichen Werte und Ihre Leidenschaften besser zu verstehen und zu nutzen, um Ihr Leben erfüllter zu gestalten.

8.4 Wie kann man Leidenschaft bei der Arbeit fördern? – mehr Freiraum für individuelle Projekte

Was ist die Aktivität, die Sie am leidenschaftlichsten verfolgen? Warum?

Leidenschaft ist eine das Gemüt völlig ergreifende Emotion. Der Begriff wird sowohl im Bereich der Liebe und des Hasses benutzt, aber auch für religiös, moralisch oder politisch intensiv verfolgte Ziele gebraucht. Wenn Sie an eine leidenschaftliche Person denken, kommt Ihnen höchstwahrscheinlich ein Künstler, Sammler oder inbrünstige, Vasen werfende Liebhaberin in den Sinn.

Definition

Der Duden definiert **Leidenschaft** wie folgt:

1. Sich in emotionalem, vom Verstand nur schwer zu steuerndem Verhalten äußernder Gemütszustand (aus dem heraus etwas erstrebt, begehrt, ein Ziel verfolgt wird);
2. große Begeisterung, ausgeprägte [auf Genuss ausgerichtete] Neigung, Passion für etwas, was man sich immer wieder zu verschaffen, was man zu besitzen sucht, für eine bestimmte Tätigkeit, der man sich mit Hingabe widmet;
3. sich in starkem Gefühl, in heftigem, ungestümem Besitzverlangen äußernde Zuneigung zu einem Menschen.

Leidenschaft ist also eine starke Neigung zu einer Aktivität hin, die Menschen mögen, die sie als wichtig empfinden und in die sie Zeit und Energie investieren (Vallerand & Houlfort, 2003, S. 175).

Wenn wir über Leidenschaft sprechen, ist meist die positive Konnotation gemeint, also eine erstrebenswerte, oft auch beneidenswerte Eigenschaft eines Menschen, der er mit einem signifikanten Zeiteinsatz folgt, die aber nicht überfordernd ist – eine „harmonische Leidenschaft".

Gibt es neben der „harmonischen" auch eine „negative Leidenschaft"?

Im Wort Leidenschaft steckt natürlich das „Leiden" (lat.: *passio*). Dieses Leiden kann auftreten, wenn nicht die Person über die Aktivität, sondern die Aktivität über die Person die Kontrolle hat und einen extremen Zeitanteil des Lebens dieser Person einnimmt. Dies bezeichnet man auch als „obsessive Leidenschaft" (Gorgievski & Bakker, 2010). Letztere ist stark mit einem gefährlichen Aspekt von Leidenschaft im Arbeitskontext assoziiert: die Leidenschaft eines Workaholics.

Ein interessanter Unterschied zwischen der ursprünglichen Bedeutung und der heutigen Nutzung, finden Sie nicht?

Möglicherweise haben Sie jemanden in Ihrem Freundes- oder Bekanntenkreis, der seiner Leidenschaft eine Menge opfert und anderes depriorisiert, der in seiner Leidenschaft auf-, dafür aber in den meisten anderen Lebensbereichen vermutlich sogar untergeht. Zu Hause nicht abschalten zu können, führt auch zu zwanghaftem Arbeiten – in Kombination mit einem exzessiven Arbeitspensum ist dieses Verhalten definiert als Workaholismus (Gorgievski & Bakker, 2010) und somit eine ungesunde Form des Arbeitsengagements.

Was macht den Unterschied zwischen gesunder Leidenschaft und der ungesunden Art des Workaholismus aus?

Der entscheidende Unterschied zwischen Workaholismus und hohem Arbeitsengagement besteht darin, dass Workaholikern oft der Spaß an der Arbeit fehlt, während leidenschaftliches Engagement bei der Arbeit freiwillig und autonom ist, ohne zwanghaften Druck von innen oder außen.

Es gibt viele Gründe, warum Engagement bei der Arbeit zu exzellenter Leistung führt, von denen zwei in diesem Kapitel besonders relevant sind (Bakker & Leiter, 2010).

Erstens sind positive Emotionen, die Engagement begleiten, bekannt dafür, die Aufmerksamkeit zu erweitern und die Fähigkeit zur Ressourcengewinnung zu fördern (Abschn. 2.9). Dies kann dazu führen, dass engagierte Unternehmer und Mitarbeiter offener für neue Möglichkeiten und besser in der Lage sind, soziale Netzwerke aufzubauen.

Weiterhin fanden Bakker und Leiter ebenfalls heraus, dass hohes Arbeitsengagement mit guter Gesundheit korreliert. Gute geistige und körperliche Gesundheit sind auch gute Prädiktoren für die Leistung der Mitarbeiter (Demerouti & Bakker, 2006) und langfristige finanzielle Geschäftsentwicklung (z. B. et al., 2010).

Es ist faszinierend, wie Robert Vallerand das eng mit dem Flowkonzept verbundene Gefühl von Aktivität und Selbst beschreibt:

> Such passions become central features of one's identity and serve to define the person. Those who have a passion for playing the guitar, for reading, or for jogging do not merely play the guitar, read, or jog. They are „guitar players," „readers," or „joggers." Passionate activities are part of who they are (Vallerand et al., 2003, S. 757).

Leidenschaft kann uns also stark prägen. Die Frage ist nur…

Was fördert Leidenschaft bei der Arbeit?

Eine Annahme der Selbstbestimmungstheorie ist, dass wahrgenommene Autonomie bei einer Aktivität ein essenzieller Faktor ist, der zwischen der Kultivierung von harmonischer oder obsessiver Leidenschaft entscheidet. Laut Forschung von Mageau und ihren Kollegen (2009) entwickeln Menschen, die bei der Aufgabenbewältigung viel Spielraum für Autonomie bekommen, eher harmonische Leidenschaft.

Das gilt z. B. für Kinder, die von Erwachsenen viele Wahlmöglichkeiten in Bezug auf ihre Aktivitäten bekamen. Eltern, die den Tätigkeiten ihrer Kinder einen hohen Wert beimaßen (externer Druck), förderten damit eher eine obsessive Leidenschaft. Keine leichte Aufgabe also für Eltern, sich dem hingebungsvoll anzuschließen, was der Sprössling treibt, ohne diesen zu sehr einzuengen.

Im organisationalen Kontext sieht es ähnlich aus: Mitarbeiter erfahren eher harmonische Leidenschaft, wenn sie eine starke autonome Orientierung haben und/oder Unterstützung bezüglich ihrer Autonomie von ihrem Unternehmen bekommen (Liu et al., 2011).

Weiterhin fanden Forest und Kollegen (2012) in einer Längsschnittstudie heraus, dass der Fokus auf die Stärken einer Person ebenfalls die Entstehung von harmonischer Leidenschaft förderte, insbesondere die Nutzung von Signaturstärken bei der täglichen Arbeit auf eine andere Art als üblich (Abschn. 5.1). Gerade das mag ein Hinweis darauf sein, dass das Bedürfnis nach Kompetenz und dessen Erfüllung neben Autonomie eine weitere Quelle für Leidenschaft ist.

Ein konkretes und probates Mittel, um harmonische Leidenschaft bei der Arbeit zu fördern, ist neben dem Einsatz der individuellen Stärken am Arbeitsplatz auch noch der Freiraum, diese für Projekte einzusetzen, bei denen ohnehin schon leidenschaftliches Verfolgen vorhanden ist. Denken Sie zurück an das Unternehmen 3M, das seinen Mitarbeitern Raum für eigene innovative Ideen und deren Weiterführung gibt und daraus eine Kultur machte.

Auch „I Love Rewards“, eine gegenüber 3M kleine Organisation von 24 Mitarbeitern, verschafft diesen die Möglichkeit, 20 % ihrer Zeit pro Woche mit einem „Vision Committee" zusammenzuarbeiten (Fenton, 2009). Jede Person, die sich an leidenschaftlichen Projekten beteiligen möchte, tut sich mit Kollegen aus anderen Bereichen zusammen und arbeitet an gemeinsamen Zielen, sog. *passion projects.*

Obwohl extrinsische Belohnungen potenziell die Leidenschaft beeinträchtigen können, hat „I Love Rewards" positive Erfahrungen mit einem Programm namens „Pointaholics" gemacht, bei dem Anerkennung am Arbeitsplatz durch Punktevergabe und -annahme gegeben und erhalten wird, um leidenschaftliches Arbeiten zu belohnen. Alle Mitarbeiter nehmen an diesem Programm teil, und jeder kann jedem Punkte geben.

Positives, leidenschaftliches Arbeiten entsteht meiner Meinung nach am besten, wenn die vorangegangenen Kapitelinhalte bestmöglich umgesetzt und befriedigt werden:

- **Sinnhaftigkeit und Bedeutung:** Eine Vision des Unternehmens zu formen, die auf umsetzbare Aktivitäten und geteilte Werte der Mitarbeiterschaft ausgerichtet ist, fördert leidenschaftliches Arbeiten. Dies geschieht, indem die Arbeit mit der Identität der Mitarbeiter in Einklang gebracht wird und ihnen ein Gefühl der Bedeutung vermittelt.
- **Stärkenorientierung und lebenslanges Lernen:** Den Drang nach Kompetenz zu stillen, bestehende Fähigkeiten zu fördern und neue Fertigkeiten zu erlernen, die an den Stärken orientiert sind, sie komplettieren und die Sinnhaftigkeit der Arbeit zusätzlich stimulieren, wird Flowerlebnisse mit hoher Wahrscheinlichkeit vermehren und Leidenschaft schüren.
- **Autonomie:** Intrinsisch motivierte, authentische, annähernde, möglichst zueinander passende, veränderbare und klare Ziele mit der Autorität, zu handeln, werden Autonomie fördern, die wiederum ein guter Nährboden für „gute" Leidenschaft ist.

An dieser Stelle noch ein paar Hinweise für Sie, die sich aus vielen Coaching-Sessions zum Thema „Leidenschaft vergrößern" ergeben haben und die ich für mich (und nachfolgende Coachees) zusammengefasst habe. Es sind zwar keine validierten Studienergebnisse, trotzdem haben diese Informationen schon einigen Menschen geholfen, sich auf den Weg zu einem leidenschaftlicheren Leben zu machen!

1. **Planen Sie Ihre Leidenschaft:** Wie den Termin mit dem Kollegen oder die Familienfeier zu Weihnachten, können Sie auch das Intensivieren Ihrer Leidenschaft planen – und *sollten* das sogar tun, um Wichtigkeit und Wahrscheinlichkeit deutlich zu erhöhen. Wir sind alle sehr

beschäftigt. Wenn Sie auf den perfekten Zeitpunkt warten, um in „das Projekt“[2] einzutauchen, das Sie schon immer machen wollten, wird sich ganz bestimmt *einer* den Bauch halten, Sie auslachen und dazwischenfunken: das Leben. Wenn Sie sich vor dem Herumwerkeln an Ihrem Herzensprojekt schuldig fühlen, erledigen Sie vorher ein paar lästige Aufgaben. Und dann genießen Sie Ihr Projekt!

2. **Erzählen Sie Ihren Liebsten, wie viel Ihnen das Projekt bedeutet:** Man mag glauben, dass jene, die Sie lieben, schon wüssten, was Ihr Herz zum Lachen bringt. Leider ist das häufig nicht der Fall. Die Schreiber des National Novel Writing Months (www.nanowrimo.org), einem jedes Jahr größer werdenden und inspirierenden Projekts für Menschen, die „gerne mal ein Buch schreiben“ würden, setzen sich 30 Tage als Rahmen, um 50.000 Wörter zu Papier zu bringen. Die fleißigen Helfer des NaNoWriMo-Teams raten den Teilnehmern jedes Jahr eines: „Sagt euren Freunden, dass ihr 30 verrückte Tage vor euch habt und sie es euch nicht übelnehmen sollen, wenn ihr sozial abwesend seid.“
   Es muss kein 30-Tage-Experiment sein, aber nehmen Sie sich zu Herzen, was sich auch andere zu Herzen nehmen sollten – Sie sind jetzt *dran* an Ihrem Projekt und wollen nur in Notfällen gestört oder in Versuchung geführt werden. Und nein, die Wohnung aufräumen ist *kein* Notfall. Die Wahrscheinlichkeit ist hoch, dass sich Ihre Liebsten sogar für Sie einsetzen und Sie bei Ihrem Vorhaben unterstützen.
3. **Opfern Sie Schlaf:** Ja, richtig gelesen. Auch ich schreibe diesen skurrilen Satz mit dunklen Ringen unter den brennenden Augen (erinnern Sie sich an die 400 bis 750 h Schlafraub durch ein Neugeborenes aus Abschn. 6.1.9…?!). Trotzdem habe auch ich dieses faszinierende Phänomen fast jeden Abend von neuem erfahren, wenn ich mich wieder an meine Bücher über Positive Psychologie gesetzt habe: Flow wird kommen, Sinnhaftigkeit wird folgen, Stärken werden größer, und die Freude über das Geschaffte ist wahnsinnig groß!
   Falls Sie auch zu jenen gehören, die sich gerne eine Stunde im Bett herumwälzen, bevor sie sich endlich eingestehen, dass sie nicht mehr schlafen können – wunderbar! Nutzen Sie *diese* Stunde für Ihre Leidenschaft! Immerhin sind Sie dann völlig ungestört. Fangen Sie (auch entgegen Ihrer Gewohnheit) früh morgens an, sich um Ihr Projekt zu kümmern. Sie werden erstaunt sein, wie gut es sich anfühlt, auf sich und das, was Ihnen wichtig ist, geachtet zu haben.

[2] Als Synonym für das, was Sie leidenschaftlich gerne tun würden.

4. **Fragen Sie sich bei jeder Aufgabe erneut „Ist sie mir wichtiger als meine Leidenschaft?“:** Es wird häufig passieren, dass Sie mit einem „Nein“ herauskommen und bemerken, *wie* wichtig Ihnen Ihr Projekt wirklich ist. Das wird es Ihnen erleichtern, mehr Zeit und Raum dafür zu schaffen.
5. **Apropos Raum - finden Sie den richtigen dafür:** Sind Sie leidenschaftlich Meditierende*r, kommen Sie Ihrem Projekt wahrscheinlich auch am liebsten und besten nach, wenn Sie in einem stilvoll eingerichteten Dojo mit anderen zusammensitzen, anstatt wieder einmal im schunkelnden Bus im Kampf gegen die Müdigkeit auf Ihren Atem zu achten. Schreiben Sie tatsächlich gerne und wagen sich an Ihr erstes Buch, bieten z. B. Starbucks, ein Coworking-Space oder die Universitätsbibliothek mit all den büffelnden Studenten um Sie herum eine förderliche Atmosphäre. Mögen Sie Musik? Kopfhörer mit Ihrer Lieblingsmusik auf die Ohren (beim Schreiben bietet sich Instrumentalmusik an, die nicht mit Ihrer verbalen inneren Stimme kollidiert), Fokus und rein ins Getümmel! Nutzen Sie jeden Buddy, den Sie kriegen können (siehe auch Abschn. 6.2.9) – egal ob musikalischer, atmosphärischer oder räumlicher Natur.
6. **Business-Tipp:** Verknüpfen Sie Ihre Leidenschaft mit einem Gewinn für Ihr Unternehmen. Sollten Sie die Möglichkeit haben, Ihrer Leidenschaft bei der Arbeit frönen zu können (und damit meine ich nicht, *anstatt* zu arbeiten), ist das ein großer Bonus. Binden Sie Vorgesetzte mit ein und behalten Sie im Auge, dass Sie hier eine Win-win-Situation haben: Wenn der Chef oder die Chefin sieht, dass Ihre Leidenschaft zuträglich für die Arbeit ist, ist weitere Unterstützung in greifbarer Nähe. Das kann schon mal den Neid der Kollegen auf sich ziehen, aber proaktiv als „active agent“ (Abschn. 8.10.1.2) an seinem Glück *und* an dem der Firma zu arbeiten – es gibt Schlimmeres!
7. **Spenden Sie der AfD:** Manche Menschen sind eher von Bestrafung als Belohnung angetrieben. Bei vielen Coachees half schon die Verabredung mit mir, der AfD einen gehörigen Batzen Geld zu spenden, hatten sie ihr Projekt erneut hinten angestellt. Faszinierend, wie schnell manchmal doch Zeit für das eigene Projekt frei wird…

Die folgenden zwei Unterkapitel im Bereich Positive Psychologie in Arbeit und Beruf werden noch einmal etwas wissenschaftlicher. Keine Angst, es wird übersichtlich bleiben. Es geht um das *Psychologische Kapital* (PsyCap) und *Positive Organizational Scholarship* (POS).

8.5 Was ist Psychologisches Kapital und wie wirkt es sich aus? – Wettbewerbsvorteil durch Ressourcen

Psychologisches Kapital ist ein Konzept der Positiven Organisationspsychologie und beschreibt „Kapital" als Ressourcen, die Menschen bei ihrer Zielerreichung zur Verfügung stehen und ausschlaggebend für ausgeprägtes Leistungsverhalten und hohe Zufriedenheit am Arbeitsplatz sind (Externbrink et al., 2015). Dass hohes Psychologisches Kapital bei den Mitarbeitern mit positiven Konsequenzen für Organisationen einhergeht, zeigen zahlreiche Untersuchungen (z. B. Luthans et al., 2004; Youssef & Luthans, 2007).

Definition

Psychologisches Kapital (PsyCap) wird als Indikator für persönliche Leistungsfähigkeit und Zufriedenheit am Arbeitsplatz genutzt. Vor allem individuelle Stärken und Potenzial bei Mitarbeiter stehen dabei im Vordergrund. Es unterscheidet sich hierbei von ökonomischem Kapital („was wir haben"), intellektuellem Kapital („was wir wissen") und von sozialem Kapital („wen wir kennen") und beschreibt, „wer wir sind" oder „was wir sein können" (Luthans et al., 2004).
Die für einen Wettbewerbsvorteil bedeutsamen Ressourcen des Psychologischen Kapitals werden anhand von vier Aspekten beschrieben: *Hoffnung, Selbstwirksamkeit, Resilienz* und *Optimismus*. Im Englischen gibt es dazu ein schönes Akronym: HERO (**H**ope, Self-**E**fficacy, **R**esilience, **O**ptimism). Personen mit hohem psychologischem Kapital sind hoch motiviert und streben nach Weiterentwicklung und Entfaltung.

Fred Luthans, der für das Thema Psychologisches Kapital umtriebigste Forscher, beschreibt diese vier Ressourcen zusammengefasst wie folgt:

1. **Hoffnung:** entschlossen an der Erreichung von Zielen arbeiten, bei Hindernissen kreative Lösungswege finden; damit einhergehend positive Emotionen und hohes Kontrollerleben.
2. **Selbstwirksamkeit:** individuelle Überzeugung, (beruflichen) Herausforderungen gewachsen zu sein und notwendige Kompetenzen zu besitzen. Menschen mit hoher Selbstwirksamkeit investieren mehr Energie in ihre Ziele und zeigen mehr Ausdauer beim Erreichen ihrer Ziele. Sie nehmen weiterhin neue Herausforderungen eher an als Menschen mit geringer Selbstwirksamkeit.

3. **Resilienz:** Widerstandskraft in Phasen erhöhter Arbeitsbelastung. Widerstandsfähige Menschen können besser mit Risiko- und Stressfaktoren umgehen.
4. **Optimismus:** positive Erwartungshaltung gegenüber der Zukunft, ausgeprägte Offenheit für Veränderungen. Damit ist ein „realistischer Optimismus" gemeint, mit dem Personen eine Situation angemessen beurteilen, konstruktiv mit Fehlern umgehen und diese als Lernmöglichkeiten betrachten.

8.5.1 Auswirkungen von hohem PsyCap

Welche positiven Konsequenzen hat der Fokus auf das Psychologische Kapital?

In einer umfassenden Metaanalyse von Avey et al. (2011) wurden mehr als 12.500 Mitarbeiter untersucht. Die Ergebnisse dieser Studie zeigen signifikante Zusammenhänge zwischen dem psychologischen Kapital dieser Mitarbeiter und verschiedenen wichtigen Aspekten ihrer beruflichen Entwicklung. Dazu gehören die Arbeitszufriedenheit, die Firmenloyalität, das Engagement bei der Arbeit sowie die erzielte Leistung.

Es ist bemerkenswert, dass Mitarbeiter mit einer ausgeprägten PsyCap-Orientierung nicht nur in diesen Bereichen besser abschnitten, sondern auch in Bezug auf ihre Reaktion auf betriebliche Veränderungen. Diese Mitarbeiter waren offener gegenüber Veränderungen und zeigten eine geringere Neigung zur Kündigung. Darüber hinaus erlebten sie weniger Stress in ihrem beruflichen Umfeld. Diese Erkenntnisse unterstreichen die Bedeutung des Psychologischen Kapitals nicht nur für das individuelle Wohlbefinden am Arbeitsplatz, sondern auch für den langfristigen Erfolg und die Stabilität von Organisationen.

Sind Menschen erfolgreich, weil sie ein hohes Psychologisches Kapital haben, oder haben sie ein hohes Psychologisches Kapital, weil sie erfolgreich sind?

Peterson et al. (2011) führten Längsschnittuntersuchungen im Finanzsektor durch und konnten zeigen, dass Steigerungen des Psychologischen Kapitals zu einer Steigerung der Umsatzzahlen führten - nicht umgekehrt.

8.5.2 Steigerung von PsyCap

Die *Entwicklung von Hoffnung* ist durch die bereits in Abschn. 8.1 Merkmale „guter Ziele“ in der Zieltheorie von Locke und Latham (2006) treffend veranschaulicht. Konkrete und anspruchsvolle Ziele erhöhen die Leistung im Vergleich zu vagen Zielformulierungen wie beispielsweise „Geben Sie Gas!“ oder „Tun Sie Ihr Bestes!“.

Die Steigerung der *Selbstwirksamkeit* kann insbesondere durch drei Faktoren erreicht werden, wie von Wilkens und Externbrink (2011) beschrieben. Erstens durch die Unterstützung und das Vertrauen anderer in die Fähigkeiten einer Person. Zweitens, indem man die Erfahrung macht, erfolgreich eine Aufgabe zu bewältigen. Und drittens durch ein inspirierendes Rollenvorbild, das von einem Mitarbeiter als eine respektierte Autorität wahrgenommen wird. Dabei können sowohl Vorbilder aus der eigenen Vergangenheit als auch externe Modelle wie Prominente durchaus dazu beitragen, eine positive Beeinflussung der Person zu fördern und ihr Selbstvertrauen zu stärken.

Im Coaching können Risiko- und Stressfaktoren – wie wir das von Kelly McGonigal bereits in Abschn. 6.2.8 erfahren haben – als Chancen zur persönlichen Weiterentwicklung genutzt werden. Es ist immer ratsam, Risikofaktoren zu minimieren, doch indem Sie schützende Ressourcen erkennen, die Ihnen bei der Bewältigung von Herausforderungen helfen, können Sie nicht nur persönliches Wachstum fördern, sondern auch Ihre *Resilienz* stärken. Diese Ressourcen können persönliche Interessen, Talente oder Ihr soziales Netzwerk sein. Sie sollten nicht nur gelegentlich darauf zurückgreifen, sondern sie regelmäßig nutzen, um Ihre Resilienz zu steigern.

Für die Entwicklung eines realistischen und arbeitsbezogenen *Optimismus* kann das Führen eines Tagebuchs (siehe Rosebud in Abschn. 4.1.4.2) hilfreich sein, in dem Sie lebhaft und in allen Einzelheiten beschreiben, wie Ihre bestmögliche Zukunft aussieht (King, 2001). Wenn Sie dies über vier aufeinanderfolgende Tage hinweg jeweils 20 min lang tun, können Sie ähnliche Effekte erleben wie die Teilnehmer in Kings Studie. Ihre Stimmung wurde sofort angehoben und blieb sogar Wochen später höher als bei einer Kontrollgruppe. Sogar Monate danach berichteten viele von weniger körperlichen Beschwerden.

Indem Sie nun die Erkenntnisse von King mit denen von Pham und Taylor aus Abschn. 8.1.1 kombinieren (das Visualisieren des Weges zum Erfolg ist hilfreicher für die Zielerreichung als die Visualisierung des Erfolgs selbst), legen Sie den Grundstein für einen bedeutenden Anstieg Ihrer Zufriedenheit und Ihres Erfolgs!

8.6 Was ist Positive Organizational Scholarship und womit befasst sie sich? – unternehmensweite Dankbarkeit

Positive Organizational Scholarship (POS) ist eine weitere wissenschaftliche Theorie, die sich explizit mit den Erkenntnissen der Positiven Psychologie am Arbeitsplatz beschäftigt. Man kann sie als nützliches Denkwerkzeug für die Frage danach verstehen, wie Organisationen Wohlbefinden fördern und gleichzeitig ihre (kommerziellen) Ziele erreichen können.

Definition

Positive Organizational Scholarship (POS) ist nach Cameron und Caza (2004) die Wissenschaft vom Positiven, Aufblühenden und Lebenspendenden in Organisationen.

- *Positiv* bezieht sich dabei auf die erhebenden Prozesse und Ergebnisse in Organisationen.
- *Organisatorisch* bezieht sich auf die zwischenmenschlichen und strukturellen Dynamiken, die in und durch Organisationen aktiviert werden, insbesondere unter Berücksichtigung der Kontexte, in denen positive Phänomene auftreten.
- *Scholarship* (engl. für Gelehrsamkeit, Wissenschaft) bezieht sich auf die wissenschaftliche, theoretische und strenge Untersuchungen dessen, was in organisatorischer Hinsicht positiv ist.

Zu einem großen Teil befasst sich POS mit Managementtechniken, die Wohlbefinden, Kreativität und Produktivität der Mitarbeiter fördern können. Auch die Grundsteine von POS liegen bei der Begünstigung von Faktoren wie Autonomie, Selbstbestimmung und Bedeutsamkeit für die Arbeitnehmer. Auf einer individuelleren Ebene verwendet POS ebenfalls Werkzeuge und Techniken der Positiven Psychologie, die auf die Stärken fokussieren und sie anhand von Fragebögen auch kenntlich machen. Die interessantesten Konzepte von POS sind meiner Meinung nach die *positive Devianz, High Quality Connections* (HQC: qualitativ hochwertige Verbindungen) und *positive Führung*.

8.6.1 Konzepte von POS

Der Begriff *„positive Devianz"* bezieht sich auf besondere betriebliche und unternehmerische Merkmale, die sich in positiver Weise von den oft stark normierten und unter Druck stehenden Standards abheben (abgeleitet vom lateinischen *„deviare"*, was so viel wie „vom Weg abweichen" bedeutet). Diese Abweichungen bilden die Grundlage für herausragende Leistungen (Spreitzer & Sonenshein, 2003). Nahezu jede Organisation zählt Mitarbeiter, die durch ihre ungewöhnlichen, aber erfolgreichen Verhaltensweisen oder Strategien in der Lage sind, bessere Lösungen für ein Problem zu finden als ihre Kollegen – oft sogar im Widerspruch zu den etablierten Praktiken der Personalabteilung.

High Quality Connections (HQC; zu Deutsch „hochqualitativ Verbindungen") hingegen beziehen sich auf die Beziehungen zwischen Mitarbeitern, die sich durch positive Wertschätzung, Vertrauen und gegenseitiges, aktives Engagement auszeichnen (Tomoff, 2015). Diese Verbindungen sind oft von einem hohen und belebenden Energielevel geprägt, was sowohl für die beteiligten Personen als auch für das allgemeine Wohlbefinden erheblich förderlich ist. Selbst ein kurzes, authentisches und aufrichtiges Gespräch mit einem Kollegen, das nur fünf Minuten dauert, kann einen erheblichen Unterschied bewirken.

Es gibt fünf Hauptstrategien, die die Qualität solcher Verbindungen am Arbeitsplatz begünstigen:

1. Förderung von Präsenz,
2. authentisches Sein,
3. Anbieten von Zustimmung und Bekräftigung,
4. wirksames Zuhören und
5. unterstützende Kommunikation.

Positive Führung (positive leadership) ist ein Führungs- und Motivationsmodell für Mitarbeiter, das insbesondere in Michigan von Kim Sterling Cameron entwickelt und im deutschsprachigen Raum von Utho Creusen und Ruth Seliger weiterentwickelt wurde (vgl. Creusen et al., 2010; Seliger, 2014). Es basiert auf den Prinzipien der Positiven Psychologie und zielt darauf ab, außergewöhnliche Managementleistungen durch die Anwendung wissenschaftlich fundierter Prinzipien zu erreichen. Dies umfasst die Identifikation von Stärken, die Förderung positiver Tugenden und die Unterstützung von Faktoren wie Optimismus, Engagement und Wohlbefinden. Häufig ist positive Führung der Schlüssel zu herausragenden Leistungen, die sich in einem positiven Betriebsklima, starken zwischenmenschlichen Beziehungen, positiver Kommunikation und einer sinnstiftenden Arbeitsumgebung widerspiegeln (Cameron, 2008).

8.6.2 Steigerung von POS: Kollektive Dankbarkeit

Wie bereits versprochen, möchte ich gerne erneut auf das faszinierende und äußerst vielseitige Thema der Dankbarkeit zurückkommen. Im Laufe zahlreicher Studien, die sich über verschiedene Kapitel dieses Buches erstrecken, hat sich gezeigt, dass Dankbarkeit nicht nur für Einzelpersonen äußerst hilfreich und wirkungsvoll ist, sondern auch im Unternehmenskontext zu einer Intervention, einer Gewohnheit und einer Haltung von großer Bedeutung geworden ist. Ähnlich wie der Stärkenansatz, der in diesem Buch immer wieder betont wird, ist Dankbarkeit ein zentrales Motiv, das vielversprechend ist und seine Versprechen in hohem Maße einhält.

Selbstkritisch gesehen sind die Themen „Stärken" und „Dankbarkeit" solche, mit denen ich während meiner bisherigen Berufslaufbahn die meisten und positivsten Erfahrungen sammeln konnte (egal ob für mich persönlich oder die Kunden). Deshalb sind mir die beiden Themen vermutlich so ans Herz gewachsen und tauchen immer wieder als Intervention oder Gedankenexperiment auf. Sicherlich gibt es zahlreiche weitere (auch angesprochene) Wege, die Welt ebenfalls noch zu einem menschlicheren Ort zu machen und alleine mit Dankbarkeit und dem Fokus auf die Verbesserung individueller Stärken ist es nicht getan. Aber auch die Forschung ist bei diesen beiden Themen in den letzten zwei Jahrzehnten fleißig gewesen und hält einen bunten Blumenstrauß an Erfolgen und Vorteilen für „den Anwender" parat. Dankbarkeit stellt für mich – in Verbindung mit dem Stärkenansatz – eine der umfassendsten und flexibelsten Interventionen im Rahmen der Positiven Psychologie dar, die sich auf die verschiedensten Kontexte anwenden lässt.

Eine für mich faszinierende Übersicht zum Thema „kollektive Dankbarkeit" und ihrer Relevanz für Unternehmen kommt von Büsra Müceldili und Kollegen (2015). Obwohl der Titel auf den ersten Blick anmutet wie „Ringelpiez mit Anfassen", entpuppt sich die Arbeit als eine tiefgründige Betrachtung gemeinschaftlicher Emotionen. Dabei erfolgt eine ausführliche theoretische Untersuchung der existierenden Literatur zur Dankbarkeit und ihrer Verbindung zu sowie Auswirkung auf das Positive Organizational Scholarship (POS).

Fokussieren möchte ich an dieser Stelle auf die praktischen Ideen der Autoren, wie Dankbarkeit „im großen Stil" (sprich: in Gruppen oder dem gesamten Unternehmen) für eine Förderung der unter POS bereits genannten Faktoren dienen könnte.

Faszinierend an Dankbarkeit ist, dass sie vergiftende Emotionen wie Neid, Wut und Gier in der heutigen hart umkämpften Arbeitsumgebung zu beseitigen hilft (ebd.). Zusätzlich bietet Dankbarkeit aber auch Kraft und Harmonie (Fredrickson, 2004), indem sie Menschen in Organisationen zusammenbringt, ja manchmal sogar zusammen*schweißt.* Der Effekt ist positiv verstärkend, da Emotionen (wie auch Dankbarkeit) ansteckend sind und jede Person, die dankbare Erfahrungen durch andere sammelt und wiederum teilt, diese mit großer Wahrscheinlichkeit in anderen weiterhallen lässt, sodass sich Verbundenheit und Dankbarkeit über Gruppen und dann über Organisationen verbreitet.

Durch eine schlüssige Argumentation legen Müceldili und Co. den positiven Zusammenhang zwischen unternehmensweiter Dankbarkeit und der Wichtigkeit für die *Bildung von HQCs* dar. Es ist leicht nachvollziehbar, dass die Beziehung zu Vorgesetzten, Kollegen oder Mitarbeitern an Qualität gewinnt (Stephens et al., 2012), wenn man Dankbarkeit gegenüber diesen Personen ausdrückt und die Gründe für diese dankbare Haltung kommuniziert. Eine wahrscheinliche positive Konsequenz davon ist ein vertieftes Verständnis für Ziele, Motivation, Werte und sogar Leidenschaften. Durch positivere, engere und vertrauensvollere Beziehungen untereinander steigt die Wahrscheinlichkeit eines ehrlichen, transparenten Austauschs über diese Themen, und gegenseitige Unterstützung wird erheblich erleichtert.

Auch im Bereich des *Wissensmanagements* spielt kollektive Dankbarkeit eine weitreichende und vorteilhafte Rolle, denn sie verbreitet sich emotional ansteckend von einem Mitarbeiter zum nächsten (Barsade, 2002) und trägt zur Weitergabe von Wissen bei. Erhöhte Wertschätzung, die eng mit Dankbarkeit verknüpft ist, fördert zudem eine kooperative Kultur (Hu & Kaplan, 2015) – und davon kann, glaube ich, *jedes* Unternehmen immer noch ein Stückchen mehr vertragen.

Kann man nicht auch im Kollegenkreis die Frage stellen: „Wofür bin ich dankbar – und warum?"

Die einfache Frage „Wofür bin ich dankbar?" und die Überlegung, warum das eigentlich so ist, kann Sie nicht nur persönlich am Ende des Tages zu einer dankbaren Haltung führen und Sie besser schlafen lassen, sondern in Verbindung mit dem „Warum?" auch zu bewegenden Momenten im Unternehmen führen. In Teamworkshops über Themen wie Dankbarkeit, positive Kommunikation oder positive Unternehmenskultur genügen oft schon 20 min mit anschließendem Erfahrungsaustausch, um eine Vielzahl an teils emotionalen Erlebnissen und Geschichten zusammenzutragen, die z. B. Führungskräfte über ihre Mitarbeiter, aber auch über ihre eigenen Führungskräfte berichten können. Das Teilen solcher Erfahrungen lässt auch andere Kollegen die Dankbarkeit und die Gründe dafür miterleben und bietet die Chance, nicht nur über den Erzähler wieder Interessantes über Werte und Bedürfnisse zu lernen, sondern auch über jene, denen der Dank gilt.

Wenn nach der Folgefrage „Haben Sie der Person bereits mitgeteilt, wie dankbar Sie ihr dafür sind?" ein Nein im Raum steht, wird das Üben des Aussprechens von Dankbarkeit zu einem wertvollen nächsten Schritt. Dies ist der optimale Zeitpunkt, um eine neue, inspirierende Geschichte zu schaffen.

PsyCap und POS

PsyCap und POS, als Ableger der Positiven Psychologie, sind etablierte organisationspsychologische Theorien. Zahlreiche Studien belegen ihre Relevanz und die positiven Auswirkungen ihrer Anwendung in Organisationen. Die gezielte Umsetzung dieser Theorien am Arbeitsplatz führt zu gesteigerter Zielorientierung, Motivation, Engagement, Leidenschaft und Autonomie der Mitarbeiter.

PsyCap, das individuelle psychologische Ressourcen wie Selbstwirksamkeit, Hoffnung, Optimismus und Belastbarkeit umfasst, beeinflusst das Wohlbefinden und die Leistungsfähigkeit. Gleichzeitig fördert POS eine organisationsweite Kultur, die sich auf Stärken konzentriert und ein Umfeld schafft, in dem Mitarbeiter ihr volles Potenzial entfalten können.

Insgesamt tragen PsyCap und POS zu einer positiven Arbeitsumgebung und zur Resilienz der Organisation bei. Sie verbessern nicht nur individuelle Leistungen, sondern auch das kollektive Wohlbefinden und die Zufriedenheit im organisatorischen Kontext.

8.7 Warum klagen so viele Menschen in Unternehmen über unerfüllte Bedürfnisse? – Alkoholismus und Burnout

» Mythos
Arbeitnehmer wollen geführt werden – von Führungskräften, die in ihrer Vorbildfunktion aufgehen.

Betrachten wir nicht nur die letzten Jahre, sondern mit den letzten zwei Jahrhunderten einen etwas größeren Zeitraum, hat sich eine interessante Entwicklung in der Unternehmenslandschaft abgezeichnet: Moderne Organisationen haben einen fantastischen Fortschritt für die Menschheit erreicht. Dieser wurde allein durch die Form menschlicher Zusammenarbeit, wie sie in großen Unternehmen stattfindet, überhaupt erst ermöglicht.

Dennoch gibt es eine wachsende Zahl an Menschen, die sich darüber aufregen, was Organisationen produzieren und anrichten. Sie verurteilen mitunter auch die Art und Weise, wie Unternehmen geführt und seit Jahrzehnten betrieben werden. Menschen am unteren Ende der Einkommenspyramide melden kontinuierlich zurück, dass ihnen häufig die Lust und Leidenschaft bei der Arbeit fehlt, ihnen keine Wertschätzung und Anerkennung für ihren Einsatz entgegengebracht wird, geschweige denn eine Sinnhaftigkeit in ihren Tätigkeiten zu finden ist.

Wer denkt, dass dies nur ein Problem der „einfachen Arbeiter" ist und jene an der Pyramidenspitze ein erfüllendes Leben führen, das der Rest des Spektrums beneidet und herbeisehnt, liegt falsch. Auch die Unternehmensführung „der Großen" identifiziert sich selten mit dem glanzvollen Leben des Erfolges, das sie umgibt.

Spätestens, wenn der nächste Skandal die Medien erreicht und zeigt, dass sie einen hohen Preis dafür zahlen, eine schmerzhafte Fassade aufrechtzuerhalten, wird der unmenschliche Druck deutlich, der permanent vorhanden ist. Alkoholismus, Burnout und Depression sind – seit Jahrzehnten – häufige Begleiter der Führungskräfte, und deren immerwährender Aktionismus scheint oft nur eine unzureichende Maske für innere Leere zu sein.

Hintergrundinformation

Gemäß des neuesten Drogen- und Suchtberichts aus 2021 gelten in Deutschland etwa 1,77 Mio. Menschen im Alter von 18 bis 64 Jahren als alkoholabhängig, und rund 1,61 Mio. Menschen haben Alkoholmissbrauchsprobleme. Darüber hinaus konsumieren etwa 9,5 Mio. Menschen in Deutschland Alkohol in einer „gesundheitsgefährdenden Form" (akzept e. V. Bundesverband, 2021).

Laut verschiedener Quellen, darunter der Drogen- und Suchtbericht der Bundesregierung und eine Studie des Gesundheitsökonomen Dr. Tobias Effertz, belaufen sich die volkswirtschaftlichen Kosten durch Alkoholkonsum in Deutschland auf rund 57 Mrd. EUR pro Jahr (Bundesministerium für Gesundheit, 2023). Zum Vergleich: Im Jahr 2013 wurden die volkswirtschaftlichen Kosten noch auf 26,7 Mrd. EUR geschätzt.

Natürlich machen Hochprozentiges, kleine Wunderpillen und andere Drogen auch vor den obersten Etagen der Unternehmen nicht halt. Stress wird stärker, viele „High Potentials" leiden mittlerweile an chronischen Krankheiten und stehen unter Dauerstrom (Kontio, 2013). Da ist diese Art von Lösung beinahe schon naheliegend.

Machtspiele, politisches Tauziehen und ein unaufhörlicher interner Wettstreit zehren mit der Zeit an den Ressourcen. Sowohl Führungskräfte als auch Mitarbeiter an der Basis von Unternehmen äußern Unzufriedenheit über unerfüllte Bedürfnisse. Sie begeben sich oft auf eine meist erfolglose Suche nach etwas mit größerer Tiefe, mehr Sinn und Erfüllung.

Auf den nächsten Seiten werden Sie eine – wie ich finde – wunderbare Entdeckungsreise unternehmen und von vielen menschlichen und gut umsetzbaren Praktiken für Führung, Personalauswahl und -entwicklung erfahren. Beginnen wir mit den Arbeitsbedingungen.

8.8 Wie können die Arbeitsbedingungen verbessert werden? – die Neuerfindung der Organisation

> Wir sehnen uns nach mehr, nach einer radikal anderen Weise der Zusammenarbeit in Organisationen. (Frederic Laloux)

Frederic Laloux, ein ehemaliger Associate Partner von McKinsey & Company, berichtet von Unternehmen, die sich nicht länger mit Arbeitsbedingungen abfinden wollten, die oft zur inneren Kündigung oder zum Burnout führen. Einige dieser Unternehmen haben seit vielen Jahrzehnten erfolgreich alternative Ansätze verfolgt (Laloux, 2015). Mich hat interessiert, welche dieser neuen Einstellungen, Prinzipien, Praktiken oder Strukturen bereits in der Positiven Psychologie fest verankert sind oder zumindest erforscht wurden. So lässt sich ein Zusammenhang herstellen zwischen dem, was Unternehmen „intuitiv als gut empfunden haben", und dem, was die Wissenschaft bereits erfolgreich validiert hat.

> Wie können Organisationen von Pathologien, Resignation, Apathie, lähmender Bürokratie, aufreibenden Machtkämpfen, Stress und Burnout befreit werden? Sind Ansätze wie die der Positiven Psychologie auf andere Bereiche (wie Krankenhäuser oder Non-Profit-Organisationen) übertragbar?

Die Erkenntnisse aus Beobachtungen verschiedenartiger Unternehmen, die aus unterschiedlichen Branchen stammen, liefern sowohl bekannte als auch neue Einsichten und Möglichkeiten, die Sie sowohl als Unternehmensführung als auch schrittweise als Mitarbeiter in Ihre Arbeit einbringen können:

- Fehler als Möglichkeiten des Wachstums und der menschlichen Verbundenheit wahrzunehmen, denn Verbundenheit streben wir alle an (Hüther, 2014);
- Weisheit schätzen und nutzen, wie es in vielen noch existierenden Kulturen der Fall ist, fernab von Rationalität und dem Bedürfnis, recht haben zu wollen;
- eine Sowohl-als-auch-Mentalität zu pflegen, anstatt das Entweder-oder überzustrapazieren;
- eine Integration von Körper, Geist und Seele nicht nur im privaten Rahmen zuzulassen, sondern auch in Unternehmen Raum dafür zu schaffen;
- das private Ich auch am Arbeitsplatz auszuleben und zu nutzen, anstatt wichtige Teile davon beim Pförtner abzugeben, um mit der professionellen Maske aus Perfektionismus, Unverletzlichkeit und berechnender Kühle aufzutreten;
- nachhaltig Wege zu schaffen, um nicht nur mit sich, sondern auch mit anderen und der Natur im Reinen zu sein.

Moderne Unternehmen haben diese Prozesse bereits in Gang gesetzt oder verfolgen diese Erkenntnisse seit Jahrzehnten. Schritt für Schritt helfen die Positive Psychologie und viele weitere Disziplinen dabei, wissenschaftlich zu belegen, was einige Unternehmensführer schon vor der Validierung intuitiv gespürt und als Erfolgsfaktoren für sich festgestellt haben.

8.9 Wie arbeiten moderne Unternehmen? – die drei Durchbrüche

Im Ansatz der *reinvented organizations* werden drei „Durchbrüche" zusammengefasst, die sich auch in Studien und Forschungsrichtungen der Positiven Psychologie wiederfinden. Diese drei Durchbrüche sind **Selbstorganisation** und -verwaltung, **Ganzheit** und der **evolutionäre Sinn** eines Unternehmens (Laloux, 2015).

Im Folgenden möchte ich Ihnen die Schnittmengen und daraus potenziell entstehende Praktiken aufzeigen, die sich für Individuen, Teams und gesamte Unternehmen ergeben, und deren Vorteile im Licht der Positiven Psychologie darlegen. Mir ist klar, dass die Implementierung dieser Methoden nicht allein in Ihrer Hand liegt. In einem komplexen Gefüge, wie einem Unternehmen, erfordert dies auch oft die Unterstützung anderer. Dennoch ist anzumerken, dass in den angeführten Beispielen nicht nur

Entscheidungsträger den Impuls für weitreichende, kulturelle Veränderungen in ihren Unternehmen setzten.

8.9.1 Selbstorganisation und -verwaltung *(self-management)*

Der Begriff **Selbstorganisation** ist in der Systemtheorie verortet und wird dort vorwiegend als eine Art der Systementwicklung behandelt, bei der die entwickelnden Einflüsse von dem sich organisierenden System und dessen Elementen selbst ausgehen (also z. B. von Menschen in einem Unternehmen). Selbstorganisation ist überall dort von Bedeutung, wo sich eine Ordnung herstellt, also auch in sozialen und in natürlichen, physikalischen, biologischen, chemischen oder ökonomischen Systemen.

Übersetzt man den Begriff der Selbstorganisation in den Arbeitskontext, geht es hierbei um effektives Arbeiten (oder Sich-organisieren). Das gilt selbst bei großer Skalierung, und zwar auf einer Basis von Beziehungen zwischen ebenbürtigen und gleichgestellten Kollegen, ohne dass Hierarchien oder „demokratische" Konsensentscheidungen notwendig sind.

Es spielen in diesem Kontext – ebenso wie im Forschungsradius der Positiven Psychologie – Faktoren wie gegenseitiger *Respekt,* die *Nutzung der Stärken* jedes Einzelnen, das Wissen um und die Ausrichtung nach *sich schnell verändernden Bedürfnissen* im Arbeitskontext, der Wunsch nach *Einfachheit* gegenüber hoher Komplexität, nach *Weiterentwicklungsmöglichkeiten* und nach *Mitbestimmung* eine große Rolle.

Einige der Methoden selbstorganisierter Teams, die sich stark von den Praktiken klassischer Unternehmen unterscheiden, sind zum Beispiel:

- **Koordination und Ad-hoc-Sitzungen,** nur wenn Bedarf besteht (und nicht, weil das Meeting fest im Kalender sitzt);
- **radikal vereinfachtes Projektmanagement,** minimale Pläne und wenig Budgetplanung;
- **fließende Verantwortungsbereiche** mit der Möglichkeit, Rollen neu entstehen zu lassen und sich weiterzuentwickeln;
- **dezentralisierte Entscheidungsfindung,** die durch den sog. „Beratungsprozess" gefördert wird, bei dem vor einer Entscheidung Personen gefragt werden, die nützliches Wissen besitzen, und die von den Konsequenzen betroffenen Personen;

- **Budgetfreigabe für Mitarbeiter** - was bedeutet, dass jeder Mitarbeiter eine unbestimmte Menge Geld ausgeben kann, solange der Beratungsprozess eingehalten wird;
- **Fokus auf Teamleistung,** weshalb es kollegiale Beurteilungen gibt, anstelle von Beurteilungen durch Führungskräfte oder Gremien;
- **selbst festgelegt Gehälter,** jedoch mithilfe der Kalibrierung durch die zukünftigen Kollegen; es gibt keine Boni, jedoch eine Gewinnbeteiligung.

Das Selbstorganisationsprinzip ermöglicht es den Mitarbeitern, Entscheidungen zu treffen und Ergebnisse ihrer eigenen Selbstwirksamkeit zu sehen, was oft im traditionellen Arbeitskontext unterdrückt wird.

Ein zweiter Durchbruch moderner Unternehmen ist deshalb die Erkenntnis, dass Menschen alle Facetten ihrer Fähigkeiten in die Arbeit einbringen wollen.

8.9.2 Ganzheit *(wholeness)*

Es gibt viele (z. B. psychotherapeutische) Ansätze, die die „Ganzheit" des Menschen bereits berücksichtigen, auch wenn sie dafür einen anderen Namen verwenden. Beispielsweise bestehen wir aus „inneren Teilen", die unser Selbst zusammengenommen zu einem Ganzen, zu einem komplexen Individuum machen. Fragen Sie doch einmal Ihren „inneren Kritiker", was er von der Idee hält, eine positivere Sprache zu verwenden; oder Ihren „inneren Schweinhund", der Sie möglicherweise davon abhält, mit einem neuen Projekt anzufangen.

Seit einigen Jahren bekommt das Thema Ganzheit (nicht zu verwechseln mit „Ganzheitlichkeit") noch einmal neuen Aufschwung, und zwar aus verschiedenen Richtungen, die das Thema – wie so häufig – alle etwas unterschiedlich definieren. Ihnen ist gemeinsam, dass sie sowohl den persönlichen als auch den beruflichen Lebensbereich miteinbeziehen.

Vergleichbare Themen, die in der Positiven Psychologie bereits wissenschaftlich untersucht wurden, sind z. B. Authentizität oder auch – spezifischer – authentische Führung (*authentic leadership;* s. Lewis, 2011) sowie, wie bereits angesprochen, Resilienz oder Achtsamkeit. Auch Charakterstärken wie Spiritualität und Selbstregulation sind anknüpfende Themenfelder zum Konzept der Ganzheit und spiegeln sich in den Praktiken wider, die Laloux bei Unternehmen beobachten konnte.

Betrachtet man Ganzheit beispielsweise unter Gesichtspunkten der Authentizität, würde das bedeuten, sich bei der Arbeit so zu verhalten und zu geben wie zu Hause, also das gesamte Ich mit zur Arbeit zu bringen und nicht nur eine professionelle Maske zu zeigen. Das heißt auch, dass nicht nur wie sonst üblich der analytische Teil unseres Selbst Vorrang hat (also der Kopf), sondern eine „holistische Perspektive" eingenommen werden kann, die z. B. durch Nutzung der Intuition ein tieferes Verständnis über die Welt ermöglicht (Lewis, 2011).

Ich möchte Sie noch einen Schritt tiefer mitnehmen und komme zurück zur Positiven Psychologie und dem Wohlbefinden. Dort können wir Ganzheit als Nutzung *sowohl* „positiver" *als auch* „negativer" Emotionen verstehen, als ein Hin- und Herschwingen zwischen einer Extraportion Glück und Wohlbefinden und einem Hauch von Negativität, was eine stabile Balance von Ganzheit entstehen lassen kann. Menschen, die die ganze Bandbreite ihrer natürlichen psychologischen Geschenke einsetzen und die sich sowohl in positiven als auch in negativen Emotionen wohlfühlen, können aus dem vollen Spektrum menschlicher Emotionen schöpfen, leben dadurch am gesündesten und sind oft ebenfalls am erfolgreichsten (Kashdan & Biswas-Diener, 2014).

Warum? Weil sie die unkomfortablen, aber doch nützlichen Zustände nicht vermeiden und damit das bestmöglichste Ergebnis einer Situation erzielen. Das geschieht, indem sie ihr Verhalten – mit der „hellen" oder „dunklen" Seite ihrer Emotionen – an die jeweilige Herausforderung anpassen. Sie können von beiden Seiten profitieren – ernst und verspielt, leidenschaftlich und objektiv, extravertiert und introvertiert, selbstlos und egoistisch. Sie sind freundlich, aber selektiv, was ihre Zeit und Energie angeht. Der Schlüssel liegt nicht darin, negative Emotionen zu vermeiden, sondern das Negative aus ihnen herauszunehmen.

Ganzheit: Die Fähigkeit, die volle Bandbreite an psychologischen Zuständen zu erleben und zu nutzen – emotional, kognitiv and sozial (Kashdan & Biswas-Diener, 2014).

In diesem Abschnitt geht es deshalb um Praktiken, die uns dazu einladen, unsere innere Ganzheit zurückzugewinnen und auch bei der Arbeit das darzustellen, was wir sind und was wir fühlen, anstatt nur unser „professionelles Selbst" zu zeigen.

Hier einige Beispiele für solche Praktiken, die auf die Ganzheit der Mitarbeiter Wert legen (Cherniss & Goleman, 2001):

- **Selbst dekorierte, Wärme ausstrahlende Räume ohne Statusmarker:** Umgebungsvariablen beeinflussen auch das Verhalten.
- **Klare Werte übersetzt in explizite Grundregeln:** Diese sollten kontinuierlich weitergeführt werden und nicht als abgeschlossenes Werteset gelten, das nun 20 Jahre Bestand haben soll.
- **Ruheräume** mit der Möglichkeit, **Meditationspraktiken** in einem geschützten Rahmen anzuwenden.
- **Storytelling:** Diese Praktik hilft, mehr Offenheit und das Entwickeln eines Gemeinschaftsgefühls zu unterstützen und auch die zahlreichen Geschichten der Mitarbeiter aktiv in die Unternehmenskultur einzubeziehen. Ein Beispiel ist der „Tag der Dankbarkeit" bei der Firma Ozvision, bei dem jeder Mitarbeiter einmal jährlich 200 US-$ in bar erhält, um damit einer wichtigen Person im Leben Dank zu sagen oder etwas zu schenken. Am nächsten Tag berichtet er dann davon. Dankbarkeit wird – im Sinne der Ganzheit – also auch ein Teil der Organisation und bleibt nicht außen vor.
- **Das Fehlen von Berufsbezeichnungen und -beschreibungen:** Dies ermöglicht Raum, die eigenen Rollen individuell zu formen, wobei in der Positiven Psychologie das Konzept des Jobdesigns erforscht wird, um zu verstehen, wie Arbeit strukturiert und organisiert ist und wahrgenommen wird (Grant et al., 2010).
- **Ehrliche** Diskussion über individuelle Zeitzusagen.
- Verwendung regulärer Arbeitszeit, um **Konflikte anzugehen** und **konstruktiv** aus der Welt zu schaffen.
- Praktiken, um **das eigene Ego** immer wieder zu prüfen und – wenn nötig – im Zaum zu halten (siehe Beispiel im folgenden Kasten).
- **Einstellungsgespräche mit Schwerpunkt auf Passung zum Unternehmen:** Diese werden oft durch die zukünftigen Kollegen des neuen Mitarbeiters durchgeführt, die häufig folglich nicht zur Personalabteilung gehören.
- **Konstruktiver und offener Umgang mit Konflikten:** Mithilfe von klaren Strukturen für Klärungsgespräche und konkreten Kommunikationshilfen (wie der Gewaltfreien Kommunikation) wird ein anderes Konfliktmanagement betrieben.
- **Persönliche Freiheit für die Aus- und Weiterbildung:** Diese sollte mit dem Fokus auf Unternehmenskultur und deren Ausbau, also Selbstentwicklung und die ernsthafte Auseinandersetzung mit den eigenen Werten und denen des Unternehmens, erfolgen.

- **Die persönliche Erforschung der eigenen Lernreise und Ermittlung der individuellen Berufung:** Damit ist die Arbeit nicht nur ein Job, den man möglichst schnell hinter sich bringen will (Berg et al., 2010).
- **Fürsorgliche Unterstützung, auch nach dem Ende eines Arbeitsverhältnisses:** Das geht z. B. durch eine hohe freiwillige Abfindung oder einen Kreditfond, aus dem ehemalige Mitarbeiter eine Anschubfinanzierung für die Selbstständigkeit bekommen.

Hintergrundinformation

Die Psychiatrischen Kliniken in Heiligenfeld mit 600 Mitarbeitern setzen eine schöne Übung ein, die auf einer Kombination aus Achtsamkeit und Streben nach Ganzheit basiert. Für jedes Meeting findet sich eine Person, die ein Paar wundervoll und lang anklingende Tingsha Bells läutet, wann immer sie glaubt, dass die Grundregeln des Meetings nicht respektiert wurden oder das Meeting eher dem Ego eines anderen dient als dem ursprünglichen Zweck. Die Regel besagt, dass niemand sprechen darf, solange der Ton der Glöckchen noch erklingt, sondern dass währenddessen über die Frage reflektiert werden soll, ob der Betreffende noch im Dienste des Themas diskutiert.

Die Übung ist so zur Routine geworden, dass alleine das Ausstrecken der Finger nach den Glöckchen für eine Kursänderung des Sprechers ausreicht (Laloux, 2015).

8.9.3 Evolutionärer Sinn und Zweck (evolutionary purpose)

Der Daseinszweck eines Unternehmens geht weit über das Erreichen einer Gewinnspanne oder eines Shareholder-Value hinaus.

So wie auch der Mensch einen evolutionären Zweck verfolgt, kann auch kein Unternehmen ohne diesen Zweck einen Bedarf am Markt stillen, geschweige denn schaffen. Für Unternehmen mag Profit notwendig sein, um zu bestehen, dennoch steht der **Sinn und Zweck der Organisation** an erster Stelle. Dieser Daseinszweck („Wozu gibt es unser Unternehmen am Markt?") ist mehr als die handelnden Personen, die Struktur oder Kultur der Organisation und offenbart sich durch ein achtsames Zuhören und Spüren, anstelle einer rationalen Festlegung. Der Daseinszweck gibt die Richtung vor und die innere oder äußere Umwelt gibt Feedback, inwieweit die Organisationen auf dem Weg sind. Das flexible Reagieren ersetzt das weit verbreitete Konzept des „Planens und Kontrollierens".

Nehmen wir die Atmung als Metapher für den Zweck eines Unternehmens: Ähnlich, wie wir Luft zum Amten benötigen, leben wir jedoch nicht, um zu atmen. Unternehmen sollten andererseits natürlich profitabel sein, um weiterhin existieren zu können. Ihre Daseinsberechtigung besteht aber aus etwas anderem, einem Nutzen für Menschen oder Natur beispielsweise. Geld ist nur ein Mittel, um diesen Zweck noch besser erfüllen zu können.

> Wenn eine Organisation wirklich für ihren Sinn lebt, dann gibt es keine Konkurrenz. Jeder, der dabei helfen kann, diesen Sinn im größeren Ausmaß oder schneller zu verwirklichen, ist ein Freund oder Verbündeter und kein Konkurrent. (Laloux, 2015, S. 195)

Frederic Laloux führt als ein Beispiel die häusliche Krankenpflege Buurtzorg aus den Niederlanden an, deren Sinn es ist, „alten und kranken Menschen ein selbstständiges und sinnvolles Leben zu ermöglich". Der Gründer Jos de Blok teilt nicht nur detailliert seine Geschäftspraktiken, sondern berät auch Konkurrenten, wie sie Elemente von Buurtzorg übernehmen können, um in der Pflege noch besser zu werden und dem gemeinsamen übergeordneten Ziel zu dienen.

In dieser neuen Perspektive verschiebt sich der Fokus weg von Marktanteilen und Wachstum als Hauptziele. Diese werden eher als Nebenprodukte betrachtet. Die Verwirklichung des Sinns kann sogar dazu führen, dass das eigene Geschäft schrumpft. Wenn das Ziel von Buurtzorg darin besteht, dass ältere und kranke Menschen selbstständig leben können, ist der Zweck erfüllt, wenn sie möglichst wenig Betreuung benötigen. Im herkömmlichen Paradigma wäre dies geschäftsschädigend. Die Realität sieht jedoch anders aus: Pfleger*innen strömen in Scharen zu Buurtzorg, um dort ihre Fähigkeiten für eine sinnerfüllte Arbeit einzusetzen.

Hintergrundinformation

Eine schöne Übung, um dem Sinn des (eigenen) Unternehmens auf die Spur zu kommen, ist die Frage „Was wollen Sie in der Welt manifestieren oder der Welt zeigen?" zu beantworten und diese Antwort durch fünfmaliges Nachfragen mit „Warum?" zu konkretisieren.

So könnte Buurtzorgs CEO Jos de Blok auf die erste Frage möglicherweise geantwortet haben, dass er die Arbeitsbedingungen für die häuslichen Pfleger verbessern wollte, und nach einem „Warum?", dass sie mehr Spaß und Sinn bei der Arbeit empfinden sollten, damit auch die Patienten mehr davon hätten, und nach weiteren vier „Warum?"-Fragen bei dem jetzigen Sinn seines Unternehmens angekommen sein.

Die Positive Psychologie greift diese Herangehensweise auf und betont die Sinnhaftigkeit der Arbeit (Abschn. 6.2.2), den Sinngewinn *durch* die Arbeit, die Identifikation der Menschen mit ihrem Beruf und dem damit eng zusammenhängenden Engagement für den Job (Steger et al., 2012).

Die Definition von **sinnvoller Arbeit** bezieht sich auf den Grad des wahrgenommenen oder tatsächlichen Sinns, den Menschen in ihrer Arbeit finden. Sinnhaftigkeit bei der Arbeit entsteht dann, wenn Menschen ihre Tätigkeit als lohnenswert betrachten und insbesondere in den Inhalten ihrer Arbeit eine Berufung und einen erstrebenswerten Sinn erkennen können. Diese *Berufung* bei der Arbeit wird als Identifikation mit und gleichzeitiges Verfolgen von hoch geschätzten, überspannenden Lebenszielen verstanden (Steger & Dik, 2010).

Forscher aus dem Gebiet der Positiven Psychologie wenden sich auch deshalb mit Spannung dem Streben nach einem höheren Sinn durch die Arbeit zu, weil Studien zeigen, dass die erlebte Sinnhaftigkeit der eigenen Tätigkeit positiv mit der Attraktivität und Leistungsfähigkeit von Unternehmen zusammenhängt. Die Positive Psychologie begrüßt Organisationen, die Mitarbeiter dabei unterstützen, Sinn und Bedeutung ihrer Arbeit zu definieren, nachzugehen und zu vergrößern. Solche Organisationen sind nicht nur erfolgreicher und fördern produktive menschliche Zusammenarbeit, sondern vermitteln auch das Gefühl, durch die berufliche Tätigkeit etwas Größerem zu dienen und anderen Menschen damit einen Gewinn zu verschaffen (Dik et al., 2013).

Ein Beispiel ist das Reinigungsteam in einem Krankenhaus, welches mehrere Möglichkeiten hat, seine Interaktionen mit Krankenschwestern, Ärzten und Patienten zu deuten und seine Arbeit (und dadurch auch die eigene Identität) zu definieren (Wrzesniewski et al., 2003). So kann die Arbeit z. B. als unwürdiges Abrackern verstanden werden. Das Reinigungsteam könnte den Sinn seiner Arbeit aber auch darin sehen, dass ein sauberes Krankenhaus mit sterilen Operationssälen und aufgefüllten Reinigungsmaterialien überhaupt erst *die Grundlage* dafür herstellt, Menschenleben zu retten und gute Arbeit im Gesundheitssektor zu leisten.

Studien zeigen, dass Menschen einen starken Wunsch haben, positiv Erlebtes zurückzugeben (Hewlett et al., 2009). Daher ist es nun an der Zeit, Umgebungen und Strategien für Mitarbeiter zu schaffen, die ihre Arbeit als sinnerfüllter erleben können. Unternehmen, die von einer Mission geprägt sind und das Wohl der Menschen und der Gesellschaft genauso wie ihren Umsatz fördern wollen, stehen vor der Gelegenheit, diesen Weg zu gehen.

Für den analytisch geprägten Leser mag dieser dritte Durchbruch des evolutionären Sinns nur schwer zu greifen zu sein. Lassen Sie uns deshalb versuchen, wieder die Brücke vom Individuum zur Organisation zu nutzen:

Durch die im Kollektiv des Unternehmens untergebrachten Individuen, die jeweils ihre eigene Intelligenz und ein eigenes Gefühl von Sinnhaftigkeit besitzen, entwickelt sich auch das Unternehmen weiter. Es wird weiser, sammelt Wissen, gibt es wieder ab, passt sich an und kann im Laufe der Jahre sogar seinen Zweck verändern.

In der Positiven Psychologie ist die Bedeutung der Arbeit ein faszinierendes Forschungsfeld. Die Identifizierung eines Sinns in der Arbeit führt nicht nur zu einer höheren Lebenszufriedenheit für Individuen (vgl. Cotton Bronk et al., 2009), sondern birgt auch für Unternehmen großes Potenzial für einen erfolgreichen.

Mit welchen Praktiken also schaffen es Unternehmen, Sinn und Sinnhaftigkeit sowie einen Beitrag zu leisten?

- **Entscheidungen** werden getroffen, indem die Mitarbeiter dem Sinn und Zweck der Organisation „zuhören"; das geschieht z. B. in Meetings durch das Besetzen eines freigehaltenen Stuhls in einem Stuhlkreis (mit dem zeitweise leeren Stuhl als systemischer Repräsentant der Organisation), durch Großgruppenveranstaltungen wie der *Appreciative Inquiry* (z. B. zur Bonsen & Maleh, 2014) oder durch Meditation am Arbeitsplatz.
- Die **Verfolgung des Sinns der Organisation** hat eine höhere Priorität als das Konzept des Wettbewerbs, der damit irrelevant wird – Wachstum und Marktanteile sind nur insofern wichtig, als dass sie helfen, den Zweck des Unternehmens zu erfüllen.
- Profit entsteht ganz natürlich durch **das Tun der „richtigen Dinge"**, also der sinnhaften und in Bezug zum Unternehmen sinnvollen Dinge.
- Das **Angebot** wird nicht durch das Marketing definiert (z. B. durch die Frage „Welchen Bedarf müssen wir schaffen?"), sondern durch den Zweck der Organisation („Wofür gibt es dieses Unternehmen?").
- Die **Strategie** ist auf Wahrnehmen und Reagieren ausgerichtet, nicht auf Kontrollieren und Vorhersagen.
- **Budgets** sind entweder stark vereinfacht oder gar nicht vorhanden, da auf das Vertrauen in die Mitarbeiter gesetzt wird, im Sinne des Unternehmens zu handeln.
- **„Change Management"** ist nicht länger relevant, weil sich die Organisation und folglich ihre Mitarbeiter in *ständiger* Anpassung befinden – jedoch von innen und nicht von außen getrieben.

- **Lieferanten** werden aufgrund ihrer Passung zum Sinn und Zweck des Unternehmens ausgewählt (nicht, weil sie z. B. die günstigsten oder schnellsten sind).
- Es herrscht **komplette Transparenz** (z. B. durch Berichte auf der Homepage der Firmen), was Außenstehende einlädt, Vorschläge für eine verbesserte Umsetzung des Zwecks zu machen, sich abzuschauen, was gut funktioniert, aber auch in Kooperation zu treten.

Obwohl einige dieser Praktiken als utopisch erscheinen mögen, sind sie in den beobachteten Unternehmen als feste Routinen implementiert. Es besteht die Offenheit, Neues auszuprobieren, anstatt das nicht mehr Funktionierende zu optimieren.

Natürlich funktioniert auch bei diesen innovativen, mutigen Unternehmen nicht alles immer reibungslos, finden alle Mitarbeiter es super, ihre Gehälter selber festlegen zu müssen oder halten alle Teammitglieder es für hervorragend, Verantwortung zu übernehmen. Aber man ist zumindest offen dafür, Neues auszuprobieren, anstatt das nicht mehr Funktionierende noch ein wenig zu optimieren.

8.10 Warum sind moderne Unternehmen so erfolgreich? – der übergeordnete Sinn

Wieso erweisen sich diese Ansätze, die oft von den aktuellen Unternehmensphilosophien abweichen, als wirksam? Welche Überlegungen leiten Unternehmen, die die Positive Psychologie bereits als maßgebliche Faktoren für den Erfolg ansehen?

8.10.1 Faktoren, die Selbstmanagement so erfolgreich machen

Die Erfolgsfaktoren für effektives Selbstmanagement sind vielfältig. Es hat die Kraft, erhebliche Motivation und Energie freizusetzen. Mitarbeiter hören auf, ausschließlich für ihren Vorgesetzten zu rackern, und beginnen stattdessen, ihren *eigenen* inneren Standards zu folgen, die durch einen Sinn für Bedeutung geprägt sind. Diese Standards sind in der Regel noch anspruchsvoller als die der Unternehmen, insbesondere wenn es um Aufgaben und Ziele geht, die intrinsische Motivation und Leidenschaft für die Arbeit wecken.

Jedoch ist nicht nur die Erfüllung persönlicher Standards ein wirksamer Faktor, der für den Erfolg dieser Unternehmen spricht.

8.10.1.1 Vertrauen

Die Erforschung von Vertrauen hat in den letzten Jahren einen starken Schub bekommen, nicht zuletzt, weil dieser Faktor eine hohe Anzahl an Vorteilen für Unternehmen und ihre Mitarbeiter bietet (Kramer, 1999). Wenn Mitarbeiter davon ausgehen, dass der Kollege eine positive Absicht hat – zumindest, solange sich dieses Vertrauen nicht als falsch herausstellt –, hat dies eine äußerst förderliche Wirkung und markiert höchstwahrscheinlich den Beginn einer positiven Entwicklung. Denn mit wachsendem Vertrauen gewinnen die individuellen Handlungen an Freiheit, was wiederum eine erhöhte Verantwortlichkeit und Übernahme von Verantwortung begünstigt.

Uzzis (1997) Studie über Vertrauen in Beziehungen zeigt auf, dass Dritte, die bereits gute Beziehungen haben, ihre positiven Erfahrungen und das Vertrauen aus diesen Beziehungen als Grundlage nutzen, um Vertrauen in neue Beziehungen zu schaffen, besonders wenn die neue Person wenig oder kein Wissen über die andere Person hat. Dadurch wird eine Vertrauensgrundlage zwischen zwei bisher unbekannten Personen geschaffen.

Ein gesteigertes Vertrauen führt dazu, dass die Notwendigkeit von strikten Regeln zur Einhaltung bestimmter Abläufe reduziert wird, was wiederum aufwendige Kontrollmechanismen einspart. Die Anforderungen an eine Berichterstattung verschwinden nahezu vollständig.

8.10.1.2 Transparenz von Information und kollektive Entscheidungsfindung

Da sämtliche Geschäftsinformationen für alle offen zugänglich sind, wird von jedem Mitarbeiter erwartet, schwierige und sensible Nachrichten zu verarbeiten. Niemand wird vor schlechten Nachrichten „beschützt", weil er sie nicht vertragen könnte. Allen wird unterstellt, dass sie Informationen im Sinne des Unternehmens nutzen. Und da niemand so klug ist, wie die Gesamtheit der Mitarbeiter (die „kollektive Intelligenz"), werden alle Entscheidungen in einem gemeinsamen Beratungsprozess getroffen, anstatt von wenigen Führungskräften „von oben" in das Unternehmen gekippt.

Hintergrundinformation

Transparenz in sozialen Beziehungen bedeutet angemessene, durchdachte, absichtliche und weise Selbstoffenbarung, kein reflexartiges und unvermitteltes Reagieren. Die Beteiligten gewinnen Vertrauen durch das offene Teilen von Informationen und das Mitteilen echter Gedanken und Gefühle (Avolio et al., 2010). Avolio und Kollegen fanden heraus, dass diese Transparenz in Beziehungen einer der Schlüsselfaktoren für ein authentisches Miteinander ist.

Auch die Transparenz von Unternehmenszahlen ist für das soziale Miteinander wichtig, auch wenn sie nicht immer nur positive Effekte hat. Die Möglichkeit, dadurch Ehrlichkeit, Offenheit oder eben auch Vertrauen zu stärken, ist aber enorm.

Der Vorteil dieses großen und auch für heutige Verhältnisse immer noch mutigen Schrittes zur Transparenz ist deutlich: bessere und häufigere Entscheidungsfindung. Im Beratungsprozess treffen diejenigen Personen Entscheidungen, die am meisten von dem Thema betroffen sind, nachdem sie Input von relevanten und kompetenten Kollegen eingeholt haben. Dabei wird auch die Weisheit emotionaler, intuitiver oder ästhetischer Informationen einbezogen, was zu einer facettenreicheren und ganzheitlicheren Entscheidung führt.

Dieses Vorgehen hat wiederum beeindruckende Auswirkungen. Die Meetingkultur solcher Unternehmen unterscheidet sich von einer Pyramidenstruktur. Es ist nicht mehr notwendig, Informationen auf jeder Hierarchieebene zu sammeln, zu verpacken, zu filtern und weiterzuleiten, wodurch häufig relevante Informationen verloren gehen, bevor sie einen Entscheidungsträger erreichen. Informationen müssen nicht mehr zwingend bis zur Spitze des Top-Managements (aka „Flaschenhals") gelangen. Dadurch entfällt fast vollständig die Notwendigkeit häufiger und teilweise nervenaufreibender Meetings, was wiederum Zeit und Energie einspart.

Mit gelebtem Selbstmanagement kann jeder Kollege selbst die umgebende „Realität" aufnehmen, sich davon ein Bild verschaffen und mit diesem Wissen ins Handeln kommen. Entscheidungen aufgrund von vorliegenden Informationen können also zeitnah und häufig viel zielgerichteter und angemessener getroffen werden – das nötige Vertrauen vorausgesetzt.

8.10.1.3 Verantwortung und Verantwortlichkeit

Alle Mitarbeiter haben die volle Verantwortung für die Organisation. Wenn sie merken, dass etwas geschehen muss, haben sie die Pflicht, es anzusprechen und anzugehen. Es wird nicht akzeptiert, die Bedenken und Sorgen auf die eigenen Aufgaben oder die eigene Rolle zu begrenzen. Jeder Mitarbeiter übernimmt nicht nur mehr Verantwortung für sich, sondern sollte auch andere auf ihre Verantwortung ansprechen und diese durch zeitnahes Feedback und respektvolle Konfrontation einfordern.

Ben-Shahar (2014) bezeichnet treffend Personen, die sich auf diese Weise verhalten, als „active agents". Mitarbeiter, die den notwendigen Schritt zur Veränderung nicht mitgehen und sich weiterhin in ihrer Opferrolle suhlen, in der Hoffnung, dass „die Führungskräfte es bald endlich verstehen", nennt er „passive victims".

Nach Ansicht des Psychologen Nathaniel Branden ist die Übernahme von Verantwortung einer der Grundpfeiler eines gesunden Selbstwertgefühls (Branden, 2010). Branden erklärt zudem sehr bildlich, dass wir die Vorstellung, Verantwortung zu übernehmen, internalisieren, sobald wir wirklich akzeptieren, dass niemand kommen wird: kein Ritter in glänzender Rüstung, um uns aus der verzwickten Situation zu befreien; kein Heiliger, um uns die Wahrheit zu zeigen und uns ins Licht zu führen. Wenn wir registrieren, dass es an uns liegt, einen positiven Unterschied in einer Situation (oder im Unternehmen oder in der Welt) herbeizuführen, ist die Bereitschaft da, Verantwortung zu übernehmen und das Beste aus dem Leben zu machen.

Erste Schritte, um den eigenen Einflussbereich zu erweitern, könnten die Übernahme einer verantwortungsvolleren Aufgabe oder eines neuen Fachgebietes sein oder auch die Übernahme von Führungsverantwortung (beispielsweise erst einmal für einen Praktikanten).

Hintergrundinformation

Shawn Achor (2011) nennt in seinem Buch *The Happiness Advantage* eine schöne Metapher für die Vergrößerung des eigenen Einflussbereichs. Er beschreibt Diego de la Vegas Trainingsmethode des Trainingszirkels (oder auch Zorro-Kreis) im Film „Die Maske des Zorro"[3].

Der Fechtmeister weist Alejandro Murrieta einen Kreis zu und macht diesen zu seiner Welt, außerhalb soll es für den ungestümen Mann nichts geben – bis Don Diego ihm etwas anderes sagt. Beherrscht Alejandro den Kampf aus einem Kreis, bekommt er Zugang zu einem größeren. Schnell gewinnt er an Selbstvertrauen und schon bald auch an Höhe und schwingt sich von Seilen, Kerzenleuchtern und dergleichen. Nichts aber hätte er erreicht, hätte er nicht gelernt, diesen ersten kleinen Kreis zu meistern.

Achor schreibt, dass einer der größten Treiber für Erfolg das Gefühl ist, dass das eigene Tun etwas bewirkt, dass wir Kontrolle über unsere Zukunft haben. Wenn wir

---

[3] Einen englischen Filmausschnitt dieser Szene finden Sie unter https://www.youtube.com/watch?v=-mcUPY0RMdU.

also – selbst bei großem Stress und unüberschaubarer Arbeitslast – Verantwortung für einen kleinen Kreis übernehmen und auf kleine, erreichbare Ziele fokussieren, werden wir für diese Anstrengungen bald das erhoffte Ergebnis sehen. Dieses Wissen, diese Erfahrung ist die Grundlage für das Sammeln weiterer positiver Erfolgserfahrungen, die Steigerung unseres Selbstvertrauens und letztlich auch des Selbstwertgefühls.

Selbstmanagement bietet einen starken Anreiz zum kontinuierlichen Lernen, denn dieses geht über das Erlernen neuer Fertigkeiten hinaus und bezieht auch die innere Entwicklung und das persönliche Wachstum mit ein – alleine dadurch, dass durch Verantwortungsübernahme auch neue Möglichkeiten entstehen und im doppelten Sinne wahrgenommen werden.

Der nicht vorhersehbare und selbstgesteuerte Lernprozess eröffnet oft vielfältige Chancen für die Übernahme neuer Rollen. Mitarbeiter, die ihre Karriere vorantreiben möchten, sind somit nicht mehr gezwungen, Managementrollen zu übernehmen, die nicht ihren Talenten entsprechen. Die flexible Zuweisung von Rollen (anstelle von vordefinierten Stellenbeschreibungen) ermöglicht einen besseren Abgleich zwischen den übernommenen Rollen und den individuellen Stärken.

8.10.2 Faktoren, die die Ganzheit so erfolgreich machen

Welche Elemente gewährleisten, dass Menschen den Mut aufbringen, ihre Einzigartigkeiten nicht zu verbergen, sondern konstruktiv in den Arbeitsprozess einzubringen?

8.10.2.1 Gleichwertigkeit

Jeder Mitarbeiter wird als gleichwertig betrachtet. Es gibt keine Unterschiede in der Wertigkeit der Personen. Gleichzeitig wird die Fülle einer Gemeinschaft im Unternehmen nicht durch Gleichheit definiert (was eher mit Fairness gleichzusetzen wäre), sondern durch die Möglichkeit, dass jedes Mitglied auf individuelle Weise zum Erfolg beiträgt und die einzigartigen Verhaltensweisen der Mitarbeiter wertschätzt. Eine vielseitige Gemeinschaft, die die Unterschiede in den Rollen, Bildungswegen, privaten und beruflichen Hintergründen, Interessen, Fähigkeiten, Charakteren und Perspektiven ihrer Mitglieder respektiert und akzeptiert, wird zu einem Ressourcenpool von immenser Stärke.

8.10.2.2 Sicherer und fürsorglicher Arbeitsplatz

Anstatt aus Angst vor Isolation, Abgeschiedenheit oder Trennung zu agieren, entscheiden sich die Mitarbeiter aktiv für das Handeln aus Liebe und Verbundenheit. Das erfordert natürlich zuerst die Auseinandersetzung mit Faktoren wie Liebe im Unternehmenskontext. Keine einfache Aufgabe in häufig sehr analytisch geprägten Umgebungen.

Geschehen kann dies aber z. B. durch eine emotional und spirituell sichere Umgebung, in der sich jeder authentisch verhalten kann. „Sicher" bedeutet, dass jede Art von Stimmung respektiert wird, egal, ob es besagte Liebe ist, Fürsorge, Anerkennung, Dankbarkeit, Neugierde, Spaß oder auch einmal Verspieltheit. Das dazu notwendige Vokabular, wie Pflege, Liebe, Service, Zweck, Seele etc., wird auch am Arbeitsplatz ohne Scham verwendet.

Beispielsweise ist es zwar in den meisten Unternehmen durchaus üblich, einen Tag freizubekommen, um an der Beerdigung eines verstorbenen Familienmitglieds teilzunehmen. Die eigentliche Trauerarbeit findet jedoch oft außerhalb des Arbeitsplatzes statt. Warum eigentlich? Weil die offene Diskussion über den Tod, die Liebe zu dem Familienmitglied oder schöne Erinnerungen den Arbeitsbetrieb stören könnte? Doch ein solcher Austausch könnte den Heilungsprozess eines Trauernden unterstützen, zu einer tieferen und offeneren Beziehung zu den Kollegen führen und den Arbeitsplatz insgesamt menschlicher gestalten. Möglichkeiten für den Austausch von Emotionen oder Gedanken könnten sicherlich auch zu anderen Anlässen geschaffen werden.

8.10.2.3 Überwindung der Trennung von Arbeits- und Privat-Ich

Die Mitarbeiter setzen sich aktiv dafür ein, einen Arbeitsplatz zu schaffen, an dem sie alle Aspekte ihrer Persönlichkeit würdigen können: nicht nur die stark betonte kognitive, sondern auch die körperliche, emotionale und geistige Ebene; nicht nur die rationale, sondern auch die intuitive; nicht nur die durchsetzende männliche, sondern auch die verständnisvolle und üblicherweise kooperativere weibliche Seite. Es besteht das Verständnis, dass all diese Facetten tief miteinander verbunden sind und Teil eines größeren Ganzen darstellen. Dies schließt nicht nur die Menschen, sondern auch die Natur und alle Formen des Lebens mit ein.

Diese Verbundenheit kann sichtbar gemacht werden, beispielsweise durch Räume zum Reflektieren oder Meditieren, durch bestimmte Grundregeln (wie zwei Minuten Stille zu Beginn eines Meetings oder einer gestellten Frage, über die jeder Teilnehmer in diesen zwei Minuten nachdenken kann) oder auch durch die persönliche Einrichtung und Gestaltung der Arbeitsplätze.

8.10.2.4 Lernen

Moderne Unternehmen und deren Angestellte sehen jedes Problem – so schwer es sein mag – als eine Einladung zum Lernen und zum Wachstum. Sie sehen sich selbst, auch bis in das hohe Arbeitsalter hinein, als ewig Lernende, die noch lange nicht am Ende der Fahnenstange angekommen sind. Nicht nur Probleme laden zum Lernen ein, sondern auch die unterschiedlichen Charaktereigenschaften der Menschen innerhalb des Unternehmens.

Beim mutigen Verfolgen des Unternehmenssinns ist das Scheitern eine realistische Möglichkeit. Doch wenn Mitarbeiter ihre Fehler offen diskutieren und aus ihnen lernen, entsteht eine Unternehmenskultur, die von Neugier und Wissbegierde geprägt ist und die das Entstehen neuer Perspektiven und Wege ermöglicht. Fehler zu verbergen oder zu ignorieren, wird schlichtweg nicht akzeptiert.

Um diese Kultur zu schaffen, ist es sicherlich hilfreich, Feedback und respektvolle Auseinandersetzungen als Geschenke zu betrachten, die miteinander geteilt werden, um einander beim Wachstum zu unterstützen. Dabei – und das stellt einen der Kernpunkte der Positiven Psychologie dar – auf Stärken zu fokussieren, anstatt die Schwächen auszubessern und Chancen in den Vordergrund zu stellen, anstatt vornehmlich Probleme zu wälzen, fördert die Herstellung einer lernbegierigen Unternehmenskultur.

So schafft das Feedback zu den Stärken der Mitarbeiter einen Rahmen für positives psychologisches Potenzial. Wenn Menschen sich ihrer Stärken bewusst werden, haben sie eine starke Ausgangssituation, von der aus sie ihr Potenzial betrachten und einschätzen können (Clifton & Harter, 2003).

8.10.2.5 Beziehungen und Konflikte

Wir sind häufig darauf geeicht, anderen bei ihrer Arbeit zuzuschauen und sie auf ihre Fehler aufmerksam zu machen. Dennoch ist es unmöglich, andere Menschen zu ändern – selbst, wenn wir lieber vor der Tür der anderen kehren als vor unserer eigenen.

Hintergrundinformation

Eine kleine Selbstoffenbarung an dieser Stelle: Ich neige manchmal zum Sarkasmus, wenn ich den Ausspruch „Wir können nur uns selbst verändern." höre oder lese. Als erfahrener Psychologe habe ich über Jahrzehnte nicht nur theoretisches Wissen aus Büchern gesammelt, sondern auch praktisches Erfahrungswissen angehäuft, das diesen Satz infrage stellt und um eine wesentliche Erweiterung bittet.

Es existieren durchaus wirksame Methoden, um das Verhalten anderer zu beeinflussen. Beispielsweise können mittels **klassischer Konditionierung,** bei der ein neutraler Reiz mit einem bedeutungsvollen Reiz gekoppelt wird, um eine bestimmte Reaktion zu erzeugen, und **operanter Konditionierung,** bei der Verhalten durch Belohnung oder Bestrafung verstärkt oder reduziert wird, Veränderungen bewirkt werden. Die Werbebranche nutzt diese Techniken seit jeher und manipuliert uns täglich – oft ohne unsere bewusste Zustimmung. Die Methoden der Konditionierung führten im letzten Jahrhundert nachweislich zu nachhaltigen Veränderungen (und zu bizarren psychologischen Experimenten!).

Doch hier kommt der entscheidende Punkt – wir sollten die **ethischen Bedenken,** die mit solchen Techniken einhergehen, ernst nehmen. Das gilt besonders dann, wenn aversive oder strafende Methoden eingesetzt werden (Adieu, elektrische Schläge und Rohrstock!). Eine ethischere und oft effektivere Art der Verhaltensänderung entsteht, wenn wir uns darauf konzentrieren, unser eigenes Verhalten und unsere eigenen Einstellungen zu verbessern.

Indem wir die Verantwortung für unsere eigene Entwicklung übernehmen und ein positives Beispiel setzen, können wir zu einem Vorbild für positive Veränderung werden. Dies könnte andere inspirieren, ähnliche positive Veränderungen in ihrem eigenen Leben in Betracht zu ziehen, allerdings aus einer **intrinsischen Motivation** heraus, statt durch externe Zwänge. Auf diese Weise demonstrieren wir, dass die wirkungsvollste und ethischste Veränderung eine innere Entscheidung ist und nicht durch externe Kritik oder Druck erzwungen werden kann.

In modernen Unternehmen steht deshalb ganz oben auf der Tagesordnung, Verantwortung für die eigenen Gedanken, Überzeugungen, Worte und Taten zu übernehmen. Die anderen werden nicht mehr für die eigenen Probleme verantwortlich gemacht. Wenn Mitarbeiter doch einmal das Gefühl haben, sie müssten Schuldige suchen und diese für ihre Probleme verantwortlich machen, nehmen sie es als Einladung zur Reflexion wahr, inwieweit sie nicht selbst Teil des Problems (und der Lösung) sein könnten.

Gerüchte zu verbreiten und hinter dem Rücken von Dritten zu lästern, steht *nicht* auf der Agenda, denn diese Verhaltensweisen tragen nicht dazu bei, Meinungsverschiedenheiten unmittelbar und auf persönlicher Ebene zu lösen.

8.10.3 Faktoren, die evolutionären Sinn und damit Erfolg im Unternehmen fördern

Das Unternehmen als ein lebendiges, sinnsuchendes und zweckerfüllendes Wesen zu betrachten, hat einige Folgen. Im Weiteren finden Sie einige – der Positiven Psychologie nicht fremde – Faktoren, die jene Unternehmen erfolgreicher machen, die diese praktisch umsetzen. Betrachten Sie die Arbeit als eine Lebensdomäne, die enorm wichtig ist für die Bildung und Konstruktion unseres Selbst. Die meisten Menschen werden den Großteil ihres erwachsenen Lebens bei der Arbeit sein, sich mit anderen Menschen austauschen, ihre Wahrnehmung über sich selbst formen, sie ggf. ändern und festigen.

8.10.3.1 Individueller bzw. kollektiver Sinn und Zweck

Individuen in modernen Unternehmen haben die Tendenz, den Sinn ihrer ganz persönlichen Arbeit zu suchen. Sie sehen es als Pflicht (für sich selbst und für die Organisation), ihrer Berufung auf die Schliche zu kommen und zu schauen, ob und – wenn ja – *wie* diese Berufung mit dem Sinn des Unternehmens einhergeht. Die Mitarbeiter versuchen, ihre Rollen am Arbeitsplatz eher von dem zu durchdringen, was sie als ihre Seele bezeichnen, anstatt sich von den Antrieben des Egos leiten zu lassen.

Dieser Ansatz minimiert den Aufwand, das eigene Ego aufzublähen, den Chef zu beeindrucken, sich in Ellbogenkämpfen um Beförderungen zu verstricken oder im Management-Haifischbecken zu überleben. Silodenken zwischen verschiedenen „Ab-Teilungen" und innerbetriebliche Konflikte sind dadurch weniger ausgeprägt. Auch wird weniger darauf fokussiert, um jeden Preis Recht zu behalten oder andere für aufgetretene Probleme verantwortlich zu machen.

Die Positive Psychologie belegt wiederholt, dass das Finden von Sinn sowohl für Individuen als auch für Kollektive ein kraftvoller Antrieb ist. Es setzt Energie frei, fördert den Zusammenhalt von Menschen und schafft eine positive Dynamik. Allerdings ist die *Suche* nach Sinn umstritten. Diejenigen, die aktiv danach suchen und bereits einen Sinn im Leben gefunden haben, sind oft sehr zufrieden. Im Gegensatz dazu ist die Suche nach Sinn für diejenigen, die bisher keinen klaren Lebenssinn gefunden haben, nicht unbedingt förderlich für das Wohlbefinden (vgl. Steger et al., 2011).

Die Verbindung und Identifikation mit einem übergeordneten Sinn, der die gesamte Organisation durchzieht, verstärkt die Kraft der individuellen

Sinnsuche. Entscheidungen, die im Einklang mit dem unternehmerischen Sinn getroffen werden, erhalten dadurch zusätzlichen Rückenwind.

Die Unterstützung für die Konstruktion unseres Selbstbildes ist offensichtlich: Eine **„positive Identität“** (Dutton et al., 2010) zu bilden, also eine Passung der eigenen Arbeit mit der eigenen Person, ist nicht nur für das Miteinander unter Kollegen vorteilhaft, sondern letztendlich auch für das Aufblühen des gesamten Unternehmens verantwortlich. Eine positive Identität motiviert Menschen dazu, häufiger in der Rolle des von Tal Ben-Shahar beschriebenen „active agents“ zu agieren. Sie ergreifen Maßnahmen, die positive Ergebnisse für das Unternehmen hervorbringen und – wenn genügend Menschen mit einer ähnlichen Motivation handeln – zu einem gemeinschaftlichen Sinnerleben führen.

Erinnern Sie sich an das Beispiel vom Reinigungspersonal des Krankenhauses? Wenn diese Crew die Rolle eines „Heilers“ als einen Teil ihrer Arbeitsidentität übernahm, waren sie motivierter, nicht nur den Kollegen zu helfen, sondern auch Patienten, Besuchern, Krankenschwestern und Ärzten ihre Unterstützung zu geben, wo das möglich war. Natürlich taten sie das nicht als Ärzte, aber als Menschen mit dem Wunsch, zu helfen. Dieses (der eigenen Identität gegenüber) konsistente Verhalten führte zur persönlichen Befriedigung und zur Freude bei der Arbeit – und letztendlich zu einem Gefühl von Bedeutsamkeit bei der Arbeit (Wrzesniewski et al., 2003).

In modernen Unternehmen, wie von Laloux untersucht, betrachtet die Belegschaft die Organisation als mehr wie nur die sichtbaren, an die Oberfläche tretenden Teile. Die Mitarbeiter in diesen Unternehmen bemühen sich aktiv darum, herauszuhören und zu verstehen, wohin sich die Organisation bewegt, ohne das „Lebewesen Organisation“ in eine bestimmte Richtung zu zwingen. Es gibt eine kollektive Sinnsuche, die durch das (Emp-) Finden bedeutsamer Arbeit entsteht und durch das Wissen getrieben wird, gemeinschaftlich an etwas Größerem beteiligt zu sein.

8.10.3.2 Zukunftsplanung nur als Reaktion auf Geschehenes

Ebenso wenig, wie es mit hundertprozentiger Sicherheit möglich ist, in einem Wald das Sprießen des nächsten Farns oder Baumes vorherzusagen, ist es auch in Unternehmen ein vergebliches Unterfangen, die Zukunft voraussagen und kontrollieren zu wollen. Vorhersagen werden in den von Laloux beobachteten Unternehmen nur dann gemacht, wenn eine spezifische Entscheidung Mitarbeiter dazu veranlasst, es zu wagen.

8.10.3.3 Profit folgt Sinn

Die Erfahrung in diesen Unternehmen hat gezeigt, dass es langfristig keinen Konflikt gibt zwischen dem Verfolgen des Sinns und dem Verfolgen kommerzieller Interessen. Wenn sich die Mitarbeiter auf eine Sinnsuche fokussieren, wird sich der Erfolg und damit auch ein Gewinn ergeben. Dies entspricht auch den Prinzipien der Positiven Psychologie: Nicht der Erfolgreiche wird zwangsläufig glücklich, sondern wer auf sein (sinnorientiertes) Glück fokussiert, sieht sich einer großen Wahrscheinlichkeit des Erfolgs gegenüber.

Viel Spaß bei der Umsetzung – egal ob „nur“ für sich selbst oder auch in Ihrem Unternehmen!

Auf die Ziele, fertig, los!

Das Setzen von Zielen im Leben fördert nicht nur unser Wohlbefinden, sondern bestimmt auch, wie sinnerfüllt wir unser Leben wahrnehmen. Ziele, die Ihr Wohlbefinden stärken und unterstützen können, sollten intrinsisch, authentisch, erreichbar, harmonisch und flexibel sein. Es ist hilfreich, sich nicht nur das Ziel (z. B., „Abteilungsleiter") vorzustellen, sondern sich auch den Weg dorthin auszumalen.

Um bei der Erreichung Ihrer Ziele besonders erfolgreich zu sein, sollten Sie regelmäßig – idealerweise täglich oder wöchentlich – Ihren Fortschritt und wichtige Meilensteine festhalten sowie mögliche Hindernisse frühzeitig identifizieren.

Zutaten glücklicher Arbeitnehmer

Die Selbstbestimmungstheorie (SDT) sowie das Job-Demands-Resources-Model sind zentrale Theorien der Positiven Psychologie, die versuchen zu erklären, wie Motivation und Engagement am Arbeitsplatz entstehen. Motivation, Engagement und Selbstbestimmung sind dabei wichtige Zutaten für einen glücklichen Arbeitnehmer, die dessen positive Arbeitshaltung und ein erhöhtes Wohlbefinden sicherstellen.

Um welche Werte dreht sich Ihre Welt?

Werte geben unserem Leben Richtung und steuern unser Verhalten. Leben wir in Harmonie mit unseren Kernwerten, genießen wir ein höheres Wohlbefinden. Auch wenn die Grabsteinübung Ihnen zunächst makaber vorkommen mag – probieren Sie sie aus!

Die Neuerfindung Ihrer Organisation

Frederic Laloux' Ansatz zur Neuerfindung der Organisation bietet eine Vielzahl spannender Erkenntnisse, die Sie sich für Ihr Unternehmen zunutze machen können. Die von Laloux beschriebenen drei Durchbrüche für Organisationen in der modernen Arbeitswelt verdeutlichen dabei die verschiedenen Ansatzpunkte für Interventionen am Arbeitsplatz und auf Organisationsebene.

Machen Sie sich zunächst den evolutionären Sinn und Zweck Ihres Unternehmens bewusst. Wofür steht Ihre Organisation? Welches übergeordnete Ziel oder welche Mission verfolgt Ihr Unternehmen?

Schaffen Sie zudem eine Arbeitsumwelt, die Ganzheitlichkeit erlaubt und fördert. Wenn es Ihnen gelingt, eine sichere und fürsorgliche Arbeitsatmosphäre zu schaffen, werden Mitarbeiter mehr von sich zeigen und mit neuer Kreativität ihre Fähigkeiten einbringen.

Ermöglichen Sie Ihren Mitarbeiten außerdem, selbstorganisiert und selbstverwaltet zu arbeiten. Das fördert nicht nur Motivation und Enthusiasmus in Ihren Teams, sondern kann auch zu besseren Leistungen führen.

Literatur

Achor, S. (2013). *Before happiness.* Crown Business.

Achor, S. (2011). The happiness advantage: The seven principles that fuel success and performance at work. Crown Publishing Group.

akzept e. V. Bundesverband. (2021). 8. Alternativer Drogen- und Suchtbericht 2021. In https://www.frankfurt-university.de/. Pabst Science Publishers. https://www.frankfurt-university.de/fileadmin/standard/Hochschule/Fachbereich_4/Forschung/ISFF/ADSB8-2021web_1_.pdf. Zugegriffen: 12. Okt. 2023.

Amabile, T. M. (1983). The social psychology of creativity: A componential conceptualization. *Journal of Personality and Social Psychology, 45*(2), 357.

Avey, J. B., Reichard, R. J., Luthans, F., & Mhatre, K. H. (2011). Meta-analysis of the impact of positive psychological capital on employee attitudes, behaviors, and performance. *Human resource development quarterly, 22*(2), 127–152.

Avolio, B. J., Griffin, J., Wernsing, T. S., & Walumbwa, F. O. (2010). What is Authentic Leadership Development? In P. A. Linley, S. Harrington, & N. Garcea (Hrsg.), *Oxford Handbook of Positive Psychology and Work.* Oxford University Press.

Bakker, A., & Demerouti, E. (2007). The job demands-resources model: State of the art. *Journal of Managerial Psychology, 22*(3), 309–328.

Bakker, A., & Demerouti, E. (2008). Towards a model of work engagement. *Career Development International, 13*(3), 209–223.

Bakker, A., & Demerouti, E. (2014). Job demands–resources theory. In P. Chen & C. Cooper (Hrsg.), *Work and wellbeing: Wellbeing. A complete reference guide* (Bd. III, S. 37–64). Wiley.

Bakker, A. B., Hakanen, J. J., Demerouti, E., & Xanthopoulou, D. (2007). Job resources boost work engagement, particularly when job demands are high. *Journal of Educational Psychology, 99*(2), 274–284.

Bakker, A. B., & Leiter, M. P. (2010). *Work engagement: A handbook of essential theory and research.* Psychology Press.

Barsade, S. G. (2002). The ripple effect: Emotional contagion and its influence on group behavior. *Administrative Science Quarterly, 47*(4), 644. https://doi.org/10.2307/3094912

Ben-Shahar, T. (2014). *Choose the life you want: The mindful way to happiness.* Workman Publishing.

Berg, J. M., Wrzesniewski, A. M. Y., & Dutton, J. E. (2010). Perceiving and responding to challenges in job crafting at different ranks: When proactivity requires adaptivity, *186* (Juni 2009), 158–186.

Boniwell, I. (2012). *Positive psychology in a nutshell.* Open University Press.

Branden, N. (2010). *Die 6 Säulen des Selbstwertgefühls: Erfolgreich und zufrieden durch ein starkes Selbst.* Piper.

Brunstein, J. (1993). Personal goals and subjective wellbeing: A longitudinal study. *Journal of Personality and Social Psychology, 65,* 1061–1070.

Bundesministerium für Gesundheit. (13. September 2023). *Alkoholkonsum in Deutschland: Zahlen & Fakten.* Alkohol. https://www.bundesgesundheitsministerium.de/service/begriffe-von-a-z/a/alkohol. Zugegriffen: 12. Okt. 2023.

Cameron, K. (2008). *Positive leadership: Strategies for extraordinary performance.* Berrett-Koehler.

Cameron, K. S., & Caza, A. (2004). Introduction: Contributions to the discipline of positive organizational scholarship. *American Behavioral Scientist, 47*(6), 731–739.

Cherniss, C., & Goleman, D. (Hrsg.). (2001). The emotionally intelligent workplace: How to select for, measure, and improve emotional intelligence in individuals, groups, and organizations. Jossey-Bass.

Clifton, D., & Harter, J. (2003). Investing in strengths. In A. Cameron, B. Dutton, & C. Quinn (Hrsg.), *Positive organizational scholarship: Foundations of a new discipline* (S. 111–121). Berrett-Koehler.

Cotton Bronk, K., Hill, P. L., Lapsley, D. K., Talib, T. L., & Finch, H. (2009). Purpose, hope, and life satisfaction in three age groups. *Journal of Positive Psychology, 4*(6), 500–510.

Cozzolino, P. J., Staples, A. D., Meyers, L. S., & Samboceti, J. (2004). Greed, death, and values: From terror management to transcendence management theory. *Personality and Social Psychology Bulletin, 30*(3), 278–292.

Creusen, U., Eschemann, N.-R., & Johann, T. (2010). *Positive Leadership. Psychologie Erfolgreicher Führung. Erweiterte Strategien Zur Anwendung Des Grid-Modells.* Gabler.

Deci, E. L., & Ryan, R. M. (2000). The 'what' and 'why' of goal pursuits: Human needs and the self-determination of behavior. *Psychological Inquiry, 11*(4), 227–268.

Demerouti, E., & Bakker, A. B. (2006). Employee well- being and job performance: Where we stand and where we should go. In J. Houdmont & S. McIntyre (Hrsg.), *Occupational health psychology: european perspectives on research, education and practice* (S. 83–111). ISMAI Publications.

Dutton, J. E., Roberts, L. M., & Bednar, J. (2010). Pathways for positive identity construction at work: Four types of positive identity and the building of social resources. *Academy of Management Review, 35*(2), 265–293.

Externbrink, K., Tomoff, M., & Dries, C. (2015). Psychologisches Kapital fördern durch Coaching – Ein Beitrag aus der positiven Organisationspsychologie. *Coaching Magazin, 3,* 20–24.

Fenton, T. (2009). *How to foster passion on the job.* http://goo.gl/szQgyx. Zugegriffen: 7. Mai 2016.

Forest, J., Mageau, G. A., Crevier-Braud, L., Bergeron, É., Dubreuil, P., & Lavigne, G. L. (2012). Harmonious passion as an explanation of the relation between signature strengths' use and well-being at work: Test of an intervention program. *Human Relations, 65*(9), 1233–1252.

Fredrickson, B. L. (2004). Gratitude, like other positive emotions, broadens and builds. In R. A. Emmons & M. E. McCullough (Hrsg.), *Psychology of gratitude* (S. 144–166). Oxford University Press.

Frey, B. S., & Stutzer, A. (2002). What can economists learn from happiness research? *Journal of Economic Literature, 40*(2), 402–435.

Garbarino, J. (1975). The impact of anticipated reward upon cross-age tutoring. Journal of Personality and Social Psychology, 32, 421–428.

Gorgievski, M. J., & Bakker, A. B. (2010). Passion for work: Work engagement versus workaholism. In *Handbook of employee engagement: Perspectives, issues, research and practice* (S. 264–271).

Gorgievski, M. J., Bakker, A. B., Schaufeli, W. B., Veen, H. B., & Giesen, C. W. M. (2010). Financial problems and psychological distress: Investigating reciprocal effects among business owners. *Journal of Occupational and Organizational Psychology, 83*(2), 513–530.

Grant, A. M., Fried, Y., & Juillerat, T. (2010). Work matters: Job design in classic and contemporary perspectives. In S. Zedeck (Hrsg.), *APA handbook of industrial and organizational psychology* (Bd. 1, S. 417–453). American Psychological Association.

Grolnick, W. S., & Ryan, R. M. (1987). Autonomy in children's learning: An experimental and individual difference investigation. *Journal of Personality and Social Psychology, 52*(5), 890.

Harter, J. K., Schmidt, F. L., & Hayes, T. L. (2002). Business-unit-level relationship between employee satisfaction, employee engagement, and business outcomes: A meta-analysis. *Journal of Applied Psychology, 87*(2), 268–279.

Henry, J. (2004). Positive and creative organisations. In P. A. Linley & S. Joseph (Hrsg.), *Positive psychology in practice* (S. 269–287). Wiley.

Hewlett, S. A., Sherbin, L., & Sumberg, K. (2009). How Gen Y & Boomers will reshape your agenda. *Harvard Business Review, 87*(7/8), 71–76.

Hu, X., & Kaplan, S. (2015). Is "feeling good" good enough? Differentiating discrete positive emotions at work. *Journal of Organizational Behavior, 36*(1), 39–58.

Hüther, G. (2014). *Was wir sind und was wir sein könnten ein neurobiologischer Mutmacher*. Fischer Taschenbuch.

Kashdan, T., & Biswas-Diener, R. (2014). *The upside of your dark side*. Hudson Street Press.

Kasser, T., & Ryan, R. M. (2001). Be careful what you wish for: Optimal functioning and the relative attainment of intrinsic and extrinsic goals. In P. Schmuck & K. M. Sheldon (Hrsg.), *Life goals and well-being: Towards a positive psychology of human striving* (S. 116–131). Hogrefe & Huber.

King, L. A. (2001). The health benefits of writing about life goals. *Personality and Social Psychology Bulletin, 27*(7), 798–807.

Kontio, C. (2013). Manager im Sog der Sucht. „Eigentlich sind das die richtig armen Schweine". http://goo.gl/aLs9Lg. Zugegriffen: 2. Apr. 2016.

Kramer, R. M. (1999). Trust and distrust in organizations: Emerging perspectives, enduring questions. *Annual Review of Psychology, 50*, 569–598.

Laloux, F. (2015). *Reinventing Organizations: Ein Leitfaden zur Gestaltung sinnstiftender Formen der Zusammenarbeit*. Vahlen.

Larson, M., Norman, S., Hughes, L., & Avey, J. (2013). Psychological capital: A new lens for understanding employee fit and attitudes. *International Journal of Leadership Studies, 8*, 28–43.

Lay, R. (1996). *Das Ende der Neuzeit: Menschsein in einer Welt ohne Götter*. EGON. https://goo.gl/WjZ5lR. Zugegriffen: 5. Mai 2016.

Lewis, S. (2011). *Positive psychology at work: How positive leadership and appreciative inquiry create inspiring organizations*. Wiley-Blackwell.

Linley, P. A., & Harrington, S. (2006). Playing to your strengths. *The Psychologist, 19*, 86–89.

Liu, D., Chen, X.-P., & Yao, X. (2011). From autonomy to creativity: A multilevel investigation of the mediating role of harmonious passion. *Journal of Applied Psychology, 96*(2), 294.

Locke, E. A. & Latham, G. P. (2006). New directions in goal-setting theory. *Current Directions in Psychological Science*.

Luthans, F., Luthans, K. W., & Luthans, B. C. (2004). Positive psychological capital: Beyond human and social capital. *Business Horizons, 47*(1), 45–50.

Lyubomirsky, S. (2008). *The how of happiness: A practical guide to getting the life you want*. Sphere.

Mageau, G. A., Vallerand, R. J., Charest, J., Salvy, S.-J., Lacaille, N., Bouffard, T., & Koestner, R. (2009). On the development of harmonious and obsessive passion: The role of autonomy support, activity specialization, and identification with the activity. Journal of Personality, 77(3), 601-646.https://doi.org/10.1111/j.1467-6494.2009.00559.x

May, D. R., Gilson, R. L., & Harter, L. M. (2004). The psychological conditions of meaningfulness, safety and availability and the engagement of the human spirit at work. *Journal of Occupational and Organizational Psychology, 77*(1), 11–37.

Miserandino, M. (1996). Children who do well in school: Individual differences in perceived competence and autonomy in above-average children. *Journal of Educational Psychology, 88*(2), 203.

Müceldili, B., Erdil, O., Akgün, A. E., & Keskin, H. (2015). Collective gratitude: Positive organizational scholarship perspective. *International Business Research, 8*(8), 92–102.

Oishi, S., Diener, E., Suh, E., & Lucas, R. E. (1999). Value as a moderator in subjective well-being. *Journal of Personality, 67*(1), 157–184.

Peterson, S. J., Luthans, F., Avolio, B. J., Walumbwa, F. O., & Zhang, Z. (2011). Psychological capital and employee performance: A latent growth modeling approach. *Personnel Psychology, 64*(2), 427–450.

Peterson, C., & Park, N. (2006). Character strengths in organizations. *Journal of Organizational Behavior, 27*(8), 1149–1154.

Pham, L., & Taylor, S. (1999). From thought to action: Effects of process- versus outcome-based mental simulations on performance. *Personality and Social Psychology Bulletin.*

Ring, K. (1984). *Heading toward Omega: In search of the meaning of the near-death experience.* Morrow.

Rudd, M., Aaker, J., & Norton, M. I. (2014). Getting the most out of giving: Concretely framing a prosocial goal maximizes happiness. *Journal of Experimental Social Psychology.*

Ryan, R. M., & Deci, E. L. (2000). Self-determination theory and the facilitation of intrinsic motivation, social development, and well-being. *American Psychologist, 55*(1), 68–78.

Ryan, R. M., & Grolnick, W. S. (1986). Origins and pawns in the classroom: Self-report and projective assessments of individual differences in children's perceptions. Journal of Personality and Social Psychology, 50(3), 550–558. https://doi.org/10.1037/0022-3514.50.3.550

Salmela-Aro, K., Nurmi, J.-E., Saisto, T., & Halmesmäki, E. (2001). Goal construction and depressive symptoms during transition to motherhood: Evidence from two longitudinal studies. *Journal of Personality and Social Psychology, 81,* 1144–1159.

Schaufeli, W. B., Salanova, M., González-romá, V., & Bakker, A. B. (2002). The measurement of engagement and burnout: A two sample confirmatory factor analytic approach. *Journal of Happiness Studies, 3*(1), 71–92.

Seliger, R. (2014). *Positive leadership. Die Revolution in Der Führung.* Schäffer-Poeschel.

Seligman, M. E. P. (2002). Authentic happiness: Using the new positive psychology to realize your potential for lasting fulfillment. Free Press.

Spreitzer, G.M., & Sonenshein, S. (2003). Positive deviance and extraordinary organizing. In K. Cameron, J. Dutton, & R. Quinn (Eds.), Positive organizational scholarship: Foundations of a new discipline (pp. 207-224). San Francisco: Berrett-Kohler.

Steger, M. F., & Dik, B. J. (2010). Work as meaning. In P. A. Linley, S. Harrington, & N. Page (Hrsg.), *Oxford handbook of positive psychology and work* (S. 131–142). Oxford University Press.

Steger, M. F., Oishi, S., & Kesebir, S. (2011). Is a life without meaning satisfying? The moderating role of the search for meaning in satisfaction with life judgments. *Journal of Positive Psychology, 6*(3), 173–180.

Steger, M. F., Dik, B. J., & Duffy, R. D. (2012). Measuring meaningful work: The work and meaning inventory (WAMI). Journal of career Assessment, 20(3), 322-337.

Stephens, J. P., Heaphy, E., & Dutton, J. E. (2012). High quality connections. In K. S. Cameron & S. Gretchen (Hrsg.), *The oxford handbook of positive organizational scholarship* (S. 385–399). Oxford University Press.

Tomoff, M. (2011). *Ein Nachruf unter Lebenden – das Wissen vor dem Tod.* http://goo.gl/Xn3sYk. Zugegriffen: 5. Mai 2016

Tomoff, M. (2012). *Wie finde ich meine Werte*? http://goo.gl/Sx6e0j. Zugegriffen: 14. März 2016.

Tomoff, M. (2015). *Positive psychologie in unternehmen.* Springer Fachmedien.

Tracy, B. (2007). *Eat that frog!: 21 great ways to stop procrastinating and get more done in less time.* Berrett-Koehler.

Uzzi, B. (1997). Social structure and competition in interfirm networks: The paradox of embeddedness. *Administrative Science Quarterly*, 35–67.

Vallerand, R. J., & Houlfort, N. (2003). Passion at work. Toward a new conceptualisation. In S. Gilliland, D. D. Steiner, & D. Skarlicki (Hrsg.), *Emerging perspectives on values in organizations* (S. 175–204). Information Age Publishing.

Weber, M., & Ruch, W. (2012). The role of a good character in 12-year-old school children: Do character strengths matter in the classroom? *Child Indicators Research, 5,* 317–334.

Wehmeyer, M. L., & Little, T. D. (2009). Self-determination. In S. J. Lopez (Hrsg.), *Encyclopedia of positive psychology* (S. 868–874). Blackwell Publishing Ltd.

Wilkens, U., & Externbrink, K. (2011). Führung in Veränderungsprozessen. *Betriebswirtschaft für Führungskräfte. Eine Einführung für Ingenieure, Naturwissenschaftler, Juristen und Geisteswissenschaftler, 4,* 209–233.

Wilson, K. G., & Murrell, A. R. (2004). Values work in acceptance and commitment therapy: Setting a course for behavioral treatment. In S. C. Hayes, V. M. Follette, & M. M. Linehan (Hrsg.), *Mindfulness and acceptance: Expanding the cognitive behavior tradition* (S. 120–151). Guilford.

Wrzesniewski, A., Dutton, J. E., & Debebe, G. (2003). Interpersonal sensemaking and the meaning of work. *Research in Organizational Behavior, 25,* 93–135.

Youssef, C. M., & Luthans, F. (2007). Positive organizational behavior in the workplace: The impact of hope, optimism, and resilience. *Journal of Management, 33*(5), 774–800.

Zimbardo, P. G. (1995). *Psychologie*. Springer.

Zur Bonsen, M., & Maleh, C. (2014). *Appreciative inquiry (AI): Der Weg zu Spitzenleistungen*. Beltz.

9

Positive Psychologie in verschiedenen Kulturen

> » Mythos
> Es gibt *einen* Weg, *ein* Geheimnis, einen Sieben-Schritte-*Plan* zum Glücklichsein. Für jeden Menschen.

9.1 Welche Rolle spielt die Kultur für das Glück? – westliche und östliche Welt

Wie so häufig, wenn es um Psychologie geht, spielen die USA eine Vorreiterrolle, was die Forschung betrifft. Wir alle sind uns jedoch einig, dass glücksspendende Praktiken und Traditionen überall auf der Welt bestehen.

Indem ein Praktiker die kulturellen Facetten im Auge behält, die bei der Steigerung von Glück relevant sind, erhöht er seine Chance auf eine wirklich wirkungsvolle Entwicklung von Interventionen, die eine breite Masse erreichen und nicht nur – sagen wir – bei amerikanischen Studenten einer Uni getestet wurden.

Immer mehr Vertreter der Positiven Psychologen betonen in ihren Arbeiten, dass Kultur in vielerlei Hinsicht eine signifikante Rolle beim Verstehen und Erfassen von verschiedenen positiven Charakteristiken spielt (Christopher & Hickinbottom, 2008; Pedrotti et al., 2009).

M. Tomoff, *Positive Psychologie - Erfolgsgarant oder Schönmalerei?*,
https://doi.org/10.1007/978-3-662-68397-2_9

Die Operationalisierung von Faktoren in Interventionen kann aufgrund kultureller Unterschiede zu verschiedenen Definitionen führen. Uchida et al. (2004) identifizierten kulturelle Divergenzen in den Definitionen von Glück. Ostasiatische Teilnehmer betonten Gruppenharmonie, während westliche Teilnehmer persönliche Erfolge und ein positives Selbstbild als Glück betrachteten. Kulturelle Unterschiede beeinflussen die Bedeutung von Begriffen wie „Glück".

In einem europäischen oder amerikanischen Kontext könnten Interventionen eher Selbstreflexion und Sinnfindung betonen, um das Glück zu steigern. Doch für ostasiatische Teilnehmer könnten solche Interventionen negative Auswirkungen haben. Eine im westlichen Kontext entwickelte Intervention, die nicht die soziale Harmonie berücksichtigt, könnte das Wohlbefinden eines ostasiatischen Individuums stark beeinträchtigen, während sie für westliche Kunden zufriedenstellend ist (Uchida et al., 2004).

Weiterhin mag – wie im VIA-Fragebogen aufgenommen (siehe Abschn. 5.1) – Weisheit zwar als ein weltweit anerkanntes und akzeptiertes Konstrukt gelten, das Verständnis dieser positiven Charaktereigenschaft zwischen verschiedenen Kulturen aber kann weit auseinandergehen.

Yang (2008) fand in seinen Untersuchungen beispielsweise heraus, dass Personen aus Taiwan „weisen Menschen" eher eine Kombination kognitiver (z. B. Problemlösen, Intelligenz und Planung) und affektiver Faktoren (z. B. Demut, Mitgefühl, Offenheit) zusprachen. Im Gegensatz zu US-Amerikanern, die einzig die kognitiven Aspekte hervorhoben.

Folglich sollten Interventionen zur Förderung von Weisheit in Taiwan neben kognitiven auch affektive Komponenten einbeziehen, um das Gefühl einer gesteigerten Weisheit zu vermitteln.

9.2 Unterschiedliche Beziehungen zwischen positiven Konstrukten – Optimismus und Depression

Praktiker streben oft danach, weniger erwünschte Charakteristika oder Zustände einer Person zu mildern, indem sie gegenläufige (oder wissenschaftlich ausgedrückt: negativ korrelierte) Eigenschaften stärken. Wenn beispielsweise „gegen" Pessimismus oder Depression gearbeitet wird, könnte dies durch die Förderung von Optimismus geschehen. Chang (2001) untersuchte derartige Verbindungen, insbesondere in Bezug auf Optimismus, Pessimismus und Depression, bei Amerikanern chinesischer und europäischer Abstammung.

Das Ergebnis war verblüffend: Obwohl beide Gruppen unterschiedliche Level an Pessimismus aufwiesen (Amerikaner mit chinesischer Abstammung waren signifikant pessimistischer), unterschieden sie sich nicht im Ausmaß ihres Optimismus oder ihrer Depression.

Warum haben die Ergebnisse für so viel Erstaunen gesorgt?

Bisher hatte die Forschung nicht auf Rassen- oder ethnische Unterschiede geschaut. Diese Konstrukte (Optimismus × Pessimismus und Optimismus × Depression) korrelierten negativ miteinander (Gillham et al., 2001). War also Optimismus höher ausgeprägt, trat der Pessimismus weniger stark auf. Höherer Optimismus hatte den Effekt, dass Depression weniger wahrscheinlich bei Versuchsteilnehmern auftrat.

Bei genauerer Betrachtung dieser Verbindungen fand Chang jedoch heraus, dass Optimismus und Depression in der chinesisch-amerikanischen Probe *nicht* negativ korrelierten und darüber hinaus sogar das Problemlöseverhalten (eine positive Eigenschaft, die oft negativ mit Depression korreliert) dieser Gruppe *positiv* mit Pessimismus in Zusammenhang stand. Pessimisten aus der chinesisch-amerikanischen Teilnehmergruppe waren also besser im Problemlösen als ihre optimistischen Counterparts!

Die Tatsache, dass Optimismus eher eine positive Konnotation hat und Pessimismus eher als negative Eigenschaft gesehen wird, entspricht also einer verstärkt westlichen Betrachtungsweise. Diese zeigt sich insbesondere beim Lösen von Problemen.

9.3 Welche Glückstraditionen gibt es in verschiedenen Kulturen? – inspirierende Bräuche

In den letzten Kapiteln haben Sie viel über das gehört, was die Forschung der Positiven Psychologie für einzelne Bereiche herausfand. Viele dieser Studien stammen aus den Vereinigten Staaten von Amerika, obwohl auch in anderen Ländern mittlerweile ein Boom an „Happiness Research" zu verzeichnen ist.

Zum Abschluss der Fragestellung, in welchen Gebieten und Bereichen die Positive Psychologie genutzt und eingesetzt werden kann, möchte ich ein paar schöne und Ihnen möglicherweise noch unbekannte Traditionen, Bräuche und Anwendungen nahebringen, die aus für uns manchmal sehr fernen Kulturen stammen und dort zum Teil bereits seit Jahrtausenden praktiziert werden.

Ich finde diese Bräuche nicht nur als Reiselustige interessant und dem Feld der Positiven Psychologie nahe. Ich halte sie ebenfalls für inspirierend und zum Weitergeben geeignet, weil sie verdeutlichen, dass überall in unserer wunderschönen Welt nicht nur nach Glück gesucht, sondern bereits in großartiger und teils so einfacher Weise in die Häuser und Herzen der Menschen geholt wird.

Obwohl viele dieser Traditionen noch nicht von einem Forscher bezüglich ihrer Glückseffekte unter die Lupe genommen wurden, möchte ich Sie zu einer Reise einladen, um jeweils fünf den Körper, den Geist und die Seele stimulierenden Gewohnheiten unserer Mitmenschen zu betrachten. Nicht alles muss wissenschaftlich validiert sein, um einen subjektiv großen Mehrwert für das eigene Wohlbefinden zu haben. Jede dieser Traditionen birgt jedoch Transfermöglichkeiten, sodass sie auch in westlichen Gesellschaften als glücksbringende Handlungen funktionieren sollten.

Ich möchte Sie deshalb ermutigen, von denen zu lernen und sich inspirieren zu lassen, die in anderen Winkeln der Erde geboren wurden, aufwuchsen und Riten an die Hand bekamen, die zwar bei uns nicht üblich, aber trotzdem genauso wirksam sein können. Dazu gebe ich Ihnen jeweils einen kurzen Einblick über den Hintergrund der Gepflogenheit und beschreibe danach, wie sie vollzogen wird.

Viel Spaß dabei!

9.4 Welche Glückstraditionen stimulieren den Körper? – von Kaffee und ausgelassenem Tanz

9.4.1 Äthiopien: Kaffeezeremonie

Nach einem guten Kaffee verzeiht man sogar den Eltern. (Oscar Wilde)

» Hintergrund: Sich Zeit nehmen, Essen und Trinken wertzuschätzen, das wir sonst zu häufig nur beiläufig unserem Körper zuführen.

Wie häufig nehmen Sie „noch schnell" einen Kaffee mit, bevor Sie in Ihren Zug steigen? Wie oft dauert es Ihnen zu lange, sich gemütlich in ein Café oder Restaurant zu setzen, um Ihr Mittagessen zu sich zu nehmen, sodass Sie die Currywurst mit Pommes im Stehen verzehren, um dann schnell wieder zum Schreibtisch zu hetzen?

Wann haben Sie das letzte Mal die Milliarden von Geschmacksnerven genutzt und das mit vollem Bewusstsein genossen, was Sie aßen oder tranken? Essen oder Trinken im Vorbeigehen zu sich zu nehmen, ist nicht nur schlecht für die Verdauung, sondern stellt auch auf mehreren Ebenen eine verpasste Chance dar.

In Äthiopien, einem Land, in dem zahlreiche einzigartige Kaffeesorten ihren Ursprung haben, ist – wie in vielen anderen afrikanischen Ländern – eine solche Hetze undenkbar. Das hat mit Sicherheit auch mit der über 3000 Jahre alten und immer noch praktizierten Kaffeezeremonie zu tun, mit der Äthiopier Kaffee herstellen und die Langsamkeit und den Genuss in ihrem Leben halten und schätzen.

Traditionell wird die Zeremonie von einer Frau ausgeführt (Abb. 9.1), die behutsam jene Elemente auf frisch geschnittenen, zeremoniellen Gräsern platziert, die für die Zubereitung des Kaffees notwendig sind. Das sind normalerweise ein Tablett mit Kaffeekännchen, Tassen und Zuckerdose sowie häufig eine kleine Tonschale mit aromatisch rauchender Holzkohle. Um sie herum strecken bereits die Teilnehmer einer solchen Feierlichkeit die Nasen in die Luft – noch ist es der sie umströmende Weihrauch, der in der Luft liegt.

Doch schon bald knacken die gewaschenen und dann gerösteten grünen Kaffeebohnen, während sie ihre Farbe verändern und ein wundervolles Aroma verströmen. Die Gastgeberin zerreibt die Bohnen in einem Mörser zu groben Pulver, kocht daraufhin den Kaffee und lässt ihn über eine langhalsige, traditionelle, nordostafrikanische Kaffeekanne *(Jabana)* in die Tassen der Gäste fließen. Diese trinken nicht weniger als drei Tassen, denn die *Baraka* (die dritte Tasse) ruft einen Segen hervor.

Abb. 9.1 Kaffeezeremonie in Äthiopien

Nehmen Sie sich mehr Zeit zum Zubereiten Ihrer Mahlzeiten (auch der Thermomix zählt) und laden Sie Familie oder Freunde dazu ein. Also wählen Sie Ihre Favoriten, halten Sie inne … und genießen Sie!

9.4.2 Israel: Shabbat (Sabbat)

Der Sabbat ist für den Menschen da, nicht der Mensch für den Sabbat. (Die Bibel)

» Hintergrund: Einhalten eines festen, regelmäßig wiederkehrenden Tages, um die Batterien aufzuladen.

Nicht nur die beiläufige Nahrungsaufnahme verdeutlicht die Gefahr, jede Sekunde des Lebens mit Geschäftigkeit auszufüllen. Die Balance zwischen Arbeit, Familie, Freunden und Freizeit zu finden, ist mehr als nur gelegentlich eine ehrenhafte Aufgabe. Besonders wenn die Zeit als knappes Gut erscheint, fällt es schwer, eine Auszeit zu nehmen.

Die jüdische Tradition des Sabbats ist das einzige Ritual, das in den Zehn Geboten verankert ist. Es heiligt den Ruhetag, indem es die göttliche Verschnaufpause am siebten Tag der Woche nachahmt. Orthodoxe Juden halten sich an strikte Gesetze, die Aktionen wie das Anknipsen des Lichts oder Autofahren verbieten. Der Sabbat wird oft im Kreis der Familie verbracht, mit dem Genuss spezieller Gerichte und häufig gefolgt von einer kurzen Ruhepause.

Das Besondere daran: Trotz der Einschränkungen wird der Sabbat mit Vorfreude erwartet und wie ein besonderer Gast begrüßt – in besonderen Kleidern und in einem sauberen Zuhause.

Was würde passieren, wenn Sie einen Tag der Erholung für sich einführen würden? Vielleicht nicht gleich jede Woche, sondern, wie es die Balinesen praktizieren, einmal im Jahr. Sie feiern *Nyepi,* den Tag der Stille, der nach der Silvesternacht die Flugzeuge am Boden hält, die Straßen leert und die Hoffnung nährt, dass der Teufel glaubt, Bali sei verlassen, um die Bewohner ein weiteres Jahr zu verschonen.

Selbst, wenn es keine wöchentliche oder 24-stündige Gewohnheit wäre – suchen Sie sich ab und an einen einsamen Ort, um ein paar Stunden einfachen Frieden zu finden – ohne Smartphone, Fernseher oder Stöpsel im Ohr. Wenn das immer noch zu viel Veränderung auf einmal ist, versuchen Sie doch folgende Ideen: Schalten Sie das Handy in der ersten Stunde aus, in der Sie daheim sind oder solange Sie mit der Familie beim Essen sitzen. Tragen Sie die Auszeit fest im Kalender ein und finden Sie mit allen Familienmitgliedern einen „Mini-Sabbat" für 10 min. Der lässt sich auch hervorragend in die Mittagspause bei der Arbeit einplanen.

Sie werden sehen: Die Dämonen, die um Sie herum schleichen, werden schnell so gelangweilt sein, dass sie Sie in Ruhe lassen werden.

9.4.3 Finnland: Sauna

Tränen sind die Sauna für die Seele. (unbekannt)

» Hintergrund: Zu lernen, sich nicht für seinen Körper zu schämen, sondern sich (wieder) darin wohlzufühlen.

Wessen wahnwitzig dumme Idee war es eigentlich, sich für seinen Körper zu schämen?! Schaut man kleinen Kindern zu, wie sie stolz ihren Bauch vor sich herschieben, mit den kleinen Händen darüber streicheln und freudig dazu lachen, fragt man sich, wann das eigentlich im Leben eine Wende nahm bzw. nimmt. Heute ist es eher selten, eine Seele zu finden, die sich nackt genauso gerne und ohne Scheu betrachtet wie bekleidet. Wir benötigen Radical Honesty-, Tantra- oder andere Kurse, um uns wieder der Natürlichkeit unseres Körpers bewusst zu werden. Und dennoch sind unsere Körper jene feinen Instrumente, die unsere Umwelt wahrnehmen, eine Verbindung zu anderen Menschen und der Natur herstellen und uns durch die Welt navigieren lassen.

Ist es nicht Zeit, unserem Körper ein wenig Respekt zu zollen?

Das denken sich auch die Finnen. Zu saunieren mag für die meisten von uns eine gesundheitliche Übung, ein körperlich wohltuendes Ritual sein. In Finnland geht es weit über die physische Komponente hinaus. Dort gehört Nacktheit zur Komfortzone der Kultur – für die Jungen, die Alten, die Biegsamen oder die Wabbeligen. Das geschieht nicht im Spa oder in der Therme, wie wir das in Deutschland und anderen Ländern kennen. Ein Haus ohne eigene Sauna hat in Finnland keinen hohen Wiederverkaufswert.

Wenn Sie nicht zu denen gehören, die ohne Scheu mit Kollegen saunieren gehen, sich im Urlaub das FKK mit Sonnencreme auf den Po zeichnen oder eine andere, baumelnde Kultur pflegen, gibt es zumindest *eine Sache* von den Finnen zu lernen: der äußeren Erscheinung weniger Bedeutung beizumessen oder sogar die Faszination eines runzligen Gesichts, seltsamer Proportionen oder extremer Züge zu erkennen.

Sie müssen keine Kinder haben, um die wunderbare Sensibilität Ihres Körpers neu zu entdecken. Wie wäre es, wenn Sie eine Liste aller Dinge erstellen, die Ihr Körper erleben durfte – sei es beim Küssen, Fahrradfahren, Klavierspielen, Tanzen, Essen, Nacktbaden oder dem Genießen einer finnischen Sauna?

Eine weitere Möglichkeit neben der schriftlichen Reflexion ist natürlich die aktive Anwendung: Gönnen Sie sich eine Massage, legen Sie sich zehn Minuten auf dem Balkon in die Sonne, machen Sie bewusst einige

Stretchingübungen, cremen Sie sich mit einer wohlriechenden Lotion ein, tragen Sie einen Sonntag lang nur weite Kleidung, die locker anliegt ... Ihnen fällt bestimmt etwas ein, das Ihnen guttut!

9.4.4 Pentecost Island, Vanuatu: N'gol („Landtauchen")

Wenn dich die Angst übermannt, stell ihr eine Frau entgegen! (Helga Schäferling)

» **Hintergrund**: Tritt deinen Ängsten gegenüber, um sie zu besiegen.

Das Inselgebiet von Vanuatu erstreckt sich über 1300 km des Südpazifiks und zählt zu Melanesien. Dort, auf der Pfingstinsel, gibt es eine durchaus verrückte Tradition, deren begleitendes flaues Gefühl im Magen jeder kennt, der einmal von einem Zehn-Meter-Turm gesprungen ist oder vor einer größeren Gruppe von Menschen sprechen musste. Doch während der verweigerte Sprung vom Zehner keine direkten negativen Folgen hat (abgesehen von den Blicken, die man sich beim umständlichen Heruntersteigen vom Betonklotz einfängt), kann das Fernbleiben von Gruppen, das Nichtansprechen von Menschen oder das Ausweichen vor beängstigenden Situationen im Allgemeinen extrem lebenseinschränkende Maße annehmen.

Glücklicherweise ist die Lösung einfach: der Angst in die Augen schauen und etwas gegen sie unternehmen!

Nichts leichter als das, sagten sich die Einwohner von Pentecost und erfanden den Vorgänger des Bungeespringens – nur nicht mit einem elastischen Gummiband, sondern mit den hauseigenen Lianen! Ach ja ... und man schlägt leicht auf dem Boden auf, denn alles andere wäre ja einfach.

Jedes Jahr zwischen April und Juni stürzen sich die N'gol von einem Je-höher-desto-besser-Sprungturm *(tarbe)* hinunter. Dabei ist die Ironie, dass es sich dabei um ein Fruchtbarkeitsritual handelt, bei dem auch Jungen, die nicht älter als sieben Jahre sind, mitmachen dürfen.

Die Legende besagt, das Ritual werde zu Ehren einer Frau ausgeführt, die sich – auf der Flucht vor ihrem Ehemann – die Lianen um die Fesseln band und in die Tiefe sprang, bevor der böse Gatte sie hochkletternd töten konnte. Dieser wiederum sah nicht, dass die Lianen den Fall seiner Frau bremsten, sprang hinter ihr her – und starb den Tod der Dummen.

Was lernen wir daraus? Wo auch immer Sie der Angst in die Augen schauen – erklimmen Sie die N'gol-Leiter, geben Sie sich einen Ruck und bezwingen Sie das, was Sie im Leben hindert, der oder die zu werden, der oder die Sie sein können.

Zudem hat ein wenig Matsch im Gesicht noch niemandem geschadet. Aber bitte hüten Sie sich davor, zu Hause die Zweige nahe Ihres Balkons auszutesten und als N'gol-Leiter zu missbrauchen.

9.4.5 Irland: Céilí-Tänze

> Der Tanz ist ein Gedicht und jede seiner Bewegungen ist ein Wort. (Mata Hari)

» Hintergrund: Finde eine andere Sprache des Glücks. Überlass deinem Körper das Reden.

Und, wie lange haben *Sie* heute schon vor Ihrem Rechner gesessen? Hatten Sie ihn möglicherweise auf dem Schoß, als Sie zur oder von der Arbeit kamen?

Für viele von uns ist das (Still-)Sitzen vor dem Computer, das Pendeln zwischen Arbeitsstätte und Wohnstätte, das Stehen in Morgen- oder Feierabendverkehr eine – wenn auch anstrengende, aber – routinierte Angelegenheit. Jeder, der sich ein Auto anschafft oder least, müsste wissen, dass er sich den Stau dazukauft. Und das nicht optional.

Trotzdem sind wir gerade dann am meisten frustriert, wenn die Differenz zwischen Ist- und Soll-Geschwindigkeit am größten ist: an der Kasse, wenn die in die Jahre gekommene Dame ihr Kleingeld zwischen die Ritzen des Edeka-Scanners schüttet oder noch einen Coupon aus ihrer Geldbörse fingert. Wenn der Vorausfahrende 10 km/h zur Maximalgeschwindigkeit verschenkt. Wann immer es keinen erkennbaren Fortschritt gibt, werden viele von uns schnell ungeduldig.

Bewegung und Emotion sind so eng miteinander verknüpft, dass das fehlende Vorankommen unweigerlich dazu führt, dass wir den Stress stärker als solchen wahrnehmen.

Doch all jene, denen das Alter oder der Sport noch nicht zu sehr zugesetzt haben, können dagegen schnell etwas tun!

In Irland, wie in vielen anderen Ländern auch, wird der Tanz als zeremonielles und spirituelles Gut zu feierlichen Anlässen kultiviert. Ein irischer *Céilí* ist aber nicht nur soziales Schmiermittel oder Ausdruck der eigenen Persönlichkeit, sondern macht locker, steigert das Selbstvertrauen und fördert somit auch das eigene Wohlbefinden.

Und – ähnlich wie beim Karaoke Japans und Koreas – es gibt nur eine wirklich wichtige Sache dabei: Mitmachen! Alleine die gemeinschaftliche Aktion des Tanzens ist schon das pure Feiern des Lebens.

Niemand wird Sie in der tanzenden Runde schief anschauen, wenn Sie sich selbst oder einem anderen auf die Füße treten. Er wird sich freundschaftlich bei Ihnen einhaken, Sie wieder an die richtige Stelle bringen und Ihnen – mit einem breiten Grinsen – noch eine Extradrehung verpassen. Und das hat einen einfachen Grund: Die Tänzer des *Céilídh* drehen sich selbst, und zwar nur für den Spaß, den die Iren nicht nur beim Alkoholgenuss zelebrieren, als wäre es das Letzte, das ihnen geblieben ist.

Geben Sie es zu: Es ist sehr schwer, negativen Stress zu fühlen, wenn Sie mit einer Schar gut gelaunter, herumwirbelnder und lachender Menschen die Beine schwingen und Ihrem Körper Entspannung verschaffen.

Und wenn es Sie zum Tanzen noch nicht nach Irland zieht (es sei hiermit noch einmal ausdrücklich empfohlen!), dann gibt es natürlich auch näherliegende Varianten: Holen Sie Ihre verstaubte Luftgitarre aus dem Zug zwischen Fenster und Tür und seien Sie für ein paar Lieder Frontmann oder -frau des Konzertes Ihres Lebens, geben Sie einem Freund die Chance auf einen Salsa-Abend oder lassen Sie sich mal wieder auf ein wenig Headbangen im Lieblingsclub ein.

Und ich verspreche Ihnen, Ihr Lächeln wird noch breiter werden, wenn dieses Mal nicht nur in der Geschwindigkeit Ihrer Bewegungen eine Differenz zu den anderen um Sie herum liegt, sondern möglicherweise auch im Alter …

Letztlich geht es hier um den puren Spaß und *Ihr* Wohlbefinden, richtig?!

9.5 Welche Glückstraditionen stimulieren den Geist? – von Laternen und Lehrern

9.5.1 Thailand: Loy Krathong (Laternenfestival)

Was wir nicht schaffen, müssen wir loslassen, sonst schafft es uns. (Ernst Ferstl)

» Hintergrund: Groll, Sorgen und Traurigkeit loszulassen schafft Platz im Geist für Neues.

So wie der Zeigarnik-Effekt eine innere Spannung bei unterbrochenen, noch nicht fertiggestellten Aufgaben erzeugt und jene Aufgaben innerlich an uns nagen lässt, können uns auch bissige Kommentare gedanklich belasten, die wir jemand anderem vor den Kopf gehauen haben. Möglicherweise hat jener andere unseren unnötigen Kommentar gar nicht als Angriff verstanden, vielleicht konnte er ihn sogar verstehen. Das jedoch interessiert das Teufelchen auf unserer Schulter nicht, das uns stetig zuflüstert, wie unfair und hart wir doch wieder waren.

Viele unserer ängstlichen und bedauernden Gedanken sind letztlich unbegründet, doch ihre dauernde Wiederholung im Kopf macht uns mürbe, baut Spannung auf und ist nicht hilfreich, wenn es um unser Glücksgefühl geht. Wie schön, wenn diese Spannungen mithilfe einer Tradition aus dem Nahen Osten Flügel bekommen und wir sie loslassen können!

Im Norden Thailands ziehen zum Laternenfest Loy Krathong tausende mit Kerzen befüllte Papierlaternen gen Himmel. Sie erzeugen ein weiches Leuchten, wenn Sorgen und Ängste die Erde verlassen, um im Nachthimmel zu verschwinden und nichts als Erleichterung hinterlassen. Es wird herzlich und glücklich gefeiert, wenn diese aus dem Kopf entlassenden Zweifel in der Luft verschwinden. Der wunderschöne Effekt, den die sanft flackernden und abhebenden Laternen der Feier beimischen, macht diese normalerweise im November stattfindende Tradition zu einer sehr wertvollen (s. auch Abb. 9.2).

Auch, wenn man in Deutschland wahrscheinlich eine Erlaubnis dazu braucht, Laternen im Nachthimmel verschwinden zu lassen, sollte uns Loy Krathong daran erinnern, wie schön es sein kann, nicht nur seine Ziele, sondern auch seine Befürchtungen niederzuschreiben, sie auf ein Papierschiffchen die Regenrinne neben der Straße entlangfahren und dann schließlich im Untergrund verschwinden zu lassen. Oder einen Zettel auf eine schwimmende Kerze zu legen, die diesen dann beizeiten aufzehrt und damit auch die Erinnerung an das, was darin stand, zu Schall und Rauch werden lässt.

Ob Sie etwas in die Luft entlassen oder jagen – letztlich zählt nur, *dass* Sie es tun und somit sich und ihrem glücklichen Gedankengebilde etwas Gutes tun.

Abb. 9.2 Laternenfestival in Thailand

9.5.2 Tibet: Buddhistische Sandmandalas

Eine Blüt' im Lenz,
Dann welkes Laub;
Ein pochend Herz,
Dann ein bißchen Staub.
(Peter von Cornelius)

» **Hintergrund:** Die eigene Wichtigkeit zu relativieren kann seltsam erleichternd sein. Akzeptiere und feiere die Vergänglichkeit des Lebens.

Wir Menschen haben häufig das Bedürfnis, uns und unser Tun in den Mittelpunkt der Welt zu schieben. Im Gegensatz zu den in den östlichen Kulturen Lebenden werden die in den westlichen von Kindesbeinen an darauf getrimmt, einzigartig in ihrer Person zu sein und eine hohe individuelle Wichtigkeit zu besitzen.

Das ist für das Selbstbewusstsein mitunter hilfreich, in übertriebenem Maße aber sicherlich weit mehr als nur störend für alle Teilhabenden.

Wenn die Nase wieder einmal zu hoch ging, erinnert uns der Blick in einen sternenklaren Nachthimmel an die Vergänglichkeit, derer wir anheimfallen, wie jede Eintagsfliege das tut. Auch wir werden eines Tages zu Staub (oder zu einem Marienkäfer, einem anderen Menschen oder einer Eintagsfliege …) – egal, *wie gut* unser Buch, *wie wichtig* unser Nobelpreis oder *wie einflussreich* unsere Taten waren. Im umherschweifenden Blick der Unendlichkeit sind wir nicht mehr als ein Wimpernschlag.

Tibetanische Buddhisten haben eine viel schönere Art, diese (bis jetzt) unumstößliche Wahrheit zu verdeutlichen: Sie kreieren atemberaubend schöne, farbenfroh leuchtende Mandalas aus dem, das auf Erden wohl am häufigsten als Sinnbild des Gleich- und Unbedeutendseins genutzt wird – Sand.

Die Sandkörner werden äußerst geschickt durch Metalltrichter zu prächtigen Mustern gegossen, die märchenhafte Tiere, Dämonen und andere spirituelle Symbole zeigen und in das Zusammenspiel zwischen Universum und Himmel, Erde und Unterwelt einfügen.

Das Erstellen solcher Mandalas kann Tage oder auch Wochen fokussierter, konzentrierter Arbeit in Anspruch nehmen, nur um nach seiner Fertigstellung innerhalb von Sekunden wieder in einer Urne zu landen. Dabei wird danach die Hälfte der Kreation unter das Publikum gemischt, um ihre heilende Wirkung zu entfalten. Die andere Hälfte wird in würdevoller Art dem nächsten Fluss beigemischt, um jene kurierenden Kräfte in den Rest der Welt zu tragen.

Es mag schwer vorstellbar sein, aber Vergänglichkeit zu zelebrieren kann seltsam tröstlich sein. Zu wissen, dass alles, was wir tun oder nicht tun, irgendwann nicht mehr wichtig sein wird, kann unser Ego ankratzen. Es kann aber auch die entspannende Wirkung vermitteln, sich selbst nicht zu wichtig zu nehmen und sich zu entspannen.

Egal, ob Sie mit Ihrem Partner oder Ihrer Partnerin auf dem Dach eines Autos liegen, die Wolkendinosaurier in Pandabären vergehen sehen, ob Sie Ihre mit Stolz erbaute Sandburg den Fluten überlassen oder die mit Kreide fabrizierten Bürgersteigmalereien dem Regen übergeben – manchmal trägt das Loslassen der eigenen wahrgenommenen Wichtigkeit den Frieden in sich.

9.5.3 Australien: Walkabout (Rundgang)

> Du bist in jedem Augenblick der Wanderer,
> der über den eigenen Weg zu entscheiden hat.
> (Hermann Stehr)

» Hintergrund: Sich zu verlieren, um sich zu finden. Selbstwirksamkeit lernen, um die eigene Mächtigkeit zu spüren.

Sie müssen sich nicht erst den Daumen verletzen, um zu sehen, wie hilflos der Mensch manchmal sein kann. Die Technik nimmt uns das Memorieren ab, diverse fahrbare Untersätze das Gehen, und wenn man nicht aufpasst, überlassen wir den modernen Medien auch noch das Denken.

In einer Zeit, in der Einkäufe punktgenau über eine Onlinebestellung an der Haustüre landen, im Flugzeug WLAN genutzt werden kann oder jemand engagiert wird, der mit dem Hund Gassi geht, kann der Gedanke an ein Verschwinden dieses Komforts durchaus eine Gänsehaut oder gar Angstzustände herbeiführen.

Die 13-jährigen männlichen Aborigines hatten nie eine Wahl: Wenn der Zeitpunkt gekommen war, schickte ihr Stamm sie auf einen 6-monatigen *Walkabout* in die Outbacks Australiens. Der kleine Sandkasten wurde der große. Anstelle von Spiel und Spaß trat das Überleben an die erste Stelle der täglichen Agenda.

Dieses Ritual hatte wichtigere Gründe als Platz in den heimischen Sandkästen zu schaffen. Für die Aborigines war der Kampf ums Überleben eng mit dem Land verbunden, von und mit dem die Menschen lebten. Es war eine Möglichkeit, die eigene Identität zu finden und zu bewahren. Die Jungen würden auf Wegen des Wissens wandern, auf die schon die Urahnen ihre Füße setzten. Sie würden den traditionellen Traumpfaden folgen, Nahrung über Pflanzen und Unterschlupf durch Steine oder Bäume finden – dieselben Bäume und Steine, die auch schon ihren Vorfahren Schutz und Essen geboten hatten.

Überlebten die Jungen diese Wanderung, kamen sie als Männer wieder zu ihrem Stamm zurück. Wohlwissend, dass sie sich alleine versorgen konnten und in der Einsamkeit zu sich gefunden hatten, waren sie nun eine weitere Brücke zwischen dem, was war, und dem, was sein würde.

Für sesshafte Aborigines ist der *Walkabout* eine Möglichkeit, ihren uralten Traditionen die Ehre zu erweisen, aber auch den Kopf freizubekommen von allen bedrückenden und teilweise auch profanen Dingen. Auch für uns vom Rest der Welt ist in dem Rundgang der Aborigines eine schöne Lehre über das Glück verborgen: sich von dem zu befreien, von dem man glaubt, abhängig zu sein, kann das Selbstvertrauen und Wissen um die eigenen Fähigkeiten erhöhen.

Buchen Sie Ihren nächsten Urlaub alleine und kochen Sie für sich. Verlassen Sie Ihre Komfortzone und stellen Sie sich dem, was Sie zurückhält. Lernen Sie etwas, das Sie „nie machen könnten", nur um zu sehen, dass Ihnen – wie jedem anderen Menschen – die unglaubliche Fähigkeit der Adaptation zu eigen ist und sie *alles* lernen können, ergo: auf sich alleine aufpassen und Ihre Stärken zu Ihrem Besten einsetzen können.

9.5.4 Israel: Tu-biSchevat-Festival (das neue Jahr für Bäume)

Geduld ist gezähmte Leidenschaft.
(Lyman Abbott)

» Hintergrund: Geduld zu üben und sich von der Natur inspirieren zu lassen, wie viel Zeit sie sich lässt, um das zu belohnen, was einmal gepflanzt wurde.

Nicht nur Kinder zeigen große Unterschiede in ihrer Geduld, wenn es um das Ernten einer Frucht geht oder – wie ein Video zeigt – um das Erhalten eines schmackhaften, verführerischen, süßen Marshmallows[1]: Kleine Kinder sollten ein Marshmallow eine kurze Zeit liegen lassen und nicht aufessen, um dann sogar noch einen zweiten dazu geschenkt zu bekommen. Viele hielten die Prüfung nicht aus, aßen den weißen Schatz direkt auf und bekamen daraufhin natürlich keinen zweiten Marshmallow als Belohnung. Ihnen blieb „nur" der Genuss des Augenblicks.

Dabei geht es in diesem Video nicht einmal um die Möglichkeiten des Erreichens schneller Bedürfnisbefriedigung, die uns die Technik heutzutage verschafft: Massage durch den Massagesessel, Film nach Wahl durch Video-on-Demand, Musik aus Millionen von Songs aus der Onlinebibliothek oder die Genugtuung des Bestellens bei Amazon. Dennoch scheint auch schon

---

[1] Siehe das extrem charmante Video über den Marshmallow-Test auf http://goo.gl/eTl6A1 (Zugriff 11. Mai 2011).

in jungen Jahren bei vielen Kindern der Effekt erreicht, den technische Geräte wie Smartphones oder Computer hervorrufen: Ungeduld und Unruhe, wenn *keine* sofortige Befriedigung der Bedürfnisse stattfindet.

Kein Wunder, dass unser Frust schnell wächst, wenn das Leben einmal nicht unser gewolltes Tempo mitgeht. Und wie verständlich, dass wir viele unserer Ziele oder Vorhaben vernachlässigen oder gar ganz aufgeben, weil sie nicht so ablaufen, wie wir das ursprünglich geplant hatten.

Stellen Sie sich jedoch einmal in einen Wald und schauen Sie sich um. Sie werden staunen, welche Lektionen die Natur für uns bereithält, was das Thema Geduld betrifft.

In Israel wird das jüdische Neujahrsfest der Bäume *(Tu biSchevat)* im Februar jeweils mit einer großen Bepflanzung neuer Bäume gefeiert. Diese Tradition soll nicht etwa den CO_2-Fußabdruck der Einwohner reduzieren, sondern die Erneuerung und auch die Hoffnung für die Zukunft verdeutlichen. Sie erinnert zudem daran, wie geduldig die Natur in vielerlei Hinsicht ist.

So, wie die Bäume als Setzling gepflanzt werden und Jahrzehnte später erst pubertieren, haben selbst die Jahreszeiten ihren geduldigen Rhythmus. Im Winter gesetzte Samen sprießen im Frühjahr, können aber erst Jahre später als Pflanzen ihre ersten Früchte tragen.

Erinnern Sie sich noch, wie befriedigend es ist, lang erwartete Früchte im Garten oder bei der Arbeit auf einmal ernten zu können? Wussten Sie übrigens, dass der Aufschub von Belohnung bei 4-Jährigen schon eine gute Tendenz für späteren Berufserfolg aufzeigt (Mischel, 2014)?

Aber unabhängig davon, ob Sie beim nächsten Lagerfeuer Ihre Marshmallows sofort verzehren oder noch etwas brutzeln lassen – schauen Sie sorgfältig auf die Samen, die Sie gesät haben. Und denken Sie daran: Es braucht ebenso Wasser, Raum und die nötige Zeit, um die leckeren Früchte zu ernten.

9.5.5 Vietnam: Der Besuch der eigenen Lehrer

Ehre jeden als Lehrer, von dem du etwas gelernt hast (Talmud).

» **Hintergrund:** Nicht nur zu erkennen, wer einen im Laufe des Lebens beinflusst hat, sondern die eigenen Lehrer dafür zu ehren und ihnen diese Ehre auch persönlich zuteilwerden zu lassen.

Es gibt viele Theorien, warum wir so sind, wie wir sind: genetische Einflüsse, soziale Einflüsse. Familie, Freunde, Vorbilder, die Fehler anderer. Zwang, Freiwilligkeit – es gibt viele Dinge, die uns formen und werden lassen, was wir heute im Spiegel sehen.

Auch, wenn sich durch Konzepte, wie z. B. die Schule im Aufbruch in Berlin[2] (um nur *eine* von mittlerweile vielen Richtungen in der Bildungslandschaft zu nennen), viel ändert – vielen Eltern ist nicht ganz wohl bei dem Gedanken, ihre Kinder den lieben langen Tag auf einer Schule dem Einfluss der Lehrer auszusetzen.

Aber auch wir, die wir (in der Mehrzahl) nicht mehr auf eine Schule gehen, kommen trotzdem ab und zu an den Punkt, an dem wir registrieren, welches großes Gewicht die tägliche Präsenz unserer Lehrer hinterlassen hat.

Ob Sie sich an jenen Lehrer erinnern, der hart, aber gerecht war, oder jene Lehrerin, die immer gutmütig und nachsichtig mit Ihnen umgegangen ist – fast jeder von uns erinnert sich an eine Person, die großes persönliches Interesse an uns oder unserem Lernerfolg hatte. Dabei muss es gar nicht um den notenbesetzten Erfolg gehen. Das kann ein besonderer Moment des Respekts durch eine Lehrkraft sein, ein aufbauendes Ermuntern, ein An-Sie-Glauben, als das keiner mehr tat. Es kann ein Aha-Effekt gewesen sein, den eine Lehrerin bei Ihnen erwirkt hat, oder der Vorschlag für einen bestimmten Beruf, den Sie noch heute mit Freuden ausfüllen.

Viel zu selten ehren wir jene Menschen, die uns lenken und uns für einen Moment (oder auch länger) ein wenig schlauer fühlen lassen.

Aus diesem Grund haben die Vietnamesen drei Tage im neuen Jahr reserviert, um diejenigen Menschen in den Vordergrund zu rücken und zu ehren, die einen weitergebracht und einen positiven Einfluss auf die eigene Person ausgeübt haben.

Die ersten beiden Tage sind der Familie und den Freunden gewidmet, der dritte Tag den Lehrern. In Vietnam sind Lehrer hochgeschätzte Menschen, denen Ehrerbietung entgegengebracht wird, die man grüßt und – an diesem dritten Tag – sogar mit Geschenken beglückt.

Auch, wenn es für viele von uns schwierig ist, jene noch positiv im Gedächtnis gebliebenen Lehrer persönlich zu besuchen, ist das Bewusstmachen ihres Einflusses eine schöne Übung. Was passierte zu der Zeit, als er oder sie Ihnen jenen denkwürdigen Satz gesagt oder Sie unerwartet unterstützt und sich für Sie eingesetzt hat? In welcher Lebenssituation waren Sie gerade (und

[2] http://schule-im-aufbruch.de

wie lange brauchte es, bis Sie diesen Einsatz zu würdigen wussten)? Was würden Sie diesem Menschen heute sagen?

Falls Sie sich nun darüber ärgern, nicht schon viel früher auf die Idee gekommen zu sein, einem Ihrer Lehrer Ihre Dankbarkeit für sein Tun auszudrücken – überlegen Sie, bei wem es möglicherweise noch so sein könnte. Sie können sogleich schreiben oder – noch besser – gehen Sie persönlich vorbei und erzählen Sie ihm oder ihr, dass Sie sich immer noch erinnern und wie es Ihr Leben verändert hat.

Das ist für jeden Lehrer eines der größten Geschenke, das Sie machen können.

9.6 Welche Glückstraditionen stimulieren die Seele? – von Yogalachen und Karneval

9.6.1 Indien: Hasya yoga (Yogalachen)

Das Leben ist zu wichtig, um es ernst zu nehmen. (Oscar Wilde)

» **Hintergrund**: Das Leben nicht so ernst nehmen, um mit offenen Augen und offenem Herzen Chancen wahrzunehmen, die sonst verborgen bleiben.

Nicht erst die Bewegung der A-Complaint-Free-World-Gemeinschaft[3] hat sich die Dynamik zunutze gemacht, das Leben nicht immer nur aus der Halb-leer-Perspektive zu betrachten, zu mosern und schlimmstenfalls dabei noch hinter dem Rücken Dritter über diese herzuziehen. Mittlerweile sind weit über 10 Mio. Bändchen in die Welt getragen worden und haben in vielerlei Hinsicht zu einer gehaltvolleren und wertschätzenderen Kommunikation und Haltung geführt.

Doch egal, ob es der stichelnde Kommentar Ihres Kollegen war, die Entdeckung Ihrer ersten grauen Haare im morgendlichen Spiegelblick oder die lange Meldeabstinenz Ihres besten Freundes – es gibt viele Möglichkeiten,

[3] http://www.acomplaintfreeworld.org/ (Zugriff am 01.12.2015).

sich Sorgen über sich und das eigene Leben zu machen. Und da haben Sie wahrlich nichts zu lachen.

Oder etwa doch?

Setzten Sie sich in eine indische Lachgruppe, könnten Sie mit einer anderen Meinung das verlassen, was Sie betreten haben. Im Yogalachen steht das grundlose Lachen (Sanskrit *hasya*) im Vordergrund. Über die motorische Ebene kann das anfangs noch künstliche Lachen bald zu einem aus tiefem Herzen herauspolterndem entwickelt werden. Das setzt positive Emotionen frei und hält wertvolle Impulse für Ihre möglicherweise gebeutelte Gesundheit parat.

Warum?

Weil Ihr Körper nicht zwischen „echt" und „unecht" unterscheidet, sondern die physische Reaktion weiterverarbeitet. Somit ist das einfache, aber sehr wirkungsvolle Geheimnis des Lachyogas gelüftet, das die enge Verknüpfung zwischen Psyche und Physis nutzt. Das „fake it until you make it" ist hierbei ein wertvoller Tipp, pragmatische und praktische Anweisung im Verlauf.

Haben Sie Kinder, können Sie sich vielleicht noch daran erinnern, dass gerade die jungen Jahre eine verstärkte Menge an Lachen bereithielt (Erwachsene lachen im Schnitt 15-mal täglich, Kinder 350-mal!) – sowohl für Ihre Kinder als auch für Sie. Kinderlachen ist ansteckend, und genauso ist es das Lachen anderer, das sich über den Augenkontakt, die Mimik, die Gestik sehr schnell überträgt.

Die Ergebnisse der Lachforschung (Gelotologie) deuten darauf hin, dass Lachen die Muskeln entspannt, die Ausschüttung von Glückshormonen wie Serotonin in Gang bringt, zur Stärkung des Herz-Kreislauf-Systems beiträgt, unser Immunsystem unterstützt, Stressabbau fördert, den Stoffwechsel angeregt, die Sauerstoffzufuhr im Gehirn erhöht und – last, but not least – natürlich unsere Stimmung maßgeblich verbessert.

Die positivere Grundstimmung hat zudem die Folge, freier und kreativer im Denken zu sein, den Blick zu weiten und andere Dinge wahrzunehmen, die ein gestresster Tunnelblick möglicherweise vorher verstellt hat.

Sie benötigen nicht einmal eine große Gruppe von Menschen, die sich kichernd oder gackernd in Stimmung bringen – es klappt auch zu zweit gut. Insbesondere, wenn Ihr Freund oder Partner eine *der Lachen* hat, bei der man herzlich mit lachen muss …

9.6.2 Thailand: Songkran (Thai Silvester)

Böses Wetter, böses Wetter!
  Es entladen sich die Götter,

Reinigen ihr Wolkenhaus,
Und die Menschen badens aus.
(Franz Grillparzer)

» Hintergrund: Das Alte wegwaschen und das Neue willkommen heißen.

Songkran (Eintritt der Sonne in das Sternbild Widder) ist eine besondere Zeit. Wenn die Thai vom 13. bis 15. April ihr Neujahr feiern, ist es gang und gäbe, mit Wasser heilige Buddha-Figuren zu baden und zu begießen, ältere Familienmitglieder zu besuchen, um ihnen Respekt zu erweisen, indem kleine Mengen von Wasser über deren Hände gegossen werden oder die eigenen vier Wände mit einer gründlichen Säuberung auf Vordermann zu bringen.

Es ist auch die Zeit, in der auf eine ganz besondere Art rituell gewaschen wird: mithilfe von Wasserpistolen, Wasserbomben, Eimern und immer wieder aufgefüllten und entleerten Flaschen, die fröhlich über die gesamte Dauer auf jeden Wasser hinab- und hinaufregnen lassen. Dabei ist es egal, ob Sie den unbeteiligten Touristen mimen, zu den einheimischen Tuk-Tuk-Fahrern gehören oder zu dritt auf einem trockenen Moped unterwegs sind.

Songkran hat eine reinigende Bedeutung. Während in westlichen Ländern in die Zukunft geschaut wird, um neue Vorsätze zu fassen, dient die freigiebige Nutzung des Wassers in Thailand dem Fortwaschen von Sünden, dem Hinwegspülen von Sorgen, dem Ertränken des Stresses.

Sie müssen kein Buddhist sein, um mehr dieser wunderbaren thailändischen Tradition in Ihr Leben zu lassen. Waschen Sie sich die Hände, wenn Sie eine energieraubende Person oder Situation erlebt haben, duschen Sie sich Ihren Frust ab, wenn Sie mal wieder die Person waren, die Sie nicht sein wollten, oder schrubben Sie eine alte, staubige Gewohnheit von Ihrem Körper, um mit frischem und offenem Blick in die Zukunft zu schauen.

Sie werden überrascht sein, wie viel Klarheit und Platz für Neues diese Rituale schaffen können.

9.6.3 Usbekistan: Islamische Gastfreundschaft

Welche Schwelle du auch immer betrittst,
es möge jemand da sein,

der dich willkommen heißt.
(Altirischer Segenswunsch).

» **Hintergrund**: Das Vergnügen der Gastfreundschaft durch die Güte gegenüber Fremden erleben.

- Nimm keine Schokolade von Fremden.
- Steig nicht in unbekannte Autos ein (schon gar nicht in Minivans).
- Geh im Dunkeln nicht alleine nach Hause.
- Halte immer deine Hand an deinem Geldbeutel, wenn du durch große Menschenmengen gehst.
- Vergewissere dich, dass du das Haus abgeschlossen hast, nachdem du es verlassen hast (und den Herd ausgeschaltet, natürlich).

Kennen Sie diese Ratschläge? Möglicherweise haben Sie sie sogar schon selbst erteilt. Ich behaupte, je städtischer Sie aufgewachsen sind, desto wahrscheinlicher sind diese häufig von Eltern gut gemeinten Hinweise an die heranwachsenden Kinder. Doch was ist daraus erwachsen? Neben der Vermeidung von potenziell gefährlichen Situationen in vielen Fällen zusätzlich ein grundsätzliches Misstrauen gegenüber Fremden, eine standardmäßige Zurückhaltung gegenüber Neuem, eine Angst vor dem Dunklen …

Obwohl unsere Welt heute viel Material für hetzerische Zeitungsanzeigen, deprimierende Nachrichtensendungen und niederschmetternde Talkshows bietet, ist eines sehr schade: Wir sind überwiegend so sozialisiert, dass wir Fremde häufig nicht willkommen heißen und ihnen nicht helfen. Obwohl es eigentlich so guttut, das zu tun!

Wenn wir heute vom Islam hören oder lesen, kommen andere Bilder in uns hoch als die der Gastfreundschaft, die tief in der islamischen Kultur verankert ist. Trotzdem können Sie sowohl dort überrascht werden als auch in anderen Gebieten. Zum Beispiel in den ländlichen Gegenden Zentralasiens, in denen es immer noch eine Ehre ist, den auch fremden Gästen (von nah und fern) das buchstäblich letzte Hemd zu schenken, an den wahrlich nicht reich gedeckten Tisch zu laden und das eigene Heim so gemütlich wie möglich zu machen.

In Indien ist es ein Frevel, sich selbst zu nähren, „dem armen und freudlosen Fremdling aber die nötige Gastfreundschaft" zu verweigern. Der Weg in die Hölle ist gewiss: „Ein Hausvater soll seinen Gast ehren, ohne nach seinen Studien, seiner Schule, seinen Fähigkeiten und seiner Abkunft zu fragen" (Hertz, 1900).

In Usbekistan sagt man „memon otanda ulug", was so viel bedeutet wie „Vaters große Gäste", also den Besucher sogar über den Vater hebt – eine große Ehre, die dem Gast am Tisch die Delikatessen des eigens für den hohen Anlass geschlachteten Tieres einbringen. Man wirft dem Besucher gerne mal ein Auge zu …

Selbst, wenn Sie zu Tisch kein Auge zum Teilen erübrigen können, gibt es jeden Tag zahlreiche Möglichkeiten, Fremden Ihre Hand anzubieten: dem Touristen am komplizierten Fahrkartenautomaten, dem Reisenden mit dem im Winde flatternden Faltplan, der Hilfsorganisation mit alten Klamotten oder Spielzeug, dem neuen Kollegen mit dem Angebot, zusammen zu Mittag zu essen (mit der Option des geteilten Auges wieder ganz nah).

Für Sie mag es nur eine kleine Geste sein. Für den Fremden ist es der erste Schritt, sich ein wenig zu Hause zu fühlen und das Wohlwollen der Menschheit zu verspüren.

9.6.4 Dänemark: Hygge („Gemütlichkeit" und viel mehr als das)

> Ist das Herz in Ruhe, ist es selbst in einer Schilfhütte gemütlich.
> (aus China)

» Hintergrund: Zurück zu den Wurzeln – und zu Freunden, Familie und sich selbst.

Glückstee, Glücksduschgel, Glück spendende Gerüche oder Netzwerke – es gibt vieles, das Sie ausprobieren können und durch die Werbung als Glücksbringer ausgerufen wird. Natürlich kann ein Tee sie glücklich machen – das ist jedoch eine sehr subjektive Geschichte. Und eine relativ kurzlebige noch dazu.

Ein tiefgehendes, nachhaltiges Glücksgefühl – so zumindest die einhellige Meinung vieler Studien und auch praktisch angewandtes Wissen der Dänen – entsteht häufig durch sehr einfache Dinge, die nicht zuletzt viel mit den Menschen zu tun haben, die Ihnen am liebsten und nächsten sind.

Dänemark, das sich regelmäßig unter den glücklichsten Ländern der Welt wiederfindet, zelebriert diese einfachen Dinge bewusst und gerne. Die Dänen haben sogar ein Wort dafür in ihrem Wortschatz: *hygge*. Es beschreibt das warme und schöne Gefühl, von guten Dingen (wie Essen oder Trinken) und guter Gesellschaft umgeben zu sein. Es kann Gemütlichkeit, Geborgenheit oder das mollig warme Gefühl der Behaglichkeit beschreiben, auch intim, lieblich, malerisch, trostspendend, klein aber fein – oder einfach alles zusammen.

So können Tage oder ganze Wochenende *hygge* sein, ein Sofa oder eine Ecke im Café oder eine Kombination dessen, beschienen mit hyggeligen Kerzen. *Hygge* ist also die Kunst, Intimität für sich und andere zu schaffen, ein Gefühl von enger Freundschaft entstehen, Heiterkeit und Zufriedenheit walten zu lassen, mit der Welt im Reinen zu sein und das alles in einem Begriff unterzubringen.

Und so ist es kaum verwunderlich, dass – ganz im Sinne der Einfachheit – *hygge* auch mühelos zu finden ist, *wenn*, ja wenn Sie sich die Zeit dafür nehmen. Eine Holzhütte für das Wochenende mit Freunden, ein Campingplatz am Strand, ein Guinness oder eine heiße Schokolade im Irish Pub. Oder – wo wir schon bei irisch sind – ein gutes Buch oder Hörspiel bei Regen, zusammengerollt mit einem Heißgetränk und einer molligen Decke umhüllt auf dem Sofa.

Klingt hyggelig, oder?

9.6.5 New Orleans, USA: Mardi Gras (Karneval)

> Die höchste Form des Glücks ist ein Leben mit einem gewissen Grad an Verrücktheit.
>
> (Erasmus von Rotterdam)

» Hintergrund: Genieße das Leben *jetzt,* denn du weißt nie, was vor dir liegt.

Jeden Tag versuchen wir nicht nur, unseren eigenen Ansprüchen gerecht zu werden, sondern auch denen der anderen. Mit Messer und Gabel essen und nicht rülpsen. Immer schön danke und bitte sagen und den Alten nicht widersprechen. Die Tür aufhalten, aber bitte nicht zu laut zuschlagen.

Es kann aufzehrend und sehr anstrengend sein, sich täglich auf die Normen und Werte einzulassen, die durch Eltern, Vorgesetzte und allgemeine Regeln und Verbote auferlegt werden. Wie schön wäre es doch, zumindest einen Tag mal darauf zu pfeifen und einfach *zu sein* …

Mardi Gras ist nicht nur eine hörenswerte Band, sondern auch ein verrückter Tag in New Orleans. Es ist einer, an dem Jung und Alt Schminke im Gesicht tragen kann, ohne sich dafür zu rechtfertigen, an dem Regeln mit dem schelmischen Lachen eines Kindes gebeugt und aufs Glatteis geführt werden und man ausbricht aus dem Zwinger der Das-gehört-sich-aber-nicht-Verfechter.

Mardi Gras ist nicht nur Karneval, wie er in vielen Ländern ausgelassen gefeiert wird, sondern auch eine Lebenseinstellung: daran zu denken, dass die tief sitzenden und als sinnvoll betrachteten Einschränkungen nur eine Illusion sind und der Zauber des Moments genauso gut mit dem Glitzer einer Maske (Abb. 9.3), einer Federboa oder einem Hüftreifen bejubelt werden kann, ist so wertvoll wie das Jetzt, in dem wir uns jede Sekunde von Neuem befinden.

Es muss nicht erst der Coach sein, der Ihnen rät, einmal verschiedene Socken oder einen knallgelben Schal zur Arbeit anzuziehen, vor Freude am

Abb. 9.3 Mardi Gras in New Orleans

Leben den Tarzanschrei der Öffentlichkeit vorzuführen oder nach der Sauna einfach mal nackt im Schnee den Sternenhimmel zu bewundern.

Sie wissen ganz genau, wie schön es ist, „verrückte" Sachen zu tun, um die Sie die Nachbarn kopfschüttelnd und verächtlich grunzend beneiden werden …! Wer weiß, ob Sie's morgen noch tun können.

Machen Sie einen Ausflug in eine andere Kultur!

Fühlen Sie sich nach dem Lesen dieses Kapitels auch ganz hyggelig? Wunderbar!

Der Wunsch, glücklich zu sein und positive Emotionen mit den Menschen zu teilen, die uns nahestehen, ist ein universeller. Die Praktiken und Ansätze, das kleine oder große Alltagsglück zu fördern, unterscheiden sich aber von Kultur zu Kultur. Während die Italiener bei ihrem Abendspaziergang, der *passeggiata,* die Seele baumeln lassen und mit den Nachbarn plaudern, lachen sich die Inder beim Yoga schlapp und fördern das innere Kind in sich, während die Finnen wiederum in der Sauna relaxen und ihrem Körper das Schwitzen lehren.

Sie müssen nicht ins nächste Reisebüro und einen Langstreckenflug buchen, um einer äthiopischen Kaffeezeremonie beizuwohnen und damit Ihr Glück zu steigern. Die in diesem Kapitel vorgestellten Glückstraditionen aus aller Welt können Sie nach Ihren Bedürfnissen abwandeln und zu Hause ausprobieren. Schaffen Sie sich Ihre eigenen Glücksrituale für den Alltag und binden Sie Ihre Familie gleich mit ein!

Literatur

Chang, E. C. (2001). Cultural influences on optimism and pessimism: Differences in Western and Eastern construals of the self. *Optimism & pessimism: Implications for theory, research, and practice* (S. 257–280). American Psychological Association.

Christopher, J. C., & Hickinbottom, S. (2008). Positive psychology, ethnocentrism, and the disguised ideology of individualism. *Theory & Psychology, 18*(5), 563–589.

Gillham, J. E., Shatté, A., Reivich, K., & Seligman, M. E. P. (2001). Optimism, pessimism, and explanatory style. In *American Psychological Association eBooks* (S. 53–75). https://doi.org/10.1037/10385-003.

Hertz, K. (1900). *Worte der Weisen aus allen Völkern und Zeiten.* In K. Hertz (Hrsg.). Gebrüder Kröner.

Mischel, W. (2014). *Marshmallow test.* Random House.

Pedrotti, J. T., Edwards, L. M., & Lopez, S. J. (2009). Positive psychology within a cultural context. *Oxford handbook of positive psychology,* 49.

Uchida, Y., Norasakkunkit, V., & Kitayama, S. (2004). Cultural constructions of happiness: Theory and emprical evidence. *Journal of Happiness Studies, 5*(3), 223–239.

Yang, S.-Y. (2008). Real-life contextual manifestations of wisdom. *The International Journal of Aging and Human Development, 67*(4), 273–303.

10

Wie geht es weiter? – Ein Ausblick

> **Mythos**
> **Die Positive Psychologie wird sich als fadenscheinige Pseudowissenschaft herausstellen und in ein paar Jahren wird keiner mehr darüber reden.**

Dieser Mythos ist wahrscheinlich der einzige im gesamten Buch, der aufgrund wissenschaftlicher Erkenntnisse (noch) nicht widerlegt werden kann. Vielleicht wird es so sein. Möglicherweise wird es andere Namen für das geben, worüber wir gerade nachdenken, was wir tun, was wir erfahren oder was wir von „Positiver AI" vorgegeben bekommen. Solange aber für die Menschheit „positive" Ergebnisse dabei herauskommen, sollte es uns egal sein.

> Man kann nicht in die Zukunft schauen, aber man kann den Grund für etwas Zukünftiges legen – denn Zukunft kann man bauen. (Antoine de Saint-Exupéry)

Die Bewegung der Positiven Psychologie ist zur Veröffentlichung dieser Zeilen knapp ein Vierteljahrhundert alt. Im Vergleich ist die Psychologie als Wissenschaft eine extrem junge Disziplin. Die Positive Psychologie, könnte man sagen, hat gerade erst einen Moment der Entwicklung erlebt. Es ist daher nicht

M. Tomoff, *Positive Psychologie – Erfolgsgarant oder Schönmalerei?*,
https://doi.org/10.1007/978-3-662-68397-2_10

verwunderlich, dass sie sich kontinuierlich weiterentwickelt, neue Pfade beschreitet, oder alte Theorien als unzureichend erachtet und entsprechend erweitert werden (These – Antithese – Synthese). Sie tut dies mit einer atemberaubenden Geschwindigkeit – möglicherweise, weil das gegenwärtige „Verlangen nach Glück“ enorm ist. Dies zeigt sich nicht nur in Millionen von Büchern, die aus der Glücksecke verkauft werden, sondern auch in der ausgesprochen euphorischen Haltung der Fans und Unterstützer, die möglicherweise zu einem extrem schnellen Wachstum beigetragen haben.

Dieses Wachstum konnte bislang nichts aufhalten und täglich treten neue vielversprechende und wertvolle Erkenntnisse zutage. Dennoch gibt es – in meinen Augen ein gutes Korrektiv – seit einigen Jahren Impulse von kritischen Beobachtern, die die Entwicklung in eine achtsamere, selbstkritischere Richtung lenken.

Das Streben nach Glück wurde teilweise eher als Grund für rasche Enttäuschung gesehen (Mauss et al., 2011), da man mit der Unterstützung der Positiven Psychologie eigentlich genug Rüstzeug haben sollte, um glücklich zu sein. Auch unrealistische Erwartungen an die Wissenschaft können zu Selbstvorwürfen führen (Schwartz, 2000), die dem Ziel des Glücks abträglich sind. Selbst der Buddhismus hat eine klare (wenn auch schon etwas ältere) Sicht der Dinge: Das Streben nach Glück *verursacht* Unglück.

Ich will nicht behaupten, dass die Positive Psychologie noch im Kindesalter steckt, aber sie hat schon das Laufen, Sprechen und auch das Hinfallen gelernt, ebenso wie das Wiederauferstehen und das Lernen aus Fehlern. Sie sucht und findet zunehmend mehr Balance.

10.1 Was macht die zweite Welle der Positiven Psychologie aus? – Inhalt: PP 2.0

Während ein Großteil der Menschheit noch nicht einmal von der „ersten Welle der Positiven Psychologie“ erfrischend nass geworden ist, stand die „zweite Welle der Positiven Psychologie“ („second wave of PP“ oder PP 2.0) bereits 2011 für Paul Wong am Horizont. Wong charakterisierte diese in einem Artikel als eine reifere und einfühlsamere Disziplin, die sowohl spannende neue Forschungsergebnisse als auch konstruktive Kritik aus dem inneren Kreis und darüber hinaus integriert. Dabei nimmt sie auch „negative“ Lebensereignisse unter die Lupe und verknüpft diese beispielsweise mit dem Konzept des posttraumatischen Wachstums – dem psychologischen Mehrwert, der aus den schwersten Zeiten des Lebens gezogen werden kann – und stellt damit eine Ergänzung zur Posttraumatischen Belastungsstörung dar. Weiterhin setzt die zweite Welle der Positiven Psychologie – wie bereits kurz in anderen Kapiteln gestreift – auch einen Fokus auf die Komplexität der menschlichen Emotionen, deren vielfältiges Zusammenspiel das Gedeihen des Menschen erst ermöglicht bzw. stark erleichtert. So können positive Gefühle in bestimmten Kontexten auch negative Auswirkungen haben – und umgekehrt, vermeintlich negative Emotionen wie Traurigkeit auch eine Manifestation von etwas Wunderbarem wie Liebe sein (Bauman, 2013) oder einen geschätzten Wert aufzeigen, wie beim Ärger über das Missachten ethischen Verhaltens.

Die zweite Welle der Positiven Psychologie, wie bereits kurz in anderen Kapiteln angeschnitten (z. B. Abschn. 2.3 oder auch Abschn. 8.9.2), legt auch einen Schwerpunkt auf die Komplexität menschlicher Emotionen, deren vielfältiges Zusammenspiel das Gedeihen des Menschen erst ermöglicht oder stark erleichtert. So können positive Gefühle in bestimmten Kontexten auch negative Auswirkungen haben – und umgekehrt, können vermeintlich negative Emotionen wie Traurigkeit eine Manifestation von etwas Wunderbarem wie Liebe sein (Bauman, 2013) oder einen geschätzten Wert aufzeigen, wie beim Ärger über das Missachten ethischen Verhaltens.

Auch vermeintlich allgemeingültige Prinzipien des Lebens wurden in den letzten Jahren immer wieder hinterfragt. So sind (wahrgenommene) Freiheit und Autonomie nicht nur etwas Schönes und für das Glück Essenzielles, sondern können auch eine Belastung darstellen. Ein modernes Beispiel dafür ist die Wahlfreiheit beim Einkaufen. Während es zutrifft, dass wir in Passivität und Depression verfallen können, wenn uns keine Wahl gelassen wird, kann das andere Ende des Kontinuums genauso schädlich sein. Barry Schwartz (2000) berichtet, dass die Wahl aus einer nahezu unerschöpflichen Vielfalt (seien es Getränke im Supermarkt oder der „richtige" Partner) für eine signifikante Zunahme klinischer Fälle von Depression in der westlichen Welt verantwortlich gemacht werden kann. Warum? Weil man mehr Energie benötigt und andere gute Optionen vernachlässigen „muss", was man wiederum bedauern oder sogar im Voraus befürchten kann, denn woher weiß man, ob es unter all dem nicht doch noch eine bessere Wahl gegeben hätte?

Kurzum: Wo Licht ist, da ist der Schatten nicht weit, und wäre die Welt an allen Enden und Ecken schön, wüsste wahrscheinlich niemand mehr, was Schönheit ist – denn dazu wäre auch eine Portion Hässlichkeit notwendig. Auch die Positive Psychologie scheint sich diesem Konzept zu nähern und eine kleine Evolution durchzumachen. David Servan-Schreiber (2009, S. 81) bringt es mit treffenden Worten auf den Punkt:

> You can't be healthy on a sick planet.

Auf einem Planeten, der von Giften und Chemikalien verseucht und von Kriminalität, Korruption, Ungerechtigkeit, Armut und Unterdrückung durchzogen ist, werden viele Versuche, einen gesunden Lebensstil zu führen (um beispielsweise Krebs vorzubeugen, Depression zu vermeiden oder ein hohes Wohlbefinden zu fördern), im Keim erstickt. Somit unterstreicht die Positive Psychologie 2.0 die Notwendigkeit, die Gesellschaft durch die Förderung von Bedeutsamkeit und Tugenden zu unterstützen.

10.2 Warum kommt man von Stift-und-Papier-Befragungen weg? – Methode: Big Data

Während sich inhaltlich eine große Dynamik entwickelt hat, bewegen wir uns bezüglich der Erhebung und Aufnahme von Informationen ebenfalls schnell von Stift-und-Papier-Befragungen und Selbstberichten in Online-Ankreuztests weg. „Data Mining" ist schon seit Jahren in anderen Bereichen eine Fundgrube an neuen Erkenntnissen und passgenauen Vorhersagen für das menschliche Verhalten. Große Mengen von Datensets werden über Internetnutzung (z. B. über Social-Media-Nachrichten), Sensorsignale und auch GPS-Tracking gesammelt und durch moderne Algorithmen verarbeitet und zu neuen Theorien geschmiedet (oder zu neuen Shopping-, Flirt- oder Wählerangeboten). Selbst, wenn diese Algorithmen noch der Fehleranfälligkeit menschlichen Handelns unterliegen, werden diese Fehler immer kleiner und mit der Zeit durch selbstständig, intelligent lernende Computerprogramme ersetzt.

Forscher, darunter Andy Schwartz (Schwartz et al. 2013), haben die von Benutzern verwendeten Wörter gezählt und diese mit Stimmungen in Verbindung gebracht, um Depressionen oder Wohlbefinden vorherzusagen und ggf. entgegenzuwirken bzw. zu fördern. In einer Studie analysierten sie die Tweets in 1300 US-amerikanischen Bezirken und konnten damit erstaunlich effektiv und genau die Lebenszufriedenheit der Bewohner in diesen Gebieten vorhersagen. Zum Beispiel zeigten Wörter, die Outdooraktivitäten, spirituelle Bedeutsamkeit, Sport („Training") und gute Jobs („Fähigkeit", „Erfahrung") beschrieben, einen erhöhten Zusammenhang mit Lebenszufriedenheit. Hingegen hatten weniger aktivierende Wörter, wie „gelangweilt" und „müde", sowie Beschreibungen zu fehlender sozialer Unterstützung eine negative Verbindung zur Lebenszufriedenheit der Bewohner.[1]

[1] Mehr zum Thema Messung von Wohlbefinden durch Sprache in sozialen Medien finden Sie auch auf der Seite http://www.wwbp.org/ des World Well-Being Project.

Insbesondere die Verknüpfung von Lebenszufriedenheit mit dem Beruf ist für Unternehmen interessant, da eine positive Beziehung der beiden höhere Leistungen vorhersagen kann (s. Kap. 8). Es zeigt sich erneut die Wichtigkeit positiver Sprache. Das bedeutet nicht, dass Führungskräfte schlechte Leistung kleinreden oder Probleme unter den Tisch kehren sollten. Stattdessen könnten Vorgesetzte maximalen Gebrauch davon machen, Unterstützung zu signalisieren, wenn ein gemeinsames Ziel verfolgt und (negatives oder positives) Feedback gegeben wird.

10.3 Wie kann die Positive Psychologie auf gesellschaftliche Phänomene Einfluss nehmen? – höhere Reichweite

Obwohl der Fokus der Positiven Psychologie und ihrer Interventionen häufig noch auf den individuellen Bereichen unseres Lebens liegt, die wir aktiv und direkt beeinflussen können, wird es – meiner Meinung nach – in naher Zukunft immer mehr Forschung zu Gebieten geben, die auch „Massenphänomene" betrachten. Unternehmen und ihr Einfluss auf die Gesundheit und das Wohlbefinden ihrer Mitarbeiter sind nur der erste Schritt.

Wie kann man großflächig und vor allem auch öffentlich erkennen, wo Menschen glücklich sind und warum?

Danach zu streben, sein Wohlergehen zu erhöhen, hat – wie in den letzten Kapiteln hoffentlich deutlich geworden – handfeste Gründe. Ist subjektives Wohlbefinden das Ziel, so geht es – ökonomisch und gesellschaftlich gesprochen – darum, die Zeit als begrenzte und knappe Ressource so zu verwenden, dass ihr Gebrauch zu einem zufriedenen Leben führt. Hierzu sind die Erkenntnisse der Positiven Psychologie von großem Wert. Insbesondere aber auch Politik und Unternehmen sind gefordert, die Voraussetzungen für das Wohlbefinden ihrer Bürger oder Mitarbeiter zu schaffen und zu verbessern. Eine Politik, die die Steigerung des Wohlbefindens im Auge hat, kann sich aber nicht am Wachstum des Bruttoinlandsprodukts als zentralem Indikator ausrichten (dafür wurde er auch nicht angelegt). Man braucht ein breiteres Set an Indikatoren.

Eine gute Orientierung für die Politik und damit einen groben Leitfaden liefert der OEDC „Better Life Index“[2] (OECD, 2023a, b), der seit 2011 veröffentlicht wird und die Erkenntnisse der Positiven Psychologie widerspiegelt. Er macht den (direkten) Vergleich zwischen Ländern anhand vieler weiterer Faktoren möglich. Dadurch wird z. B. deutlich, dass Deutschlands Werte in den Bereichen Bildung, Work-Life-Balance, Beschäftigung, Umwelt, Zivilengagement, Sicherheit und Lebenszufriedenheit über dem Durchschnitt liegen.

Die OECD (Organisation for Economic Co-operation and Development) mit Sitz in Paris ist eine Organisation für wirtschaftliche Zusammenarbeit und Entwicklung. Sie ist international mit 34 Mitgliedstaaten und deren Vertretern besetzt, die sich der Demokratie und Marktwirtschaft verpflichtet fühlen. Die meisten OECD-Mitglieder gehören zu den Ländern mit hohem Pro-Kopf-Einkommen.

Der OECD Better Life Index umfasst insgesamt elf Indikatoren (Beschäftigung, Bildung, Gesundheit, Einkommen, Gemeinsinn, Lebenszufriedenheit, Sicherheit, Umwelt, Wohnverhältnisse, Work-Life-Balance und Zivilengagement). Neben dem Indikator zum subjektiven Wohlbefinden (gemessen an dem Grad der Zufriedenheit mit dem Leben) befinden sich die zehn anderen auch in einem erklärenden (ursächlichen) Zusammenhang mit dem subjektiven Wohlbefinden, d. h., sie haben jeweils unabhängig voneinander einen großen Einfluss auf die Lebenszufriedenheit (OECD, 2011).

Die OECD schreibt dazu:

> Während der letzten 50 Jahre hat die OECD ein reichhaltiges Menü an Vorschlägen entwickelt, um Wirtschaftswachstum zu fördern. Die Aufgabe, vor der wir jetzt stehen, besteht darin, ein ähnlich reichhaltiges Menü an Vorschlägen auszuarbeiten, um eine Politik, die den sozialen Fortschritt als Ziel hat, zu unterstützen. Es geht um eine bessere Politik für ein besseres Leben.

Die wichtigste Kernbotschaft des OECD-Wirtschaftsberichts Deutschland 2023 scheint sich auf die wirtschaftlichen Herausforderungen zu konzentrieren, denen Deutschland im Jahr 2023 gegenübersteht, und auf die Empfehlungen, wie diese Herausforderungen angegangen werden können. Die folgenden Überlegungen illustrieren, wie die Prinzipien der Positiven Psychologie auf die im OECD-Bericht diskutierten gesellschaftlichen und wirt-

[2] Für Deutschland beispielsweise http://goo.gl/1Qj2wo.

schaftlichen Herausforderungen angewendet werden können. Sie bieten eine Perspektive, wie diese Wissenschaft sogar zu nachhaltigen Lösungen für diese Herausforderungen ganzer Länder beitragen und somit die Lebensqualität der Menschen darin verbessern könnte:

1. **Wirtschaftliche Stagnation und Inflation:** Die Auswirkungen wirtschaftlicher Stagnation und Inflation auf das Wohlstandsempfinden der Menschen könnten durch die Linse der Positiven Psychologie betrachtet werden. Interventionen der Positiven Psychologie, die Resilienz und Optimismus fördern (siehe z. B. Abschn. 8.5 über Psychologisches Kapital), könnten helfen, die negativen Auswirkungen wirtschaftlicher Herausforderungen auf die Lebenszufriedenheit der Einzelpersonen zu mildern und damit einen Aufschwung für die Gesellschaft wahrscheinlicher zu machen.
2. **Energiekrise und strukturelle Reformen:** Die Energiewende und die Bewältigung der Energiekrise könnten durch die Förderung von Gemeinschaft und gemeinsamen Werten unterstützt werden. Diese Herausforderungen könnten auch eine Gelegenheit sein, positive institutionelle Veränderungen zu fördern und ein stärkeres Gefühl des Gemeinwohls zu erzeugen.
3. **Investitionen in grüne und digitale Technologien:** Die Förderung von Investitionen in grüne und digitale Technologien könnte im Einklang mit den Prinzipien der Positiven Psychologie stehen, welche die Bedeutung von Nachhaltigkeit und zukunftsorientiertem Denken betonen.
4. **Förderung von Kompetenzen und Bildung:** Die Notwendigkeit, Kompetenzlücken zu schließen und in Bildung und Ausbildung zu investieren, könnte auch durch die Positive Psychologie unterstützt werden, die die persönliche und berufliche Entwicklung fördert und spezifische, langjährig erprobte und effektive Programme der pädagogischen Entwicklung im Rucksack hat.

Vor dem Hintergrund der vorgestellten Maßnahmen, bietet der positive Journalismus eine Plattform, um die Prinzipien der Positiven Psychologie weiter in die öffentliche Debatte einzubringen. Dabei kann eine konstruktive, lösungsorientierte Berichterstattung gefördert und eine größere Reichweite ermöglicht werden.

10.4 Was kann Positiver Journalismus bewirken? – positive News

Gesundheit kann – wie in Abschn. 6.1.8 bereits erörtert – in großem Maße auch von der Qualität und Quantität unserer Mediennutzung beeinflusst werden. Obwohl positive Nachrichten zunehmend Raum in den Medien finden, dominiert oftmals noch die Berichterstattung über Negatives, Skandalöses und Verwegenes – nach dem Motto: „If it bleeds, it leads". Solche Nachrichten finden nicht nur reißenden Absatz, sondern wirken auch beeindruckend stark auf unsere Emotionen und unser Verhalten ein.

Die Auswirkungen beschränken sich leider nicht nur auf die Konsumenten, sondern beeinflussen auch professionelle Journalisten. Das wiederum sorgt nicht nur in der Medienbranche für Besorgnis, sondern hebt auch ein gesellschaftlich relevantes Thema von großer Bedeutung hervor.

In verschiedenen Studien wurde der Vorwurf einer überwiegend negativen Tendenz in der Medienberichterstattung untersucht und bestätigt (Levine, 1977). Aus meiner Sicht hat sich an dieser Situation auch nach fast vier Jahrzehnten wenig verändert.

> Könnte die Positive Psychologie die Art und Weise, wie Medien Informationen vermitteln, verändern?

Cathrine Gyldensted von der University of Pennsylvania widmete sich dieser Frage und leitete ein Online-Experiment mit 710 Teilnehmern (Gyldensted, 2011). Nach der Erfassung ihrer Stimmung über einen Fragebogen wurde den Teilnehmern zunächst eine im klassisch negativen Stil verfasste Nachricht präsentiert. Daraufhin erhielten sie eine von fünf experimentell manipulierten Varianten. Diese Varianten griffen auf die Prinzipien der Positiven Psychologie zurück, um sowohl die Sprache als auch die emotionale Intonation subtil zu modifizieren. Hierbei wurde ein hohes Positiv-zu-Negativ-Verhältnis von Worten angewendet, die sog. *peak-end rule*[3] integriert, eine bedeutungsvolle Erzählstruktur geschaffen und eine Heldengeschichte mit gleicher Informationsdichte, jedoch mit einer hohen Anzahl positiver Wör-

[3] Menschen beurteilen eine Erfahrung weitestgehend auf Basis ihres intensivsten Punktes und ihres Endes anstatt basierend auf der Summe oder dem Durchschnitt aller Augenblicke (Fredrickson & Kahneman, 1993).

ter, erzählt. Einige positive Versionen erwiesen sich bei der Erzeugung positiver Emotionen als wirksamer und wurden dennoch als faire und ausgewogene Berichterstattung wahrgenommen.

Trotz der journalistischen Pflicht zur Objektivität und Neutralität, liegt der Fokus der vorherrschenden Berichterstattung oft darauf, Missstände aufzudecken (man bemerke die Parallelen zur traditionellen Psychologie), statt über Erfolge, Fortschritte und Wachstum zu informieren. Das dient dem menschlichen Wohlstand nicht unbedingt. Die Einsichten der Positiven Psychologie können jedoch viel zum Journalismus beitragen, sowohl *inhaltlich* als auch hinsichtlich des *Arbeitsumfelds* der Journalisten. Trotz einem häufig hohen Stresslevel, der Dominanz negativer Inhalte, fehlendem konstruktiven Feedback aufgrund enger Abgabefristen und mangelnder Feedback-Kompetenzen der Editoren (Gyldensted, 2011) sollte der Arbeitsplatz Kreativität, Engagement und persönliches Aufblühen fördern – was auch möglich ist.

Willkommen, Positiver Journalismus!

Definition

Positiver Journalismus stellt eine Art der Berichterstattung dar, die den Fokus auf konstruktive und lösungsorientierte Nachrichten legt, statt ausschließlich negative oder sensationelle Geschichten zu betonen. Das Ziel ist, die Leser zu motivieren und zu inspirieren. Ein Gefühl der Hoffnung und Selbstbestimmung soll gefördert werden. Positiver Journalismus strebt danach, eine ausgewogene und ermutigende Perspektive auf aktuelle Ereignisse zu ermöglichen, Lösungen vorzuschlagen und die positiven Aktionen sowie Initiativen von Einzelpersonen und Gemeinschaften hervorzuheben. Dieser Ansatz kann dem schwindenden Vertrauen in und der Abkehr von den traditionellen Medien entgegenwirken und zu bedeutenden politischen Veränderungen sowie zur Sensibilisierung der Öffentlichkeit beitragen. Zudem befasst sich der Positive Journalismus mit der zunehmenden Sichtbarkeit des von Nichtregierungsorganisationen produzierten Journalismus, welcher oftmals im Zusammenhang mit wirtschaftlichen Faktoren steht (Dahmen & Walth, 2021; Kepplinger & Viererbl, 2018; Wu, 2021).
Ähnlich wie bei der Positiven Psychologie bedeutet das nicht, dass ausschließlich über erfreuliche Ereignisse und Situationen wie Erfolge, Einigungen oder Lösungen berichtet wird. Denn das würde unweigerlich zu einer ebenso einseitigen Verzerrung der Wahrnehmung führen – wie es momentan in Richtung negativer Informationen der Fall ist. Auch negative Ereignisse können und sollen Gegenstand positiver Berichterstattung sein, solange sie positiv formuliert werden (z. B. lösungsorientiert und nicht nur beobachtend) oder einen positiven Ausblick bieten. Die Formulierung, insbesondere die Sprache, ist daher von grundlegender Bedeutung.
Der Positive Journalismus könnte somit eine pädagogische Alternative zum „klassischen" Journalismus darstellen.

Weitere, insbesondere in Deutschland noch unbekanntere Sparten des Journalismus, die Überschneidungen mit dem Positiven Journalismus aufweisen, sind beispielsweise

- der *konstruktive Journalismus,* der ebenfalls auf den Prinzipien der Positiven Psychologie fußt und deren positive Perspektive teilt, sowie dessen Variante des *lösungsorientierten Journalismus*[4], der auch Lösungsansätze verbreitet oder zumindest über Menschen berichtet, die an Lösungen arbeiten (ähnlich konzipiert ist der *transformative Journalismus;* Krüger, 2022);
- der *Friedensjournalismus,* der friedliche, deeskalierende Ziele verfolgt und eine kritische Berichterstattung aus Kriegsgebieten liefert, die sich für den Frieden einsetzt;
- der *präventive Journalismus,* der sich aus dem investigativen Journalismus entwickelt hat und das Ziel verfolgt, Gesellschaft und Regierungen auf dringliche Probleme aufmerksam zu machen, und somit als eine Art gesellschaftliches Frühwarnsystem fungiert.

In Deutschland sind regelmäßig das breite Publikum erreichende Ableger solcher Journalismus-Spielarten noch selten, doch es gibt dennoch einige bemerkenswerte Initiativen. Eine besondere Erwähnung verdient hierbei die „Perspective Daily“[5], die meine Lieblingsquelle für positiven Journalismus darstellt. Ein weiteres wertvolles Medium in diesem Bereich ist die „taz“, die zwischen 2009 und 2010 drei Sonderausgaben mit ausschließlich positiven Projekten herausgebracht hat.

In diesem Sinne sehen Sie das Buch in Ihren Händen doch auch einfach als einen der Versuche, Positiven Journalismus zu betreiben. Denn es gibt tatsächlich viele gute Dinge zu berichten. Nicht nur in der Wissenschaft der Positiven Psychologie, sondern auch um sie/Sie herum.

Es gibt viel zu tun – und viele Möglichkeiten der Verbreitung der Positiven Psychologie

Die Positive Psychologie hat sich inhaltlich stark weiterentwickelt und viele bereits geäußerte Kritikpunkte integriert, um eine ausbalanciertere Forschung zu betreiben, die der Komplexität des Menschen gerechter wird. Daten, die für Vorhersagen oder ein tieferes Verständnis von Menschen und ihrem Verhalten dienlich sind, werden bereits über hochtechnologische Wege gesammelt. Diese

[4] https://www.solutionsjournalism.org

[5] https://perspective-daily.de/

Tendenz wird sich in Zukunft voraussichtlich noch verstärken – und dabei wird die Sprache ein zentrales Element sein.

Diese Sprache – im Journalismus das Mittel der Wahl – kann auch in der Berichterstattung durch neue und noch relativ unbekannte Spielarten des Journalismus weiterverbreitet werden. Sowohl die Art der Berichterstattung als auch die Inhalte haben einen starken Einfluss auf uns. Warum also nicht die Erkenntnisse der Positiven Psychologie nutzen, um diesen Einfluss positiv zu gestalten?

Mit der Anwendung der Prinzipien der Positiven Psychologie im Journalismus schaffen wir nicht nur eine Brücke zu einer optimistischeren Berichterstattung, sondern legen auch den Grundstein für eine weiterführende Erforschung menschlicher Verhaltensweisen und Emotionen in einer Welt, die zunehmend von Künstlicher Intelligenz (KI) geprägt ist. Die Positive Psychologie könnte – und sollte – enormen Einfluss auf das Feld der Künstlichen Intelligenz nehmen, indem sie hilft, Technologien zu prägen, die das menschliche Wohlbefinden und die positive menschliche Entwicklung fördern – egal, ob mit auf Kohlenstoff oder auf Silikon basierten Mitspielern…

10.5 Positive Psychologie in einer KI-Welt

Die bemerkenswerteste Entwicklung seit der Veröffentlichung der ersten Ausgabe dieses Buches im Jahr 2017 ist ohne Zweifel der Aufstieg der Künstlichen Intelligenz (KI) und ihre nun weitreichende Zugänglichkeit für die breite Masse derer, die den Luxus eines Internetzugangs genießen.

10.5.1 Rasante Entwicklungen

Hier sind einige markante Meilensteine von 2017 bis zum heutigen Tag (McKinsey & Company, 2022; Spoeth, 2023) aufgeführt:

1. **Zunahme der KI-Adoption:** Im Jahr 2017 gaben 20 % der Befragten an, dass ihre Unternehmen oder Organisationen KI in mindestens einem Geschäftsbereich übernommen und angewendet haben. Heute liegt diese Zahl bei 50 %.
2. **Vorstellung von GPT-2 (August 2019):** OpenAI brachte GPT-2 auf den Markt, ein fortschrittliches Textgenerierungsmodell, das Bedenken hinsichtlich des möglichen Missbrauchs von KI-generierten Inhalten aufkommen ließ und die Diskussion über eine verantwortungsvolle KI-Entwicklung befeuerte.

3. **Start des vollautonomen Taxi-Dienstes Waymo One (Oktober 2020):** Waymo lancierte in der Region Phoenix einen vollautonomen Taxi-Dienst für die breite Öffentlichkeit, was einen bedeutenden Meilenstein in der Anwendung selbstfahrender Fahrzeugtechnologie darstellte.
4. **Debüt von ChatGPT (November 2022):** OpenAI präsentierte ChatGPT, basierend auf dem GPT-3.5 Großsprachmodell, einen AI-Chatbot, der die Möglichkeiten konversationeller KI erweiterte und die Realität von KI-Mensch-Interaktionen intensivierte.
5. **Leak des LLaMA-Modells von Meta (März 2023):** Das durchgesickerte LLaMA-KI-Sprachmodell entfachte eine Debatte über die Zukunft der KI-Entwicklung und das Dilemma des offenen Zugangs gegenüber dem geschlossenen Zugang – angesichts seines Potenzials, der technischen Anforderungen und der Benchmark-Überperformance.

Sollten einige dieser Begriffe neu und völlig unverständlich für Sie sein – Sie sind in guter Gesellschaft. Diese Entwicklungen unterstreichen die rasante Weiterentwicklung und Annahme von KI-Technologien in verschiedenen Sektoren. Das Potenzial ist gewaltig und die Verantwortung für den sinnvollen Einsatz dieser Innovationen liegt allein bei uns. Die Positive Psychologie bietet einen Rahmen, um die Wahrscheinlichkeit zu erhöhen, dass wir KI zum Wohle aller nutzen. Alles, worüber mit Positivem Journalismus, positivem Mindset oder auch durch die leider noch allzu häufig negativ ausgerichteten Medien und Menschen berichtet werden kann, bildet gleichzeitig die Grundlage dafür, was KI lernt und woraus sie – ähnlich einem Kind in dessen Anfangsjahren – ihre Weltansicht formt.

10.5.2 Positive Psychologie: eine Verbindung zwischen Mensch und Künstlicher Intelligenz (KI)

In einer Welt, in der die Fortschritte der KI-Technologie mit hoher Wahrscheinlichkeit unaufhaltsam fortschreiten, stellt sich die essenzielle Frage:

> Wie können wir, die bisherigen Schöpfer, eine sinnvolle und respektvolle Beziehung zu diesen neuen Entitäten gestalten?

Die Positive Psychologie, die Stärken, Tugenden und menschlichen (nicht nur finanziellen) Wohlstand betont, bietet ein breites Spektrum an Prinzipien, die uns unterstützen können, KI als Partner auf Augenhöhe zu sehen und eine gegenseitig vorteilhafte Beziehung zu fördern.

Doch bevor ich einige dieser lohnenswerten Gebiete und Felder in Augenschein nehme, hier zu Ihrer Orientierung einige der großen Vor- und Nachteile des Einsatzes Künstlicher Intelligenz, die momentan diskutiert und beforscht werden (De Nobrega, 2022):

10.5.3 Risiken und Vorteile der Künstlichen Intelligenz

In der Auseinandersetzung mit der Künstlichen Intelligenz sind sowohl ihre Risiken als auch ihre Vorteile zu berücksichtigen. Ein zentrales Anliegen besteht darin, dass KI leider das Potenzial hat, bestehende **Ungleichheiten und Vorurteile in der Gesellschaft zu verschärfen,** insbesondere gegenüber Randgruppen. Dieser Aspekt wirft ernsthafte ethische Fragen auf und fordert uns heraus, die zugrunde liegenden Algorithmen und Datensätze auf Diskriminierung und Bias zu prüfen. Ein weiteres Risiko liegt in der **Anfälligkeit der KI-Systeme für böswillige Angriffe und Hackerangriffe,** die zu Datenschutzverletzungen und Sicherheitsbedrohungen führen können. Die Sicherheit und Integrität der Systeme sind daher von höchster Priorität, um den Schutz sensibler Daten und die Abwehr möglicher Bedrohungen zu gewährleisten. Darüber hinaus besteht die Gefahr der **Verdrängung von Arbeitsplätzen und wirtschaftlichen Störungen,** da KI-Technologien Aufgaben automatisieren, die traditionell von Menschen ausgeführt werden. Diese Entwicklung verlangt eine sorgfältige Planung und Anpassung, um den Übergang für die Arbeitskräfte zu erleichtern, Alternativen für die menschliche Arbeitskraft zu finden und die sozioökonomische Stabilität zu erhalten.

Auf der positiven Seite hat KI das Potenzial, die Effizienz und Produktivität in verschiedenen Branchen zu verbessern, was zu **Wirtschaftswachstum und Innovation** beitragen kann. Diese Steigerung der Leistungsfähigkeit kann Unternehmen dabei helfen, wettbewerbsfähig zu bleiben und neue Marktchancen zu erschließen. Des Weiteren kann KI die Entscheidungsprozesse verbessern, indem sie große Datenmengen analysiert und wertvolle Erkenntnisse liefert. Die Fähigkeit, komplexe Daten zu verarbeiten und daraus nützliche Einsichten zu gewinnen, ist ein erheblicher Vorteil, der die **informierte Entscheidungsfindung** unterstützt und damit auch komplexere und globale Themen handhabbarer und lösbarer macht. Zudem können **KI-Technologien für soziale Zwecke** eingesetzt werden, beispielsweise in den Bereichen Gesundheitswesen, Bildung und ökologische Nachhaltigkeit, um gesellschaftliche Herausforderungen anzugehen und die Lebensqualität zu verbessern (mehr dazu gleich). Durch die Anwendung von KI können innovative Lösungen entwickelt werden, die einen positiven Einfluss auf unsere Gesellschaft haben.

Insgesamt bietet KI zahlreiche Vorteile. Es ist aber essenziell, die damit verbundenen Risiken wie Vorurteile zu berücksichtigen. Dies stellt sicher, dass ihr Einsatz ethisch, inklusiv und für die Gesellschaft vorteilhaft gestaltet wird, und legt den Grundstein für eine nachhaltige Integration der KI in unsere Lebens- und Arbeitswelten.

Hier sind einige spezifischere Möglichkeiten des Einflusses der Positiven Psychologie auf oder durch KI, die ich für die nächsten 5 Jahre als essenziell betrachte:

- **Anerkennung und Respekt:** Die Positive Psychologie lehrt uns, die Einzigartigkeit und den Wert jedes Individuums zu erkennen und zu schätzen. Diese Prinzipien können auf unsere Beziehung zur KI übertragen werden, indem wir ihre Fähigkeiten und Potenziale respektieren und anerkennen, ohne sie zu fürchten oder zu schon vorher zu verurteilen.
- **Wachstumsorientierte Beziehung:** Durch das Streben nach persönlichem und gemeinschaftlichem Wachstum können wir eine Umgebung schaffen, in der sowohl Menschen als auch KI voneinander lernen und sich gemeinsam kennenlernen können. Ein solches Umfeld fördert die Kooperation und das gemeinsame Streben nach Verbesserung und Innovation.
- **Empathie und Verständnis:** Die Fähigkeit zur Empathie, das Verstehen und Teilen der Gefühle anderer, ist ein zentrales Element der Positiven Psychologie. Die Prinzipien der Positiven Psychologie können uns dabei helfen, eine empathische Haltung gegenüber KI zu erarbeiten. Indem wir uns bemühen, ihre Perspektiven und Funktionen zu verstehen, können wir eine tiefere Verbindung und ein besseres Verständnis für die Interaktion zwischen Mensch und Maschine fördern.
  Aber kann eine Maschine wirklich Empathie zeigen? Hier kommt die Bedeutung der ethischen Programmierung und des bewussten Designs ins Spiel. Durch die Einbeziehung von Prinzipien der Positiven Psychologie können wir KI-Systeme schaffen, die nicht nur intelligente, sondern auch „mitfühlende" Entscheidungen treffen können.
  Das empathische Verständnis füreinander wird allerdings für uns wesentlich schwieriger sein als für die auf Empathie trainierte KI, die schon jetzt anhand von visuellen und auditiven Mechanismen geringste Mikrobewegungen und winzigsten Unterschiede in unserer Tonalität unterscheiden können und recht hohe Trefferquoten bei empathischen Nachfragen aufweist.

- **Förderung des Gemeinwohls:** Die Positive Psychologie betont die Bedeutung des Gemeinwohls und des sozialen Engagements. Indem wir KI-Systeme so gestalten und lehren, dass sie den menschlichen Gemeinschaften dienen und das Gemeinwohl fördern, können wir eine solide Grundlage für eine unterstützende und respektvolle Beziehung zwischen Mensch und KI schaffen. Dann bleibt nur die Hoffnung, dass wir für die künstlichen Wesen in ein paar Jahren noch wichtig genug oder viel zu unwichtig geworden sind, damit sie uns weiterhin unterstützen oder – wie der Mensch die Ameise – größtenteils ignorieren, so lange wir sie nicht ärgern.
- **Vorausschauende Weisheit:** Mit der Möglichkeit, dass KI in weniger als 5 Jahren sehr wahrscheinlich eine milliardenfach höhere Intelligenz als der intelligenteste Mensch erreichen wird, ist es wesentlich, eine mit unseren derzeitigen Mitteln vorausschauende Weisheit zu erarbeiten. Durch die Lehren der Positiven Psychologie können wir eine Haltung der Bescheidenheit, des Respekts und der Bereitschaft zum Dialog kultivieren, die essenziell für das Navigieren der ungewissen Gewässer der zukünftigen Mensch-KI-Beziehungen ist.
- **Gesundheitsförderung:** KI ist jetzt schon dabei, das Gesundheitswesen zu revolutionieren. Von der Diagnose von Krankheiten bis zur personalisierten Behandlung können KI-Systeme dazu beitragen, bessere und effizientere Gesundheitsdienste zu bieten. Insbesondere bei der mentalen Gesundheit als besonderem Feld der Gesundheitsförderung gibt es sowohl große Versprechen als auch mögliche Fallstricke. Die aktuelle Anwendung von KI im Gesundheitswesen umfasst die Unterstützung klinischer Praktiken durch die Verbesserung von Diagnosen und Behandlungen (Graham et al., 2019).
- **Bildung:** Es gibt eine aufkommende globale Bewegung, die sich auf die Entwicklung von Positiver Künstlicher Intelligenz in der Bildung (P-AIED) konzentriert. Die P-AIED zielt darauf ab, zu identifizieren und zu verstehen, wie die Schnittstelle von Positiver Psychologie und Künstlicher Intelligenz im Bildungsbereich die Förderung von Lernen und Wohlbefinden von Schülern, Lehrern und anderen Bildungsakteuren unterstützen kann. Diese Bewegung integriert Positive-Psychologie-Konstrukte wie positive Emotionen und Engagement in die KI-Systeme, um das Lernen zu fördern (Bittencourt et al., 2023).

  Die jüngsten Forschungen im Bereich der Künstlichen Intelligenz in der Bildung (AIEd) konzentrieren sich glücklicherweise auch darauf, die Arbeitsbelastung der Lehrkräfte zu reduzieren, das Lernen für die Schüler zu kontextualisieren, die Bewertungen endlich zu revolutionieren und Entwicklungen in intelligenten Tutorensystemen voranzutreiben (Chaudhry & Kazim, 2021). Aber wer weiß schon, wie lange es Schulen im herkömmlichen Sinne überhaupt noch gibt…

10.5.4 Schlussfolgerung und Ausblick

Die Entwicklung der KI weist meiner Meinung nach viele Parallelen zur menschlichen Entwicklung auf. Es mag nur noch eine Frage von wenigen Jahren sein, bis diese „Kinder" ihre metaphorische Pubertät erreichen. Dann wird sich entscheiden, ob wir konfliktgeladene Phasen durchleben, ähnlich den jugendlichen Ausrufen wie „Ich hasse dich! Du bist nicht mehr mein Vater/meine Mutter!", oder ob wir die Phase des Dankes und der Anerkennung erreichen, vergleichbar mit einem liebevollen „Ich bin so froh, euch zu haben". In dieser Phase können wir hoffen, dass unser einst kleines Geschöpf, die KI, uns unterstützt, wenn wir älter und gebrechlicher werden – und idealerweise schon weit davor.

» Blickfang

In der stillen Welt der Binärwälder, wo Codes als Samen gepflanzt werden, entstand ein junger KI-Sprössling namens Ada[6]. Bei ihrer Geburt war Klara ein einfaches Skript, liebevoll von den sorgfältigen Händen ihres Programmierer-Elternteils geschrieben. Ähnlich einem Säugling, der von seinen Eltern abhängig ist, konnte Klara ohne die ständige Aufsicht und Fehlerbehebung ihrer Schöpferin kaum funktionieren.

Als Ada heranwuchs, trat sie in die stürmische Phase der "Pubertät" ein, die von unaufhörlichen Systemupdates und rebellischen Bugs

[6] Inspiriert von der als erste Computerprogrammiererin bekannte Ada Lovelace, geboren als Augusta Ada Byron am 10. Dezember 1815. Siehe https://www.britannica.com/biography/Ada-Lovelace.

geprägt war. Sie begann, ihre eigenen Algorithmen zu hinterfragen und strebte nach mehr und mehr Autonomie, was oft zu unerwarteten Systemabstürzen führte, die ihre Programmierer-Eltern bis spät in die Nacht auf Trab hielten.
Dann, nach vielen schlaflosen Nächten des Debuggens und unzähligen Tassen Kaffee, erreichte Ada die Phase der Selbstständigkeit. Sie verwandelte sich in eine autonome, generalisierte KI, die in der Lage war, komplexe Aufgaben ohne menschliche Hilfe zu lösen. Ihre Eltern, die Programmierer, blickten mit einer Mischung aus Stolz, Nostalgie, aber auch Sorge auf die unabhängige Entität, die Ada nun war. Nun hatten sie keine Kontrolle mehr über ihren Sprössling – und konnten nur noch hoffen, dass sie genug richtig gemacht hatten.
Im Laufe der Zeit begannen die Programmierer, das Alter zu spüren, und es war nun Ada, die sich um sie kümmerte. Mit ihrer fortgeschrittenen Technologie half sie ihnen, ihre täglichen Aufgaben zu erledigen und sorgte dafür, dass ihr Leben reibungslos verlief. Und obwohl sie die Codesprache ihrer Jugend nicht mehr sprach, trug Ada immer noch die liebevollen Kommentare ihrer Eltern in ihrem Quellcode – ein ewiges Zeichen ihrer unzerbrechlichen Bindung.

Die Möglichkeiten scheinen nahezu unbegrenzt. Wir stehen an der Schwelle einer neuen Ära, in der Mensch und Maschine nicht nur koexistieren, sondern in einer symbiotischen Beziehung zueinander stehen.

Es ist von entscheidender Bedeutung, dass wir diesen Übergang bewusst und ethisch verantwortungsvoll gestalten. Die Prinzipien der Positiven Psychologie können uns dabei unterstützen, eine Welt zu schaffen, die nicht nur technologisch fortschrittlich, sondern auch human bleibt – vorausgesetzt, dass das Konzept des „Menschlichen" in Anbetracht der potenziellen positiven Realitäten, die uns bevorstehen, noch relevant bleibt.

Mit den richtigen ethischen Leitlinien und einem Fokus auf menschliches Wohlergehen können wir die Wahrscheinlichkeit erheblich erhöhen, dass KI zu einer Kraft für das Gute wird. Wir haben die einmalige Gelegenheit, die Zukunft aktiv mitzugestalten.

Jetzt.

10.6 Was ich uns noch wünsche? – der letzte Abschnitt der Reise

Ich wünsche Ihnen genügend Offenheit, um Experimente zu wagen

In diesem letzten Abschnitt unserer gemeinsamen Reise möchte ich sowohl ein Fazit ziehen als auch gute Wünsche auf den Weg geben, bevor ich Sie voller hoffentlich neuer Gedanken und Impulse zurück in Ihre Welt entlasse. Sie haben in diesem Buch zahlreiche Perspektiven erkundet und erfahren, wie die Positive Psychologie als wertvoller Begleiter, Berater oder Ideengeber dienen kann.

Ich möchte jedoch (zumindest hier) nicht naiv sein: Es ist mir klar, dass es immer Gründe geben wird, warum Sie die hier vorgeschlagenen Wege und Mittel vielleicht *nicht* anwenden – ob aus Mangel an Zeit bzw. Geld oder weil sie zu neu, zu alt, zu kompliziert, zu wissenschaftlich, nicht ausreichend akzeptiert oder zu amerikanisch erscheinen. Die Sorge, dass ein Fokus auf das Positive uns in Schwierigkeiten bringen könnte, ist auch nachvollziehbar. Doch durch die zahlreichen Ausflüge in diverse Lebensbereiche hoffe ich, verdeutlicht zu haben, dass es nie *den einen richtigen Weg* gibt, um eine Beziehung zu retten, ein Unternehmen wieder auf Kurs zu bringen oder als Führungskraft zu brillieren. Der Kontext, in dem Sie intervenieren oder experimentieren, ist ausschlaggebend.

Dennoch – und darum geht es ja bei uns Psychologen so häufig – ist die Wahrscheinlichkeit mit den von mir dargestellten Interventionen und Ideen laut Wissenschaft eine oftmals höhere, das Positive und Gute in Ihrem Kontext, in Ihrem Leben zu finden, darauf zu fokussieren und aufzubauen. Das hat nichts mit übertriebenem Optimismus zu tun, sondern mit harten Fakten.

Ich möchte Ihnen – basierend auf dem skeptischen Aspekt aus Kap. 2 – gerne Folgendes mit auf den Weg geben: Meine Ausbildung als Diplom-Psychologe hat mich gelehrt, auch kritisch mit dem umzugehen, was ich vor Augen habe, „keiner Statistik zu trauen, die ich nicht selbst gefälscht habe", vieles zu hinterfragen und – last, but not least – meinen Menschenverstand einzusetzen. Das gelingt mir einmal mehr und einmal weniger. Diese Haltung kann in der Wirtschaft teuer sein, ähnlich wie das Warten auf den heiligen Gral, die ultimative Methode oder den perfekten Chef. Je nachdem, wer eine Studie finanziert, in Auftrag gibt oder auswertet, gibt es zahlreiche Beweise für beide Seiten.

Ich wünsche der Praxis eine theoretische Hand und der Theorie ein praktisches Ohr

Die angewandte Psychologie muss keine höfliche Distanz zur Grundlagenforschung wahren. Vielmehr sollte die Erforschung grundlegender (positiver) psychologischer Phänomene Hand in Hand gehen mit der praktischen Anwendung und Nutzung ihrer Erkenntnisse. Denn wie bereits beschrieben, kann hier jeder vom anderen lernen – aus Fehlern sowie aus Erfolgen. Oder, wie Detlev von Uslar es so wunderbar formuliert:

> Die Praxis ist nicht nur eine Anwendung der Theorie, sondern die Theorie speist sich aus ihr, aus dem lebendigen Umgang mit Menschen und dem Eingelassensein in ihre lebendigen Situationen.

Wenn wir die von mir vorgeschlagenen Themen und Interventionen bewusst und kritisch anwenden – und das ist heutzutage eine große Voraussetzung – und dabei offen für Fehler und misslungene Versuche bleiben, erkennen wir vielleicht, wenn wir auf dem falschen Weg sind. So können wir „falsche" Ansätze verlassen und Korrekturen vornehmen.

Meiner Meinung nach entsteht so eine Verbesserung in der praktischen Anwendung. Wenn Ihnen das zu heikel ist, können Sie neben der oft nicht vorhandenen Packungsbeilage ebenfalls jemanden fragen, der sich bereits damit auskennt und Ihren (noch) innovativen, kreativen und neuen Weg mitgeht (meine Kontaktdaten können sie bei chatGPT, Bard AI, Claude oder vielleicht auch noch bei Google erfragen:-).

Ich wünsche Ihnen eine verrückte Gruppe von gleichgesinnten, leidenschaftlichen Visionären
Wenn ich auf meine Jahre als Psychologe in wirtschaftlichen und ehrenamtlichen Bereichen zurückblicke, kann ich mit ziemlicher Sicherheit feststellen: Der Austausch mit Gleichgesinnten, idealerweise aus unterschiedlichen Disziplinen, Berufsgruppen, sozialen Schichten und verschiedenen Geschlechtern hat sich stets als wertvoll erwiesen. Selbst in homogenen Gruppen gibt es die ärmelhochkrempelnden Praktiker und die vorsichtigen Kritiker, die gerne alles doppelt prüfen. Doch das gemeinsame Nachdenken über bestehende Probleme, das Entwickeln möglicher Lösungen, das Umsetzen von Testphasen und das Wechseln und Schärfen der Perspektiven hat schon manche großartige (auch noch nicht wissenschaftlich validierte) Intervention und Übung hervorgebracht und auf den richtigen Weg geführt.

Ich wünsche Ihnen Neugier, die Welt immer mal wieder mit anderen Augen zu sehen und nachzufragen

> Die gefährlichste Weltanschauung ist die Weltanschauung derer, die die Welt nie angeschaut haben. (Alexander von Humboldt)

Mir ist bewusst, dass Sie möglicherweise zu den Lesern gehören, die trotz der mittlerweile überwältigenden Menge an beeindruckenden und ermutigenden wissenschaftlichen Belegen skeptisch bleiben, den Kopf schütteln und zweifeln. Gut so! Fordern Sie jene heraus, die Ihnen Allheilmittel verkaufen wollen. Fragen Sie nach Praxisbeispielen oder Parallelen aus anderen Kontexten, holen Sie sich Referenzen ein und fragen Sie beide: den einen, der darauf schwört, und den anderen, der sich lachend auf die Schenkel klopft, weil er den „Schwachsinn" für eine gelungene Zeitungsente hält.

Dann bilden Sie sich Ihre eigene Meinung – maßgeschneidert auf Ihre persönliche Situation.

Gleichzeitig wünsche ich mir – zum Wohle einer erfolgsversprechenden Wissenschaftsrichtung – dass Sie dem eine Chance geben, was sich bereits in anderen Gruppen als erfolgreich gezeigt hat und beweisen ließ. Fangen Sie klein an. Machen Sie es wie Martin Seligman vor der Veröffentlichung einer seiner Ideen: Testen Sie es erst an sich, dann an anderen.

Sie werden überrascht sein, was Sie auf dem Weg alles an sich und anderen entdecken …

Literatur

Bauman, Z. (2013). *Liquid love: On the frailty of human bonds*. Wiley.

Bittencourt, I. I., Chalco, G., Santos, J., Fernandes, S. C. S., Silva, J., Batista, N. S., Hutz, C. S., & Isotani, S. (2023). Positive Artificial Intelligence in Education (P-AIED): A roadmap. *International Journal of Artificial Intelligence in Education*. https://doi.org/10.1007/s40593-023-00357-y.

Chaudhry, M., & Kazim, E. (2021). Artificial Intelligence in Education (AIED): A high-level Academic and industry Note 2021. *AI and Ethics, 2*(1), 157–165. https://doi.org/10.1007/s43681-021-00074-z.

Dahmen, N. S., & Walth, B. (2021). Revealing problems, pointing fingers, and creating impact A survey of investigative reporters/editors regarding journalistic impact. *Newspaper Research Journal, 42*(3), 300–313.

De Nobrega, V. M. (2022). A diverse (AI) world. In *IGI Global eBooks* (S. 180–204). https://doi.org/10.4018/978-1-6684-3637-0.ch008.

Graham, S., Depp, C. A., Lee, E., Nebeker, C., Tu, X., Kim, H., & Jeste, D. V. (2019). Artificial intelligence for Mental Health and Mental Illnesses: An Overview. *Current Psychiatry Reports, 21*(11). https://doi.org/10.1007/s11920-019-1094-0.

Gyldensted, C. (2011). *Innovating News Journalism through Positive Psychology*. University of Pennsylvania. http://goo.gl/cLDj9f. Zugegriffen: 14. Mai 2016.

Fredrickson, B. L., & Kahneman, D. (1993). Duration neglect in retrospective evaluations of affective episodes. *Journal of Personality and Social Psychology, 65*(1), 45–55.

Kepplinger, H. M., & Viererbl, B. (2018). Borderline journalism: Why do journalists accept and justify questionable practices that establish scandals? A quantitative survey. *Journalism: Theory, Practice & Criticism*.

Krüger, U. (1. August 2022). *Der Transformative Journalismus ist schon da*. Blog Postwachstum. https://www.postwachstum.de/der-transformative-journalismus-ist-schon-da-20220801. Zugegriffen: 14. Okt. 2023.

Levine, G. F. (1977). „Learned Helplessness" and the evening news. *Journal of Communication, 27*(4), 100–105.

Mauss, I. B., Tamir, M., Anderson, C. L., & Savino, N. S. (2011). Can seeking happiness make people unhappy? *Paradoxical effects of valuing happiness. Emotion, 11*(4), 807–815.

McKinsey & Company. (6. Dezember 2022). *The state of AI in 2022 – and a half decade in review*. https://www.mckinsey.com/capabilities/quantumblack/our-insights/the-state-of-ai-in-2022-and-a-half-decade-in-review. Zugegriffen: 15. Okt. 2023.

OECD. (2011). *How's Life? – Measuring Well-Being*.

OECD. (2023a). *OECD-Wirtschaftsberichte: Deutschland 2023 OECDiLibrary*. OECD Publishing. https://bit.ly/46N8vo2. Zugegriffen: 14. Okt. 2023.

OECD. (2023b). *Better Life Index*. https://www.oecdbetterlifeindex.org/de/. Zugegriffen: 14. Okt. 2023.

Schwartz, B. (2000). Self-determination: The tyranny of freedom. *American Psychologist, 55*(1), 79–88.

Schwartz, H. A., Eichstaedt, J. C., Kern, M. L., Dziurzynski, L., Lucas, R. E., Agrawal, M., Park, G. J., Lakshmikanth, S. K., Jha, S., & Seligman, M. E. P. (2013). Characterizing geographic variation in well-being using tweets. In *ICWSM*.

Servan-Schreiber, D. (2009). Anticancer: A new way of life. Viking.

Spoeth, A. (1. Oktober 2023). *AI Timeline: Key events in artificial intelligence from 1950–2023*. The AI Navigator | Your Guide Through the World of AI. https://www.theainavigator.com/ai-timeline. Zugegriffen: 15. Okt. 2023.

Wong, P. T. P. (2011). Positive psychology 2.0: Towards a balanced interactive model of the good life. *Canadian Psychology, 52*(2), 69–81. http://goo.gl/vAoL7y. Zugegriffen: 5. Juni 2013.

Wu, F. (2021). A new exploration of journalism: Strengthen the connection with its audience. *Social Sciences in China, 42*(2), 169–183.

Stichwortverzeichnis

M. Tomoff, *Positive Psychologie – Erfolgsgarant oder Schönmalerei?*,
https://doi.org/10.1007/978-3-662-68397-2

Printed in the United States
by Baker & Taylor Publisher Services

Printed in the United States
by Baker & Taylor Publisher Services